Roland Roth (Hg.)
Parlamentarisches Ritual und politische Alternativen

Erich Oberpichler

Der Anspruch der parlamentarischen Demokratie, Herrschaft des Volkes zu sein, enthüllt sich zunehmend als Fiktion. Die Zentren der Macht haben sich verlagert. Parlament und Parteien erzeugen nur den Schein demokratischer Entscheidungsprozesse, selbst entscheiden sie immer weniger. Immer weniger auch vertrauen Bürger den Parteien. Formen von Selbsthilfe und direkter Interessendurchsetzung breiten sich aus, soziale Bewegungen quer durch die Parteienlandschaft gewinnen an Zugkraft, Politiker bangen gar um die »Regierbarkeit«. Umgekehrt zeigt die Entwicklung eines Teils der Bürgerinitiativen zu Grünen und Bunten Listen die Schwierigkeit, politische Organisationsformen zu finden, die nicht parlamentarisch kleingearbeitet und damit neutralisiert werden können. Den vielen Wahl- und Parteigründungsdiskussionen mangelt es an einer genaueren Kenntnis sowohl der politischen Leistungsfähigkeit des repräsentativen Systems, wie der Tragfähigkeit alternativer Politikformen. Es ist die Intention des Bandes, diesen Diskussionen zwar nicht die Patentrezepte, aber analytisch fundierte Denkanstöße zu liefern.

Parlamentarisches Ritual und politische Alternativen

herausgegeben von Roland Roth

Campus Verlag
Frankfurt/New York

CIP-Kurztitelaufnahme der Deutschen Bibliothek

**Parlamentarisches Ritual und politische Alter=
nativen** / hrsg. von Roland Roth. – Frankfurt/Main,
New York : Campus-Verlag, 1980.
  ISBN 3-593-32647-7
NE: Roth, Roland [Hrsg.]

ISBN 3-593-32647-7

Alle Rechte, insbesondere das Recht der Vervielfältigung und Verbreitung sowie
der Übersetzung, vorbehalten. Kein Teil des Werkes darf in irgendeiner Form
(durch Photokopie, Mikrofilm oder ein anderes Verfahren) ohne schriftliche
Genehmigung des Verlages reproduziert oder unter Verwendung elektronischer
Systeme verarbeitet, vervielfältigt oder verbreitet werden.
Copyright © 1980 bei Campus Verlag GmbH, Frankfurt/Main
Produktion: Buchteam Frankfurt
Umschlaggestaltung: Eckard Warminski, Frankfurt/Main
Gesamtherstellung: Pustet, Regensburg
Printed in Germany

Inhalt

Einleitung des Herausgebers 7

Wolf-Dieter Narr
Realpolitik und Wirklichkeitsverfehlung in der Bundesrepublik Deutschland 13

Claus Offe
Konkurrenzpartei und kollektive politische Identität 26

Andreas Buro
Skizze zum gesellschaftlichen Hintergrund der gegenwärtigen Parlamentarismus-Debatte 43

Roland Roth
Notizen zur politischen Geschichte der Bürgerinitiativen in der Bundesrepublik 74

Herbert Kitschelt
Parlamentarismus und ökologische Opposition 97

Joachim Hirsch
Alternativbewegung – eine politische Alternative? 121

Oskar Negt
Alternative Politikformen als politische Alternative? 147

Claus Leggewie
Die Ökologiebewegung in Frankreich – Ein Gespräch mit André Gorz und Brice Lalonde 179

Carlo Donolo
Die Rolle der Radikalen Partei im politischen Systems Italiens 192

Lutz Mez/Birger Ollrogge
Die Ökologiebewegung in Skandinavien 207

Margit Mayer
Bürgerinitiativen und Ökologiebewegung in den USA 222

Rudi Dutschke gewidmet

Einleitung

Handelte es sich um eine Sportveranstaltung, die Freude über die sich steigernde Spannung wäre ungetrübt. Lange bevor das ermüdende und kostspielige Ritual der Wählerwerbung mit seiner plakativen Umweltverschandelung, seinen zeitlosen Wahlkundgebungen für die Parteigetreuen und den langweiligen Fernseh-Talk-Shows – mühsam aufgepept durch die üblichen »Entgleisungen« gegen den politischen Gegner und steril aufgeregte Wählerinitiativen von »Prominenten« – einsetzte, betraten 1979 zwei neue Akteure das Vorfeld der Bundestagswahlen, die seitdem weitgehend die Szenerie prägen. Die Kandidatur von Franz Josef Strauß und die Gründung der »Grünen« signalisieren politische Weichenstellungen für die achtziger Jahre, deren Richtung und Zielpunkte noch weitgehend unbekannt sind. Gewiß scheint lediglich, daß eine Wiederkehr der geläufigen politischen Frontstellungen und der eingespielten Konkurrenz zwischen Sozialliberalen und Unionsparteien unwahrscheinlich ist.

Strauß als Kanzlerkandidat der CSU/CDU – damit erfüllt sich ein Alptraum der westdeutschen Radikaldemokraten und Linken. Daß sich Strauß innerhalb der Unionsparteien durchsetzen konnte, dort für wählbar und mehrheitsfähig gehalten wird – trotz oder wegen seiner Skandalchronik, seiner Vorliebe für autoritäre Regimes, seiner Ratten-Schmeißfliegen- und-Banditen-Sprache für den innenpolitischen Gegner –, hat einen Realitätsschock ausgelöst, der so rasch nicht bewältigt werden wird. Bis zu seiner Selbstnominierung schien das sozialliberale »Modell Deutschland« mit seiner repressiv und sozialpolitisch gesicherten Krisenpolitik konkurrenzlos und gar ein westeuropäischer Exportschlager. Nach einer relativen Krisenstabilisierung in der zweiten Hälfte der siebziger Jahre erschien eine innen- und außenpolitisch härtere Variante weder sinnvoll noch notwendig. Die Sonthofen-Strategie des CSU-Vorsitzenden (»Die Krise muß so groß werden, daß das, was wir für die Sanierung notwendig halten, dann auf einem psychologisch besseren Boden beginnen kann als noch heute.«) fiel – Ende 1974 formuliert – zunächst auf unfruchtbaren Boden. Sie begann zu wuchern, als alles schon vorbei schien. Seitdem hat eine breite Diskussion über die gesellschaftlichen Bedingungen der Rechtsverschiebung in der Parteienlandschaft eingesetzt, die auch für Differenzierungen zwischen der sozialliberalen und der von Strauß repräsentierten Variante von politischer Herrschaft offen ist. Dabei wurde nicht nur die Wahrnehmung für die unterschiedlichen Strategien und parteipolitischen Programme geschärft. Zwei Jahre nach dem »deutschen Herbst« (Schleyer-Entführung und -Ermordung, Mogadischu und die Toten von Stammheim) – die Erfahrung eines politischen Ausnahmezustands ohne politische Opposition – wird die Möglichkeit eines politischen »Winters« sichtbar, der nicht allein auf die Ordnungsmacht der staatlichen Instanzen, sondern auf eine flankierende Mobilisierung autoritärer Traditionen und Stimmungslagen in der Bevölkerung setzt. Die Gefahr eines rechten Populismus hat eine Debatte über deutsche Traditionsbestände und die bundesrepublikanische Geschichte ausgelöst, die nicht mehr auf jene ältere Generation beschränkt ist, die den Faschismus und die Restauration der Adenauer-Ära am eigenen Leib erfahren hat. Dort, wo es zu mehr als einer ungeschichtlichen Beschwörung der Vergangenheit und einer Dämonisierung von Strauß als Sendboten eines neuen Faschismus kommt, werden sehr aktuelle Ängste sichtbar. Trotz eines in der Geschichte der Bundesrepublik einmaligen Niveaus an bürgerschaftlichem Protest und Ungehorsam (z. B. in zahlreichen Bürgerinitiativen) kalkuliert die Rechte auf eine autoritär fixierbare Mehrheitskultur. Sie schickt sich an, die Enttäuschungen über Halbreformen und gescheiterte Demokratisierungsversuche wie auch die jüngsten Krisenerfahrungen (Arbeitslosigkeit, Rationalisierungen, Umweltzerstörung usw.) politisch zu beerben. Zuhilfe kommt ihr dabei eine weltpolitische Entwicklung, die mit den Krisenherden am Persischen Golf und Afghanistan den Kalten Kriegern aller Lager in die Hände arbeitet. Schon vor der heißen Phase des Wahlkampfs haben sich die Chancen des Unionskandidaten erheblich verbessert, zumal die Kandidatur der »Grünen« ihn objektiv begünstigen könnte.

Die Strauß-Kandidatur ernstzunehmen und sie als Ausdruck einer möglichen qualitativen Veränderung im politischen Gefüge der Bundesrepublik zu begreifen, ist ein wichtiges Motiv, das sich in verschiedenen Beiträgen dieses Bandes findet. Im Zentrum der Diskussionsbeiträge steht jedoch die Frage nach den Entwicklungsbedingungen und Perspektiven einer umfassenden gesellschaftlichen Alternative zu den nach rechts driftenden etablierten politischen Parteien. Auch wenn über die Wege, Ziele und Träger dieser Alternative insgesamt nur mehr oder weniger begründete Vermutungen möglich sind, ohne eine Berücksichtigung der in den neuen sozialen Bewegungen (Ökologie-, Alternativ- und Frauenbewegung, Bürgerinitiativen) artikulierten emanzipatorischen Gehalte lassen sich sozialrevolutionäre Prozesse nicht mehr denken. Die Beschwörung der verschiedenen politischen Traditionen der Arbeiterbewegung hilft schon lange nicht mehr weiter, auch wenn eine progressive gesellschaftliche Veränderung ohne die aktive Beteiligung eines Großteils der abhängig Beschäftigten kaum möglich sein wird. Dieses Diskussionsinteresse reicht zwar weit über den Horizont der kommenden Bundestagswahlen hinaus, aber durch die sich abzeichnende Kandidatur der »Grünen«, wo sich ein sehr buntes Spektrum oppositioneller Strömungen zusammengefunden hat, sind diese Fragen aktuell gestellt. Die Beiträge dieses Bandes problematisieren die Parlamentarisierung außerparlamentarischer Protest- und Widerstandsbewegungen. Von den vielfältigen Motiven, die für eine Beteiligung bzw. Wahl der »Grünen« geltend gemacht werden, sei hier vorab an einige erinnert:

– Das relative Patt zwischen Unionsparteien und sozialliberaler Koalition, das Abschotten aller Parlamentsparteien gegen die Forderungen der Bürgerinitiativen und Anti-Kernkraft-Bewegung und die Kooperation von bürgerlichen Ökologen und Linken in der grünen Partei haben erstmals in der Geschichte der Bundesrepublik eine Situation entstehen lassen, in der die Überwindung der 5-Prozent-Hürde durch eine progressive Protestpartei möglich erscheint. Rudi Dutschke sprach in diesem Zusammenhang von einer historischen Chance, die verkrustete Parteienlandschaft aufzubrechen.

– Vor allem die Politik der Sozialdemokratischen Partei hat zu immer neuen Enttäuschungen von positiven Erwartungen – seien es nun Reformhoffnungen oder eine Öffnung für die Forderungen der Anti-AKW-Bewegung – geführt. Nach dem Berliner Parteitag vom Dezember 1979, der unter dem Unionsmotto von 1969 stand (»Sicherheit für die 80er Jahre«), mit seinen Atomrüstungsbeschlüssen empfinden viele Linke das »kleinere Übel« als persönliche Zumutung.

– Die Stagnation oder das Scheitern verschiedener linker Ansätze in den siebziger Jahren zwingt zu einer Revision der politischen Perspektiven. Mit der Ökologiebewegung, die im Vergleich zu den Ansätzen der Linken eine beachtliche Resonanz und Aktivierung erzielte, ergab sich die Möglichkeit, oppositionelle Kräfte unterschiedlichster politischer Schattierungen zusammenzubringen. Die »ökologische Orientierung« dient dabei als weites Dach, das sowohl linksradikale wie konservative Vorstellungen abdecken kann.

– Die Abschottung des Parteiensystems hat dazu geführt, daß die erstaunliche gesellschaftliche Macht der verschiedenen Oppositionsbewegungen, die z. B. zeitweise ein Kernenergiemoratorium durchsetzten oder Großprojekte wie die Wiederaufbereitungsanlage von Gorleben verhindern konnten, ohne sichtbare politische Repräsentanz geblieben ist. »Die Grünen« verstehen sich als politisch-parlamentarischer Arm dieser Bewegung.

– Die grüne Partei versucht darüberhinaus durch »basisdemokratische« Organisationsstrukturen – als »Partei neuen Typs« – eine Antwort auf die

Organisationsprobleme der in sich heterogenen, fragmentierten sozialen Bewegungen zu finden, die aus sich heraus nur schwer übergreifenden Formen der Zusammenarbeit entwickeln können.

– Die parlamentarischen Ansätze sind auch Ausdruck einer Erweiterung der politischen Handlungsmöglichkeiten jener westdeutschen Linken, die sich nicht länger auf außerinstitutionelle, außerparlamentarische Aktion beschränken wollen, sondern die institutionelle Arbeit als zusätzliche Perspektive ansehen.

– Selbst wenn »Die Grünen« nach ihrer endgültigen Festigung als Partei keine gesellschaftsverändernden Perspektiven aufweisen, wenn sie keine moderne Form von Sozialismus, sondern eine »Försterideologie« als gemeinsame Grundlage formulieren, könnte die Offenheit der neuen Partei gegenüber linken Strömungen genutzt werden, um eine erneute faschistische Ausbeutung gesellschaftlicher Ungleichzeitigkeit und des Naturmotivs zu verhindern.

Ein Großteil dieser Motive und Zielsetzungen sind in den folgenden Beiträgen aufgegriffen worden. Dabei ging es nicht um Wahlempfehlungen, die durch unterschiedliche Argumente gestützt meist nicht mehr als das persönliche Potpourri des Verfassers bieten. Orientierungshilfen für die Wahldiskussion und darüber hinaus versprechen die Beiträge als sozialwissenschaftlich begründete Analysen verschiedener Bereiche, die zusammengenommen – trotz unvermeidlicher Brüche und Lücken – ein deutlicheres Bild der mit der Wahlfrage verknüpften aktuellen Problemstellungen bieten dürften. Die Autoren orientierten sich dabei an folgenden Fragestellungen:

1. Sind in den Institutionen von Parlament und Parteien in ihrer gegenwärtigen Form überhaupt noch Artikulations- und Organisationschancen von Interessen vorhanden, die über eine Stabilisierung des status quo und schmale Modifikationen hinausgehen? Wie bedroht ist selbst dieser status quo? Wirken nicht Parteien und Parlament in ihrer gegenwärtigen Institutionsform geradezu notwendig demotivierend? Verstärken sie nicht die politische Apathie und umgekehrt eine selbst die Ziele nicht bestimmende Herrschaftsform?

2. Auf welchen Ebenen und mit welchen Perspektiven organisieren sich unter den aktuellen bundesrepublikanischen Verhältnissen kollektive Interessen, die über die gesatzten Formen der staatsbürgerlichen Beteiligung hinausgehen? Worin bestehen die Definitionsmerkmale des Verhaltens und Nichtverhaltens der großen Masse der Bevölkerung? Bestehen überhaupt Chancen, in »Krisen- und Normalzeiten« über ad-hoc-Mobilisierungen und punktuelle Interessenvertretung hinauszukommen?

3. Werden die Bürgerinitiativen, die eine für uns alle überraschende Stärke gewonnen haben (sie bestehen erst seit ca. 10 Jahren), einflußreicher, wenn sie sich zu Parteien wandeln, oder verlieren sie nicht genau das Maß

an Substanz, das sie im Moment trotz aller Grenzen noch so wirkungsvoll sein läßt? Welche Aussagen kann man anhand der Bürgerinitiativen und der Ökologiebewegung über die Mobilisierbarkeit, über Themenbereiche, Instrumente und Grenzen machen? Ist der Zerfall der Bürgerinitiativen vorauszusehen, wenn sie sich nicht anders etablieren, oder gilt nicht vielmehr umgekehrt die Wahrscheinlichkeit, daß, wenn sie sich anders etablieren, d. h. organisationsmächtiger, sie notwendigerweise verfallen? In welchem Verhältnis stehen die in Bürgerinitiativen organisierten Interessen zu anderen Lebensbereichen, in denen strukturell andere Formen der Interessenvertretung existieren?

Zur »Einstimmung« in die Diskussion beschreibt *Wolf-Dieter Narr* das Ziel des Wahlmarathons: das Bonner Regierungsviertel. Stellvertreterpolitik, Realitätsverlust und Herrschaft des Apparats sind nicht allein die Merkposten eines sensiblen Bonn-Besuchers, sie können auch als Fazit der kritischen sozialwissenschaftlichen Parteienforschung gelten. Sein negatives Urteil über die Realitätstüchtigkeit der halbstaatlichen Parteien, von ihnen sei nichts zu erwarten, ist auch die Hypothek jeder neuen Parteibildung. Die »alternative Partei« muß sich nicht nur durch ihre Binnenstrukturen ausweisen, ihre eigentliche Feuerprobe kommt erst nach der Wahl, im Bonner Alltag, der keinen Hoffnungsschimmer aufkommen läßt.

Claus Offe erweitert diese Argumentation um eine Analyse der Parteienkonkurrenz, deren politische Verkehrsformen dem Wahlbürger zunehmend als Enteignung der eigenen Interessen und identitätsgefährdende Zumutung erscheinen müssen. »Parteienverdrossenheit« wird dabei als notwendige Folge des Funktionierens der Konkurrenzparteien deutlich; sie graben sich ihr eigenes Wasser ab. Aufgrund der Zunahme partikularer Konfliktmuster und entsprechender sozialer Bewegungen fordert Offe eine alternative Partei, die sich dem herrschenden Parteienmechanismus widersetzt.

In seiner ausführlichen Skizze bietet *Andreas Buro* eine thematisch weitgefächerte historische Einführung in die aktuelle Wahldiskussion, wobei er auch ein Szenario der bestehenden Wahlalternativen und der möglichen Resultate auffächert.

Mein Beitrag zur Bürgerinitiativbewegung versucht eine nüchterne Bestandsaufnahme der Struktur- und Wirkungsgeschichte der westdeutschen Bürgerinitiativen. Dabei wird ein Geflecht staatlicher Gegenstrategien sichtbar, die von parteipolitischer Vereinnahmung und politischer Neutralisierung bis zur offenen Repression reichen. Eigenständige politische Kooperationsformen sind nicht zuletzt deshalb weniger auf der politischen Ebene, sondern themenspezifisch oder regional weiterzuentwickeln.

Herbert Kitschelt stößt ins Zentrum der aktuellen Diskussion um »Die

Grünen« vor, indem er die Entwicklung der parlamentarischen Versuche in den Kontext der Ökologiebewegung stellt. Das zentrale Problem sieht er in einer politischen Verallgemeinerung des Ökologieprotests, die nicht zu einer Spaltung oder Einschränkung der heterogenen sozialen Basis dieser Bewegung führt. Genau dies sind jedoch die »Kosten« der Parlamentarisierungsversuche. Zudem stehen Parteiformen quer zu den inhaltlichen Konzeptionen der Ökologiebewegung (Dezentralisierung, direkte Demokratie usw.).

Dieses Problem von politischer Form und gesellschaftlichen Inhalten steht auch im Mittelpunkt des Beitrags zur Alternativbewegung. *Joachim Hirsch* geht auf die Vielfalt und die politischen Ambivalenzen dieser Bewegung ein, die allerdings mit ihren Ansätzen zu einem radikalen Reformismus wichtige Impulse für die Entwicklung alternativer politischer Strategien geben kann. Ein Gespräch mit *Oskar Negt* schließt die Beiträge zur westdeutschen Situation ab. Dort werden die wesentlichen Diskussionspunkte – von Strauß zu den »Grünen« – noch einmal aufgenommen und auf die »Organisationsfrage« hin zugespitzt.

Die nachfolgenden Länderberichte sollen zu einer Reflexion der spezifisch westdeutschen Ausprägung des Verhältnisses von neuen sozialen Bewegungen, linken Gruppierungen und etablierten politischen Parteien beitragen und zudem die »soziologische Phantasie« anregen. Die spezifische nationale politische Kultur läßt dabei weder Rezepte noch schlichte Parallelisierungen zu. Trotzdem verschärfen die präsentierten westeuropäischen Beispiele und die Darstellung der Situation in den USA einige Problemstellungen. So die Frage nach der Integrierbarkeit der ökologischen Forderungen im Rahmen entwickelter öko-industrieller Komplexe oder staatlich subventionierter Kleinindustrien (Schweden bzw. USA). Deutlich wird zudem, daß parlamentarische Strategien keine zureichende Antwort auf die Organisationsprobleme sozialer Bewegungen darstellen (Frankreich und Skandinavien), ihre Beschränkung auf Basisansätze für sich genommen noch keine politische oppositionelle Stärke bedeuten muß (USA) usw.

März 1980, Roland Roth

Wolf-Dieter Narr

Realpolitik und Wirklichkeitsverfehlung in der Bundesrepublik Deutschland – Einige Bemerkungen zu den steigenden Kosten des strukturgewordenen Zynismus der Macht

Vorrede

Kommt man nach Bonn, erscheint die Luft dort merkwürdig dünn, schwül. Man muß schneller atmen, um genügend Sauerstoff zu bekommen. Man ist aber nicht auf dem Plateau eines Berges angekommen mit der Freiheit und Weite des Blicks nach manch schweißtreibender Kletterei. Man findet sich in einer Niederung wieder. Hektisch geht es zu in diesem Bonn. Schnell, oft abgehackte, abgebrochene Bewegungen. Alles rennt und alles ist irgendwie bedeutsam. Man schaue sich nur den Betrieb im schon wieder zu engen »Langen Eugen« an, dem Haus der Abgeordneten, der Volksvertreter. Aber diese Bedeutsamkeit ist nicht erschlichen. Hier, in diesem Bonn, in diesen wuseligen Institutionen werden, so scheint es, gesamtgesellschaftlich relevante Entscheidungen getroffen – fast täglich (oder auch versäumt, aber nicht jeder kann so etwas versäumen). Hier wird dem Anschein nach Macht kreiert und verwaltet, Macht beträchtlichen Umfangs. Jedenfalls kann man diese Macht mit Händen greifen, man kann sie sehen. Straßenzüge gesäumt von Lobbyburgen. Parteihochhäuser – man entdeckt erst später, daß manche dieser Parteien diese Hochhäuser teilweise vermieten; an Reklameagenturen und dergleichen. Abgeschirmte Blöcke der Regierung des STAATES-festbetoniert in der Erden. Und immer wieder polizeiliche Signaltöne und Zeichen. Mächtig glänzende BMW- und Mercedes-Limousinen. Karriereschwüle und Karrieregier bis zur Verkrampftheit. Überall.

Fragt man sich erstaunt, was all diese Hektik, aber auch all diese Niedergeschlagenheit und Enttäuschung, zusammenhält – man erhält den Eindruck, als sei es gerade das: der Puls oder auch nur die Pulsattrappe der Macht. Und Macht heißt Relevanz. Die Hoffnung näher-, höherzurücken.

Diejenigen im Unter- und Hintergrund werden hierbei nicht betrachtet; die schlicht und einfach als Lebenszeitbeamte und Sekretärinnen ihrem Beruf nachgehen und sich auf den Feierabend, aufs Wochenende freuen. Außerhalb von Bonn.

Der Eindruck der Höhen-, der Tiefenluft vielmehr täuscht nicht. Die Macht- und Wirklichkeitsnähe – hier ist der Platz, wo ›Entscheidungen‹ gefällt werden – wirkt seltsam verfremdet. Als habe man es bei all diesen Mächtigen, zur Macht und den Mächtigen Drängenden mit Puppenspielern zu tun, als sähe man hier ein riesiges Puppenspiel. Darum wohl auch diese eckigen Bewegungen, diese Verkrampftheit. Rollenspieler, kaum Gesichter. Charaktere als Masken, nein! Masken als Charaktere. Wer sich in dieses Spiel begibt, muß, will er ›drin‹ und ›dran‹ bleiben, sein eigenes spezifisches Gewicht möglichst schnell verlieren. Gepäckabwerfen lautet deswegen auch die Losung für all die Staatssekretäre in spe. Je schneller, desto smarter. Manche, aus einem seltsam verwirrenden Anstand heraus, weil sie zu viel inneres Bleigewicht besitzen, zögern immer erneut. Das sind die Leute, die man in Bonn nicht so ganz ernst nimmt, über die sich mächtige Fraktionen heftig ärgern. Wie kann man nur so sehr Solidarität in den Stunden der Not der Regierung vermissen lassen. Denn diese Anormalen, sie stimmen nicht immer so ab, wie sie sollen, sie sprechen sogar des öfteren so, als hätten sie sich noch nicht die Maske angelegt, als hätten sie noch nicht das Bonophon an Stelle ihrer eigenen Stimme in der Hand. Da wird kein Wort zum Krüppel: aalglatt.

Man darf aber das spezifische Bonner ›Machtgewicht‹ und seine Einheiten nicht mit der ›Wirklichkeit‹ verwechseln. Täuschung liegt freilich nahe. In diesem Bonn werden durchaus Entscheidungen getroffen, oder, was des öfteren viel wichtiger ist: hier werden Entscheidungen, die das strukturell Vorgegebene in Frage stellen, gar ändern könnten, verhindert. Wortreich, symbolreich. Die Entscheidungen sind in aller Regel ungetrübt von einer eigenen Konzeption der Entscheider und ihrer Mitläufer. Die Banalität der Macht kann gar nicht hoch genug veranschlagt werden. Man verhält sich im Rahmen des gegebenen Musters. Und diese Entscheidungen sind vor allem fast unbeeinflußt von einer breiteren und tieferen Kenntnis sozialer Wirklichkeit außerhalb der Spitzengremien. Soziale Wirklichkeit wird nur in Stehempfängen und in Form kalter Buffets eingenommen. Man läßt sich auch volksvertretend aseptische Meinungsumfragen servieren und betrachtet kopfschüttelnd das wolkige Gebirg der Aggregatdaten. Wie kann man denn, so die entscheidende Frage, die Bevölkerung dazu bringen, diese und jene weisen Entscheidungen zu akzeptieren. »Akzeptanz« lautet deshalb auch seit Jahren das Schlagwort. Alle andere Wirklichkeit bleibt verschlossen. Da geht es dem Spitzenbeamten nicht anders als dem Volksvertreter, der sich in Reisen als Wirklichkeitsersatz zusätzlich zu Tode hetzt: von

Hintertupfing im Dorfgasthaus, wo man seinen Wählern aufwarten muß, bis nach Peking. Im Reisen jedenfalls ist die Perspektive heute weltweit. Dem Luftballongesetz politisch-sozialen Aufstiegs muß ansonsten jeder seinen Tribut zollen: je weniger moralischer Sauerstoff und je weniger programmatisches Gepäck, desto mehr vermag man sich über die erdenschwere Wirklichkeit zu erheben. Kaum je passiert es, daß der Luftballon zerschossen wird. Am Funktionieren des Gesetzes besteht zu viel Interesse. Wer gelegentlich Bonn besucht – und ›Bonn‹ ist nicht nur in Bonn—, dem muß angesichts dieses Gewühls und Gewusels steriler Aufgeregtheiten schwindelig werden. Aber Schwindel ist nicht so schlimm, Angst stellt sich ein. Werden hier, an einem solchen Ort, anläßlich einer solchen Puppenspielparade ohne Ende in der Tat relevante ›Entscheidungen‹ getroffen? Welche Kenntnis der Bürger und der Probleme, welche Kriterien sind hier Voraussetzung? Was geschieht mit den Problemen, wenn ihre Lösung nicht ins starre Spiel paßt? Über welche Formen, Informationen und Prozesse verfügen die Bonner Instanzen und ihre Rollenspieler, um nicht allein in bürokratischer Abstraktion, fern den spezifischen Problemlagen zu herrschen? Was aber macht denn die Repräsentativität dieses in seinen Spitzen in Bonn faßbaren repräsentativen Systems aus? Denn Repräsentativität meint doch den Grad, in dem herrschende Politik den Interessen der Bürger entspricht, lebendig entspricht.

1. Was und wen repräsentieren die Abgeordneten des Bundestages?

Wo viele Güter für viele Leute zu produzieren und zu verteilen sind, wo es große Räume zu überbrücken und komplizierte Probleme zu lösen gilt, dort, sagt man, sind direkte Volksentscheidungen nicht möglich, nicht rational. Mit Hilfe von Wahlen sucht man sicherzustellen, daß das Volk ›seinen Willen‹ hat und kund machen kann; mit Hilfe vom Volk gewählter Abgeordneter will man gewährleisten, daß die in Produktion, Verteilung und Konsumption zu fällenden Entscheidungen problemangemessen und rational ausfallen. Vom Volk bestellte Vertreter seines Willens sind deswegen, so lautet die Annahme, besser imstande Probleme zu lösen, d. h. entsprechende Entscheidungen zu fällen und über deren Ausführung zu wachen, weil sie die Politik zu ihrem Beruf gemacht haben. Sie leben für und von der Politik, sie gehen einem Beruf nach, der im Unterschied zu den meisten anderen keine Grenzen kennt, außer der schierer Erschöpfung. Wenn aber die Abgeordneten in der Tat Vertreter des Volkes aufgrund ihrer überlegenen, professionell angereicherten Kompetenz sein sollen, dann muß sich ihre Leistung daran messen lassen, inwieweit sie in der Lage sind, gegebene oder heraufziehende Problemlagen zu erkennen, sich sachverständig zu machen, sich um die Interessen der von ihnen Repräsentierten zu kümmern, diese Interessen durchsichtig zu machen und schließlich durchzusetzen. Sehen wir uns hierfür die soziale Situation eines Abgeordneten in Bonn, die Bonner ›Human-Ökologie‹ und die Ökonomie der Zeit eines Abgeordneten etwas an. Einige skizzenhafte Striche müssen genügen.

Bevor ein Abgeordneter als Vertreter des Volkes nach Bonn kommt, ist schon vieles, zuweilen schon fast alles entschieden. Die Ochsentour, die ein Möchte-Gern-Kandidat durchlaufen muß, bis er schließlich von seiner Partei örtlich, regional und national als Kandidat anerkannt worden ist, der Wahlkampfschlauch, den er anschließend auf sich nehmen muß – diese politischen Mechanismen sorgen in der Regel dafür, daß der künftige Abgeordnete nicht allzu sehr über die von seiner Partei gezogenen Stränge schlagen wird und wortgewandt jedes Thema so zurechtbiegen kann, daß nur noch die Gewandtheit im Biegen übrig bleibt. Sperrige Abgeordnete haben angesichts so mächtiger Hobel deswegen Seltenheitswert.

Doch ist der Abgeordnete in Bonn, nimmt ihn die Falle des verwalteten Parlaments gefangen. Abgekoppelt von der außerbonner Welt gehört er ihr. Was aber heißt verwaltetes Parlament? Mehrfaches. Zunächst: seine neue und fast exklusive Bezugsgruppe ist die Fraktion seiner Partei im Parlament. Diese Fraktion, in zwei der drei gegenwärtig im Bundestag vertretenen Parteien selbst schon eine mittelgroße Versammlung, wird dirigiert von den erfahrenen Fraktionsgeschäftsführern und den Fraktionsvorsitzenden. Der Abgeordnete wird einem oder zwei, gar drei Ausschüssen zugeteilt und in die Routine eingewiesen. Obwohl die Fraktionsdisziplin, die sich meist von selbst versteht, gewahrt werden muß, obwohl also – so gesehen – eine große Einheitlichkeit besteht, wirkt die Fraktion nicht wie ein Körper, dessen einzelne Teile miteinander kommunizieren und kooperieren. Die Fraktion ist geschlossen und dennoch ist der einzelne Abgeordnete, es sei denn, er ist in der Fraktionsbürokratie schon aufgestiegen, vereinzelt, isoliert eher. Die Fraktionen sind geschlossene und zugleich atomisierte Körper.

Das verwaltete Parlament erfährt der Abgeordnete aber nicht nur durch den ›Verwaltungsteil‹ Fraktion. Der Verwaltungsteil Fraktion fügt sich in das sich verwaltende Gesamtparlament und seine Ausschüsse, ein Gesamtparlament, das seinerseits ausgerichtet und abhängig ist auf und von der mächtigen Exekutive, der überall anwesenden Bürokratie. Die Exekutive und ihre disziplinierende Wirkung reicht auch tief in die Oppositionsfraktionen hinein, die Bürokratie bildet längst den Lebensnerv der Legislative, die sich selbst, wenn auch ziemlich ohnmächtig, bürokratisiert hat. Man sehe sich nur einmal an, wie ein Gesetz entsteht, wer es erstlich und letztlich formuliert, welche Interessen vorgebracht werden können, von der Ausführung und der Kontrolle solcher Gesetze ganz zu schweigen. Gerade die aktivsten Abgeordneten verschleißen sich in den durchgehend exekutivbürokratisch überlagerten Gefechten innerhalb und außerhalb der Fraktionen. Das parlamentarische Gehäuse auf bürokratischem Grund und mit exekutivischer Ausrichtung läßt niemanden aus seiner mächtigen Umgrenzung. Es prägt seine eigene Wirklichkeit. Die Abkoppelung von außen aber und die durchaus entsprechende innere Isolation, der parlamentarische Atomismus, den Fraktionen nur äußerlich und allenfalls repressiv-bürokratisch verbergen, haben ihre politischen Folgen. Das Räderwerk des Parlaments erfordert die volle Aufmerksamkeit. Wo man nicht ist, ist man in Gefahr herauszufallen in das anonyme, wenngleich möglicherweise ertragreiche Hinterbänklerschicksal. Wo man aber ist, kann man dem bürokratisch-juristischen Stil des ›Hauses‹ kaum entgehen. Novelle auf Novelle mit bestenfalls haarfeinen Zugaben und einigen leichten Formulierungssiegen in den Ausschüssen. Informationen dringen hier nur als Gerüchte, Schlagzeilen und unter Lobbydruck herein. Wie soll man allein die täglichen Drucksachen verarbeiten, nicht zu reden von den Informationen, die vor den Drucksachen liegen, Informationen gar, die den gegebenen widersprechen und aus anderen Quellen schöpfen?

Über die Woche vertritt man in Bonn. Stellvertreterpolitik Bonner Prägung, made in Bonn (not in Germany!). An den Wochenenden geht man zum Volk zurück, das einen wählte. Man bricht aus aus dem Bonner cordon sanitaire. Aber tut man's tatsächlich, kann man das noch? Sich an der Brust des Volkes gesund saugen? Was sich an den Wochenenden abspielt, ist ein Zwischending zwischen Erschöpfung, genannt Familienleben, das man als ordnungsgemäß-ordentliches zu zeigen hat (wenn auch seine Rolle abgenommen hat), und Stress. Man wird sozusagen, nimmt man den eigenen Wahlkreis ernst und vielleicht noch diese oder jene andere Verpflichtung, von Kuß zu Kuß, von Versammlung zu Versammlung herumgereicht. Dasein ist alles, Zuhören, Aufnehmen, Nachdenken, Gründlich-Diskutieren nichts. Vielerlei Stimuli und dauernd möglichst passende Antworten. Kein Wunder, daß die Sprache der Politiker an die von Sportreportern erinnert. Das Ereignis ist immer brandneu, brennend aktuell. Der Kontext des Ereignisses und schließlich auch seine Aktualität permanente Wiederholung. Man kann in gestanzten Formeln reden, man muß die fertigen Teile nur immer wieder etwas verschieden zusammensetzen. Die Sprache von Politikern (die von Professoren versteht sich auch) ist insgesamt für ihr hektisches Leben verräterisch.

Ob man dem Volk in solchen Vorzeig-, Bestätigungs- und Streicheltouren auf den Mund schaut, ist mehr als fraglich, abgesehen davon, daß Auf-den-Mund-schauen allein durchaus nicht genügt. Politik im Mittelstreckenlauf mit Sprintcharakter kann nicht nur zur Droge werden mit tödlicher Wirkung. Zur Droge, weil man selbst dauernd Anfragen, Anrufe, Anregungen braucht, um bestätigt und herausgefordert zu werden. Politik solcherart ist auch fast zu nichts anderem mehr gut als zur eigenen Macht-, sprich Positionserhaltung und zur Selbstbestätigung in Form einer Selbsttäuschung. Fast wird man an Henry Kissingers, des Spitzenrealpolitikers unserer Zeit, Reisediplomatie erinnert mit ihren geopolitischen, auf Machtdemonstration erpichten Zielen. Beeindruckend die fliegend zurückgelegten Kilometer, beeindruckend auch die überflogenen Probleme, beeindruckend vor allem auch die liegen gelassenen Menschen und ihre Leiden.

Die Frage, was repräsentieren die Abgeordneten und wen, ist angesichts eines solchen, bei weitem nicht vollständig nur in seinen Bestimmungsfaktoren beschriebenen Lebenslaufs nur indirekt zu beantworten. Die Abgeordneten selbst können an ihrer Situation kaum etwas ändern, jedenfalls ist der einzelne überfordert. Das zeigt auch das Ausscheiden mancher der besten. Betrachtet man auch nur das Ausmaß an Zeit, das ein Abgeordneter in der Regel für einzelne Probleme verwenden kann, besieht man die Möglichkeiten, kontroverse Informationen aufzunehmen, dann ist man eher überrascht, daß zuweilen von parlamentarischer Seite überhaupt noch etwas geschieht, was über ratifikatorische und symbolische Akte hinausgeht. Der Abgeordnete jedenfalls kann den vorgefundenen Definitionen eines abgehobenen bürokratisierten Parlaments bis ins Innere seines Problembewußtseins hinein, um von seinem möglichen Aktionsradius ganz zu schweigen, nicht entgehen. Er erliegt der Form des abgehobenen Parlaments in exekutivisch-bürokratischer Umgebung, eines Parlaments als einer legislativen Registraturinstanz, einer Fraktion, deren ganzes Bestreben positioneller Machterhalt oder Machtgewinn ist, wozu die Stabilität gegebener Verhältnisse vorausgesetzt bzw. angestrebt wird. Die Regierung und die zum Staatsorgan besonderer Art gemauserten und zugleich reduzierten Parteien bestimmen die Tagesordnung und die Marschrichtung. Der Abgeordnete als vereinsamter Volksvertreter hat kaum eine Chance, der Bonner Wirklichkeit immer schon fertiger Form zu entrinnen.

2. Was hält diesen politischen Apparat am Laufen?

Der beschriebene Zeitmangel wirkt als ein geradezu automatischer Stabilisator des Gegebenen. In dieselbe Richtung zielt die Bonner Abstraktion oder, anders formuliert, der Mangel eines regelmäßigen Prozesses der Mitbestimmung im weiteren Sinne. Der Prozeßmangel verstärkt gleicherweise die gegebenen Strukturen und Inhalte. Für diese Abstraktion und diesen Mangel eines Prozesses zwischen den Betroffenen, den Bürgern, und den Politikern, den formell Entscheidenden, kurz für die Konzentration der Politik gibt es eine Reihe habhafter Gründe ökonomisch-sozialer Art, nicht zuletzt den Grund, daß sich in konzentrierter Form besser und leichter herrschen läßt, wenn auch mit dem Risiko, daß es in der Bevölkerung hier oder dort zu ›irrationalen‹ Ausbrüchen kommt. Hier interessiert im Moment allein, wie sich diese abstrakte Politik individuell (und selbstverständlich auch für die in Bonn versammelten Gruppen insgesamt) durchsetzt und welche Folgen sie für die politische Kompetenz hat. Wie kommt es, daß die allerorts geäußerten Frustrationen ohne Folgen bleiben, wirksam nur außerhalb der Geschäftsordnung und allenfalls den »Menschen«, aber nicht den Politiker betreffend?

Das Beamten-, aber auch das Arbeitsrecht und die praktischen Verfahren der Entlohnung, sind geradezu Fundgruben, um herauszufinden, mit welchem Netz negativer, aber auch vor allem positiver Sanktionen Institutionen zusammengehalten werden. Das Streben nach mehr Gehalt verbindet sich mit dem Streben nach mehr Vergünstigungen, die man verliert, wenn ... Das Streben nach mehr Gehalt, mehr kaufbarer Lebensqualität, ist aufs beste und durchaus institutionell beabsichtigt mit Karriereunterschieden gekoppelt, die unterschiedliche Arbeitsmöglichkeiten bedeuten.

Das deutsche Beamtenrecht, das in vieler Hinsicht ›modellhaft‹ gewirkt hat, vermag durch seine Verbindung negativer (disziplinarischer) und positiver Sanktionen ›seine‹ Beamten fast vollständig von ›innen‹, von der Behörde her zu konditionieren. Deswegen sind ›seine‹ Beamten auch daran interessiert, daß dem Beamtenrecht und den entsprechenden Behörden im Prinzip nichts geschieht. Sonst sind ihre eigenen, so mühsam errungenen Positionen in Gefahr. Diese Ausrichtung nach innen, die in Bürokratien fast total ist, führt in den Bediensteten der Bürokratien zu ihrer Verinnerlichung. Nicht umsonst heißt es: wem Gott ein Amt gibt, dem gibt er auch den Verstand. Hinzuzufügen ist: den Amtsverstand.

Eine solche Ausrichtung nach ›innen‹, aufs Interesse einer Behörde, kann nur gelingen, wenn die jeweilige Institution relativ stark nach außen abgeschottet ist, wenn keine anderen Personen oder Institutionen über negative und/oder positive Sanktionen verfügen. Betrachtet man die politische Szene Bonns, dann wird nun wirksam, was im ersten Abschnitt beobachtet worden ist: Abstraktion und Isolation, sprich Vereinzelung und Abkoppelung. Was in Bonn zählt, sind, abgesehen vom verwalteten Bundestag und seinen ihm eigenen Mechanismen gerade auch negativer Sanktion, Kontakte zu Spitzenbeamten, Kontakte zu einflußreichen Interessengruppen, Kontakte zu führenden Zeitungen u.ä.m. Der Hof einflußreicher Gruppen ist begrenzt. Und diese einflußreichen Gruppen mit ihren Informationen und Einflußmöglichkeiten bewegen sich alle im Prinzip auf einer abgehobenen Ebene mit dem wechselseitigen Verständnis befreundeter oder verfeindeter Auguren. Kein Wunder, daß der Horizont dessen, was man als politisches Problem wahrnimmt, sich verengt; kein Wunder auch, daß man noch weniger einzubringen vermag; kein Wunder schließlich, daß politische Überlegungen zu Überlegungen der Taktik darüber werden, wie man die eigene Position halten oder verbessern kann, indem man hier oder dort einen leichten Punktsieg landet.

3. *Von den Parteien ist nichts zu erwarten*

Das Grundgesetz geht in Art. 21 Abs. 1 davon aus, daß die Parteien an der »politischen Willensbildung« mitwirken. Die Parteien als Organisationen sind in der Bundesrepublik zweifelsohne sehr stark. In manchen Ländern, so in Bayern, besteht sogar so etwas wie ein Doppelstaat: der offizielle bajuwarische Staat und seine durchtrainierte Bürokratie auf der einen und ihm durchaus zugeordnet und vielfach verbunden die CSU-Organisation auf der anderen Seite, nahezu überall präsent und wirksam.

Doch die Parteien sind durchaus schwach, wenn man sich an ihre grundgesetzliche Aufgabe erinnert. Die Parteien wirken mit im parlamentarischen Kampf um die Exekutive und ihre Positionen. Die Parteien wirken nicht i. S. des berühmten Transmissionsriemens, indem sie Interessen mobilisierten, ihnen zur Artikulation verhälfen, organisierten und in die Entscheidungsinstanzen eingäben. An dieser Aufgabe hindert sie nicht nur ihre mangelnde innerparteiliche Demokratie, sondern ihre primäre Ausrichtung auf den Einfluß des abstrakten Staatsapparates. Sowohl durch ihre eigene Organisation, als auch durch ihre organisatorische Ausrichtung auf den Tanz auf dem Bonner Parkett, auf die Formen der Politik, die dort entschieden werden, werden die Parteien zu Apparaten, die primär statisch ausgerichtet sind auf einen Kampf um ›Macht‹, eine Macht, die eben in Positionen und nicht in Programmen, die in Personen und nicht in Prozessen und Resultaten besteht.

Die starken Parteien sind so gesehen ungeheuer schwach. Sie wollen selber nicht mobilisieren, sondern nur Mobilisierung verhindern. Sie bewegen sich zuweilen allenfalls, um den Bestand zu gewährleisten. Bewegende Unbeweger, ein See mit nervösen Wellen. Diese wahlstarken Parteien kommen in Gefahr, sobald sie mit Problemen konfrontiert werden, die neuer Lösungsmuster bedürften und nicht allein gekonnter Verdrängungstechnik. Diese wahlstarken Parteien sind verunsichert, sobald sich unerwartet Bürgerinitiativen bilden, die nicht allein Aufgaben wahrnehmen, die von den Parteien notorisch versäumt wurden, sondern die auch die Art, Aufgaben wahrzunehmen, ändern: nämlich Selbstbeteiligung und volle Information groß schreiben. Die Stärke der Parteien in dem Sinne, daß sie die herrschenden Positionen innehaben – und alles spricht dafür, daß sie sie in absehbarer Zeit nicht verlieren werden –, und die Schwäche der Parteien in dem Sinne, daß sie vor Aufgaben, die neue Muster verlangen, vor Zukunftsproblemen ebenso versagen wie im Hinblick darauf, eine krisensichere Integration der Interessen der Bevölkerung zu leisten, korrespondieren miteinander und sie kommen nicht von ungefähr. Die Parteien sind stark, weil sie sich auf dieses System und seine Institutionen voll und ganz eingelassen haben und der Logik bürokratisierter Politik, abgehoben von einer auf Teilnahme und Teilhabe hin organisierten Demokratie, auch in ihren eigenen Organisationen gehorchen. Politik reduziert sich auf einen Kampf um Positionen und um Anteile. Die Form der Produktion, die Form des Kuchens steht immer schon fest. Sowohl die ökonomische als auch die entsprechende politische Form. Schwach aber sind die Parteien, weil sie aus dieser Abstraktion und aus dieser Fixierung auf den status quo im Prinzip nicht voluntaristisch oder durch die Änderung dieses oder jenes Inhalts herauskommen. Ihre Zukunftsblindheit und ihr Demokratiedefizit verstärken nur ihre Unfähigkeit, Probleme und Krisen anders als kostenreich, im alten Muster und in repressivem Krisenbewußtsein zu bewältigen. Solange die Haupt- und Staatsaktionen in gewohnter Weise in Bonn ablaufen, und solange die zentralisierten Parteien darauf in gewohnter Weise immer nur in Bonn Einfluß zu nehmen suchen, mag sich zwar einmal die ›Parteienlandschaft‹ ändern, mag dieser oder jener Farbtupfer hinzukommen, an der Form der Politik, dieser Voraussetzung der mächtigen Ohnmacht, wird sich aber nichts ändern. Diese Form wird umgekehrt die ›neuen‹ Parteien auf die herkömmlichen Aufgaben trimmen und die Art, sie abgehoben zu erfüllen.

4. Realpolitik und Wirklichkeitsverfehlung – Die bedrohlichen Folgen sind gar nicht abzusehen

Was ist schon Wirklichkeit? Ist nicht das, was in Bonn geschieht, viel »wirklicher« als all das, was irgendwelche wohl- oder schlechtmeinenden Kritiker äußern. Wie oft wurde schon von der Schrift an der Wand geredet oder von 1984. Und wir, in der Bundesrepublik jedenfalls, leben in der Mehrzahl immer noch leidlich, ja oft mehr als leidlich wohlständig, und frei, oft weniger als leidlich. Wenn man Wirklichkeit mit dem gleichsetzt, was herrscht und was vielleicht sogar wider besseres Wissen durchgesetzt werden kann, mit dem Willen, oder richtiger, ohne jeden Widerstand der Mehrheit der Bevölkerung, dann ist es zweifelsohne richtig: die Wirklichkeit in der Bundesrepublik läßt sich am besten in Bonn fassen und begreifen. Kein Wunder, daß diese Stadt so attraktiv ist. Durchaus nicht aufgrund ihrer Architektur.

Aber der Ausdruck »herrschende Wirklichkeit« ist nicht unsinnig oder in seiner Gebrauchsweise verräterisch wie »realer Sozialismus«. Im Ausdruck »herrschende Wirklichkeit« verbirgt sich das Wissen, daß diese

Wirklichkeit ›gemacht‹ wird als herrschende durch Herrschende und daß es andere Formen von Wirklichkeit gibt, die nur nicht als herrschende wirksam werden. Realpolitisch zu handeln bedeutet, daß man sich auf diese herrschende Wirklichkeit einläßt und sie ihren Bedingungen entsprechend zu gestalten sucht. Realpolitisch zu handeln bedeutet damit gleichzeitig, daß man die Formen gegenwärtiger Politik annimmt und die eigenen Interessen ihnen gemäß durchzusetzen sucht. Auf diese Weise verfehlt Realpolitik nicht nur notwendigerweise andere ›Wirklichkeiten‹, sie kann auch gemäß den herrschenden Formen äußerst irreal, jedenfalls in hohem Maße kostenreich werden.

Und diese Wirklichkeitsverfehlung und diese Kosten der Realpolitik sind schon seit langem mit Händen zu greifen. Es steht zu befürchten, daß die Kosten größer werden. Man braucht nur einmal zu beginnen, sämtliche Politikbereiche daraufhin durchzusehen, welche aktuellen Kosten anfallen, welche Widersprüche und Spannungen ihnen zugrundeliegen und welche Probleme in der Art der Konzeption gegenwärtiger Politik überhaupt nicht in Angriff genommen werden können:

– Die politischen Institutionen in der Bundesrepublik und ihre Begrenzung auf einen eng verstandenen politischen Prozeß sorgen dafür, daß die nicht einbezogene, politisch ohnmächtig und unmündig gehaltene Bevölkerung allenfalls ›irrational‹ oder i. S. beschränkter Interessen motiviert und durch laufend erzeugte Ängste reagiert, wenn sich erhebliche Veränderungen, sei's im ökonomischen Wachstum, sei's in anderen Lebensbereichen andeuten. Die von den bestehenden Institutionen bedingten Reaktionen werden ihrerseits zum Anlaß genommen, die herrschenden Institutionen zu rechtfertigen;

– die Konzeption der »inneren Sicherheit«, die vor allem eine vorausgreifende Sicherheitspolitik ermöglichen soll, ist genau auf diesen strukturellen Konservativismus und eine ängstliche, irrationale Bevölkerung angelegt. Diese ›Irrationalitäten‹ sollen dort, wo sie herrschen, den Regularien widersprechen, rechtzeitig in Griff bekommen werden. Deswegen wird die »innere Sicherheit«, als bewege man sich im Urwald eines fremden Landes, i. S. eines jederzeit mobilen, mit sensiblen Beobachtungsorganen ausgestalteten Einsatzkommandos institutionalisiert. In der Tat, über die soziale Dynamik der eigenen Bevölkerung weiß man kaum Bescheid;

– Umwelt- und Energieprobleme, auch die Abhängigkeit der Bundesrepublik vom gegenwärtigen Weltmarkt und seiner Situation – eine gefährlich starke Abhängigkeit – erforderten eine Politik, die tief ins ökonomisch-soziale Geschehen eingreift, bis hin zu Veränderungen unserer herrschenden Wertskala: der fortlaufend erzeugten und erforderten Lust zum Mehrhaben und zum Mehrherrschen. Wollte man einen solchen Struktur- und Bewußtseinswandel herbeiführen, müßte man selbstverständlich zuerst auch

an den Formen der Politik ansetzen, der herrschenden exekutivischen Verzerrung der fdGO. Stattdessen aber läßt sich an Forschungs- und Wirtschaftspolitik, läßt sich an der unternehmerbestimmten Investitionspolitik zeigen, daß eher eine neoimperialistische Strategie, übrigens auch auf EG-Ebene, gewählt wird. Diese Strategie bestimmt nicht nur aktuell unsere Beziehungen zu unterentwickelten Ländern, sondern sie kann langfristig verhängnisvolle, u. a. kriegerische, Folgen haben. Stattdessen wird eine Energiepolitik trotz aller aktuellen Rückschläge betrieben, die aus der Bundesrepublik und Europa in der Tat einen Atomstaat machen: aus dem Personenschutz entwickelt sich nämlich schon heute sichtbar der flächendeckende Raumschutz. Auch dieser Wandel ist in der Konzeption der »inneren Sicherheit« schon enthalten;
– Die Devise ist alt: laßt uns durch technische Innovationen unsere Probleme heilen, die ihrerseits oft durch technologische Neuerungen herbeigeführt wurden. Im Prozeß der Umsetzung befindliche Technologien gestalten nicht nur die Arbeitsplätze radikal um und führen neben struktureller Arbeitslosigkeit zu neuen innerbetrieblichen Herrschaftsstrukturen. Im Prozeß der Umsetzung befindliche Technologien drohen auch die Formen und Inhalte menschlicher Kommunikation radikal zu verändern, ohne daß die Menschen institutionell und habituell dazu instand gesetzt worden wären, diese nur in Teilbereichen sinnvollen Technologien zu gebrauchen. Von Grundrechten ist zwar auch offiziell immer wieder die Rede. Offenkundig aber mangelt das Verständnis dafür, daß Grundrechte als abstrakte Rechte nicht einmal von den einzelnen als ihre Rechte begriffen werden können. Noch mehr fehlt eine entsprechende soziale und politische Einschätzung neuer Technologien, die die räumlichen und zeitlichen Bedingungen menschlicher Kommunikation und menschlichen Selbstbewußtseins gefährden.

Die Liste ließe sich verlängern. Die Ohnmacht im Hinblick auf all das, was auch offiziell »Strukturpolitik« genannt worden ist, das Scheitern all der so schön benannten »Gemeinschaftsaufgaben« ist in breiter Form nachweislich. Besieht man Bonn, als ein Fallbeispiel gegenwärtiger liberalkapitalistischer Systeme, dann wird deutlich, daß diese Systeme als liberale nicht mehr funktionsfähig sind. Das wären sie allenfalls, wenn sie die herkömmlichen Formen der Politik gründlich änderten. Solange in der strukturgewordenen Arroganz der Macht die zentralisierten Instanzen abgehoben im engen Zirkel wirken, kann einem nur angst und bange werden vor solch konzentrierter Irrtumsfähigkeit, angst und bange angesichts der fortlaufend versäumten strukturellen Entscheidungen. Es wird so viel von Entscheidungen gesprochen, aber tatsächlich wird sehr wenig, jedenfalls in Bonn oder in Washington, und jedenfalls von den liberal-demokratisch legitimierten Instanzen, entschieden. Vom Parlament gar, bestellt durch den gegenwärtigen Mechanismus der Wahlen und der halbstaatlichen Parteien, läßt sich nichts ›Neues im Westen‹ erhoffen. Bestenfalls, daß wenige tapfere Abgeordnete zuweilen in diesem oder jenem Einzelfall Widerstand leisten können. Wer sich kollektiv auf dieses Parlament einläßt, erliegt seiner verwalteten Form. Politische Gegenbewegungen erfordern auch andere Formen. Mögen ihm die Wahlen aktuell und im Hinblick auf begrenzte Fragen wichtig sein und mag es auch darauf ankommen, trotz allem zu wählen, dort und so, wo man mehr mutige Abgeordnete vermuten kann. Sich aber auf die herrschende Realpolitik und ihre Formen systematisch einzulassen, bedeutet nichts anderes, als einen weiteren Stein zum Gebäude der negativen Utopie, genannt status quo, hinzuzufügen.

Nachbemerkung

Die »Bonner Impressionen« erscheinen gar zu trostlos. Wo bleibt das Positive oder mit dem neuerlichen, so verräterischen Modewort zu reden, wo lockt die »Alternative«? Andere Möglichkeiten nicht nur i. S. luftiger Zuckerwatte zu diskutieren, war nicht der Sinn dieses Eröffnungsbeitrages zu einem Wahlband. Man würde nur den verführerischen Deklamationen des Wahlkampfes und seinem Gerede vom »mündigen Bürger« Tribut zollen, würde man so tun, als sei dies die Zeit, als sei jetzt eine Chance gegeben, in diesem Wahlkampf mit diesen Parteien einen neuen Anlauf zu neuen Formen und Inhalten zu unternehmen. Mitnichten. Dennoch ist der obigen Skizze, die mit berghohen Belegen untermauert werden könnte, eine selbstreflexive Mahnung zur Bescheidenheit und eine an sich enthaltene Konsequenz ausgesprochen hinzuzufügen.

Zunächst, damit kein Mißverständnis entsteht, die Notiz zur Bescheidenheit. Wenn hier aus intellektuellem Munde, genauer, mit Hilfe einer geduldigen Schreibmaschine die Bonner »Szenerie« und ihre Akteure situativ beschrieben worden sind, dann sollte nicht der Eindruck entstehen, als wären Intellektuelle – soweit dieser allgemeine Begriff überhaupt etwas sagt, also Leute, die dafür bezahlt werden, daß sie nur mit Feder und Mund (zuweilen auch Verstand) arbeiten – als verhielten sich solche Intellektuelle in der Regel anders als Bonner Politiker, als seien sie ›lebensnaher‹, selbstbewußter im besten Sinne und lebten eher authentisch. Das Problem der Bonner Politik, eines ihrer Probleme, besteht gerade darin, daß es keine Balance, keine Kontrolle gibt. Betrachtet man die Wissenschaftler an Universitäten und Forschungsinstituten, dann läßt sich dort durchaus nicht feststellen, daß mehr Wirklichkeit verarbeitet, konzentrierter und mehr problembezogen gedacht und Lösungen gesellschaftlicher Probleme gefunden würden, die diesen Namen verdienen. Nein – die politische Praxis und ihre konzeptionelle Ortlosigkeit finden ihr Pendant in einer politischen Theorie (in einem sehr weiten Sinne dieses Begriffs) und ihrer analytisch-habituellen Zahnlosigkeit. Ganz und gar ist es deshalb unangebracht, von einem nicht bestehenden hohen Roß auf die Politiker herabzusehen. Die mühen sich wenigstens noch. Erklärungsbedürftiger ist es vielmehr, warum angesichts des beträchtlichen Aufwands so wenig andere und neue Wege ihren Ausgang im intellektuell-wissenschaftlichen Gefilde nehmen. Warum ist gerade im Bereich der Wissenschaft die asoziale Abstraktion Trumpf, eine der politischen durchaus parallele, nur noch viel stärker isolierte »sterile Aufgeregtheit«, und ein verdummender innerwissenschaftlicher Reputationsbezug?

Und nun zur Konsequenz. Wenn die Bonner Glosse oben nicht rundum falsch ist – und auf eine Gegendarstellung wäre sicherlich nicht nur ich gespannt –, dann läßt sich auch ohne hier im einzelnen nicht geleistete Analyse behaupten, daß man die Bonner Politik als Auswuchs der Bonner abgehoben-bürokratischen Szenerie nicht dadurch ändern kann, daß man sich selbst ins Bonner Korsett zwängen läßt. Will man die gefährlichen und alle gefährdenden Abstraktionen (»Wachstum«, »Sicherheit« usw.) überwinden oder wenigstens zurückdrängen, dann muß man andere, ›Bonn‹ durchaus ungemäße Formen wählen. Dies taten die Bürgerinitiativen zum Teil. Hier lag und hier liegt ihre Chance. Diese Chance aber wird zunichte gemacht, wenn man sich selbst dem Bonner Erfolgskalkül beugt und eilfertig eine Partei zusammenbastelt, eine modische Farbe über alle Unebenheiten pinselt und so tut, als komme von dieser neues politisches Licht. Der Bonner Wirklichkeitsverfehlung und Realpolitik kann man nicht dadurch entgegentreten, daß man diesen mit neuen Ansprüchen auf der gleichen Ebene und mit den gleichen Formen gegenübertritt. Der Bonner Wirklichkeitsverfehlung und human so überaus kostenreichen Realpolitik kann man nur dadurch entgegentreten, daß man andere Formen und andere Ebenen politischer Auseinandersetzung wählt, die der Bonner durchaus nicht gemäß sind: den Aufstand bereichsnaher Interessen und ihrer Organisation gegen die Bonner Abstraktionen und ihre entfremdende Politik!

Claus Offe
Konkurrenzpartei und kollektive politische Identität

Die Schwachstelle bisheriger Parlamentarismuskritik

Die politischen Parteien sind durch das Grundgesetz ausdrücklich beauftragt, an der politischen Willensbildung des Volkes mitzuwirken. Sie folgen diesem Auftrag durch eine Fülle von publizistischen, pädagogischen und politischen Aktivitäten. Aber auch ohne diesen Auftrag und ohne die aus ihm hergeleiteten Aktivitäten enthalten die Institutionen der politischen Partei und Parteienkonkurrenz, enthält das politische *Formprinzip der Konkurrenzpartei* wichtige Festlegungen des politischen Willens des Volkes. Durch ihr bloßes Dasein als Organisationen einer bestimmten Struktur und Funktion, und nicht erst durch ihr zielgerichtetes Handeln im politischen Konkurrenzkampf, nehmen die politischen Parteien entscheidenden Einfluß auf die Bildung des Volkswillens. Dieser wird von ihnen nicht etwa nur »zum Ausdruck gebracht«, sondern – weit unterhalb aller propagandistischen Werbungs- und Beeinflussungsversuche – tatsächlich »gebildet«. Unter der Geltung des politischen Formprinzips der Konkurrenzpartei und ihres jeweils auf die Übernahme von Regierungsverantwortung gerichteten Organisationsziels haben nur solche Inhalte die Chance, als Komponenten des »Volkswillens« in Erscheinung zu treten, die sich mit diesem dominanten Formprinzip »vertragen«, d. h. »parteiförmig« transportiert werden können.

Diese Mitwirkung der Parteien an der Willensbildung des Volkes war seit der Studentenbewegung der sechziger Jahre das Thema der linken Parlamentarismus- und Partei-Kritik (Agnoli 1967, Ebbighausen/Dittberner 1973, Narr 1977). Deren zentrales Argument betrifft das Verhältnis von politischen Formen und politischen Inhalten. Diese Form-Inhalt-Problematik läßt sich in drei Teilaspekte zerlegen.

– Erstens geht es um die Analyse der Art und Weise, in der herrschende politische Formen (vor allem die der Konkurrenz- bzw. »Volks«-Partei, aber auch die des bürokratischen Verwaltungsstaates) die Interessen und Willenslagen des Volkes höchst »selektiv« zur Geltung bringen, d. h. ver-

zerren, verkürzen und so ummodeln, daß sie mit der herrschenden Struktur von Produktion und Verteilung und den aus ihr resultierenden politischen Imperativen vereinbar werden. Der Modellfall für diesen Aspekt der Parteien- und Parlamentarismuskritik ist der Prozeß, in dem die Parteien der II. Internationale, nachdem und weil sie sich auf die Verfahrensregeln der parlamentarischen Demokratie eingelassen haben, von revolutionären Klassenparteien zu kaum mehr reformistischen Volksparteien mutierten.
– Zweitens geht es komplementär dazu um die Analyse jener *ausgeschlossenen* politischen Inhalte, die sich gegen ihre Einbeziehung in den parteipolitischen Prozeß sperren und insofern Zeugnis ablegen für die begrenzte (und nach Klassenkategorien durchaus asymmetrische) »Fassungskraft« der etablierten Kanäle und Verfahrensweisen des parlamentarischen Parteienstaates. Die kollektiven Bedürfnisse, welche die Fassungskraft dieser Kanäle übersteigen, machen sich dann sozusagen in politischen Überschwemmungsphänomenen bemerkbar – in Protestbewegungen, institutionell nicht gebundenen Subkulturen und marginalisierten politischen Motiven.
– Schließlich geht es drittens um die Dynamik und *Wechselwirkung* zwischen den herrschenden parteienstaatlichen Formprinzipien einerseits und den politischen Inhalten, die zu deren Repräsentationsmechanismen keinen Zugang finden.
An diesem dritten Punkt liegt, wie ich meine, die schwächste Stelle der bisherigen Parlamentarismuskritik. Während die beiden ersten Teilargumente: Der Nachweis von Kooptation und Verbiegung politischer Inhalte im Prozeß ihrer parteienstaatlichen Institutionalisierung sowie der Nachweis der »unvollständigen«, das heißt von systematischen Marginalisierungen begleiteten Repräsentation von Interessen durch Konkurrenzparteien und Parlamentarismus durch eine Fülle von historisch-soziologischen Untersuchungen demonstriert werden können, befinden wir uns in einiger Verlegenheit, wenn wir die *Dynamik der Erzeugung* von »formwidrigen« politischen Inhalten *durch die Herrschaft bestimmter politischer Formen selbst* rekonstruieren wollen. Ein solches Argument wäre allerdings erforderlich, wenn man die »Verzerrungseffekte« einerseits, die Unvollständigkeit parteienstaatlich-parlamentarischer Repräsentation andererseits nicht – im Einklang mit großen Teilen der liberalen politischen Theorie – zu zwar unvermeidlichen, aber auch ziemlich harmlosen Strukturdefekten des massendemokratischen Verfassungsstaates bagatellisieren und damit das Problem der »formwidrigen«, institutionell marginalisierten Interessen von vornherein theoretisch und politisch in seiner Relevanz reduzieren will. Wenn es sich bei den Bedürfnissen, denen von den Formprinzipien der parlamentarischen Demokratie nicht zur Geltung verholfen wird, tatsächlich nur um eine zu vernachlässigende Restgröße handeln sollte, wenn das Ver-

drängte tatsächlich verdrängt *bliebe* und keine den Verdrängungsmechanismus selbst in Frage stellende Tendenz zur »Wiederkehr« und Selbstverstärkung aufwiese, dann wäre der ganzen Parlamentarismuskritik die Pointe verpatzt. Ihre Befunde wären dann mit Recht der exzentrischen Perspektive dessen zuzurechnen, der sich aus einer politischen Vorentscheidung heraus eben für »Randprobleme« interessiert. Es gehört deshalb zum Beweisprogramm einer jeden sich selbst ernstnehmenden Parlamentarismuskritik, den Nachweis zu führen, daß die herrschenden politischen Formprinzipien von Konkurrenzpartei, Parlamentarismus und Bürokratie nicht nur die Funktion haben, daß »Material« des politischen Prozesses, die Bedürfnisse und Interessen der vergesellschafteten Individuen zu verzerren und lückenhaft zu repräsentieren, sondern daß sie außerdem (und widersprüchlicherweise) im Kontext sozialökonomischer Strukturen und Tendenzen *auch* die Funktion haben, über die Grenze ihrer eigenen Verzerrungs- und Verdrängungsfähigkeit *hinaus,* ein Potential nicht-integrierbarer politischer Bedürfnisse und Forderungen sich anhäufen zu lassen.

Jedes politische System ist mit dem Problem befaßt, Form und Inhalt in der Weise in Einklang zu bringen, daß die tatsächlich vorhandenen gesellschaftlichen Konflikte entweder *»verfaßt«,* d. h. in auf letztinstanzliche Entscheidungen hinauslaufende Verfahrensregeln eingekleidet werden, oder aber *»verdrängt«* werden, d. h. als Folge eines repressiven Formzwangs von der politischen Tagesordnung abgesetzt werden. Ein verfassungspolitisches (und verfassungssoziologisches) Problem entsteht immer dann, wenn gesellschaftliche Konflikte auftauchen, die mit den etablierten Verfahrensregeln weder »verfaßt« noch »verdrängt« werden können.

Ein Beispiel für eine solche verfassungspolitische Problemlage bietet die Konstellation, auf die sich die aktuelle politikwissenschaftliche Diskussion über Korporatismus bezieht. Autoren wie Scharpf und Lehmbruch, die dem Kontext der linken Parlamentarismuskritik sicher eher fernstehen, weisen auf das Vordringen eines Typs politischer Steuerungs- und Planungsprobleme hin, für deren Bewältigung konkurrenzdemokratisch-parlamentarische Entscheidungstechniken völlig untauglich sind. Solche Steuerungsprobleme müssen daher durch Einschaltung von Verhandlungsgremien bearbeitet werden, an denen die Spitzenverbände gesellschaftlicher Interessengruppen, die Ministerialbürokratie und die Gebietskörperschaften beteiligt sind. Insgesamt ergibt sich eine Fülle von Anhaltspunkten dafür, daß die industriell entwickelten Gesellschaften des staatlich regulierten Kapitalismus mit einem neuen Typ von Steuerungsproblemen konfrontiert sind, bei deren Bewältigung sie mit dem offiziellen, in Verfassungen normierten institutionellen Repertoire an politischen Entscheidungsverfahren bei weitem nicht auskommen. Diese Probleme – Stichworte: Inflation, Produktivität, Technologie, Beschäftigung, Regionalstruktur – lassen sich mit Hilfe der »offiziellen« politischen Formen weder verfassen noch verdrängen. Die bemerkenswerte Folge ist, daß mit wachsender Unbefangenheit neben-parlamentarische Formen der Repräsentation, Konfliktaustragung und Entscheidung praktiziert und als unumgänglich akzeptiert werden (ein politikwissenschaftliches Buch mit dem Untertitel: *The Policy Process in a Post-Parliamentary Democracy*, Richardson/Jordan 1979, wäre vor 10 Jahren noch als unpassender Witz aufgenommen worden, während die in ihm enthaltene These heute – nach der Erfahrung und Theoretisierung von »Unregierbarkeit« – ganz unmittelbar einleuchtet).

Während über die Grenzen konkurrenzdemokratischer Entscheidungsverfahren angesichts einer Fülle von vordringlichen *Systemproblemen* und Steuerungsimperativen eine weitgehende, pragmatisch vermittelte Einigkeit herrscht und die technokratisch-korporatistische Variante der »Parlamentarismuskritik« insofern bereits eine Reihe von praktischen Folgen für das politische Leben auch der Bundesrepublik gezeigt hat, ist weniger offensichtlich, welche Probleme der politischen *Willensbildung* sich gegen eine Bearbeitung durch das Formprinzip der Konkurrenzpartei grundsätzlich sperren sollten. Die aktuelle Entwicklung der politischen Steuerungsprobleme übersteigt die Fassungskraft des Repertoires konkurrenzdemokratischer politischer Formen; soviel darf als anerkanntes Gemeingut von Politik und Politikwissenschaft unterstellt werden. Die Frage ist: *Gibt es einen analogen Entwicklungsgang des politischen Massenbewußtseins*, der Bedürfnisse und Interessen der Bürger, als dessen Ergebnis die konkurrenzdemokratischen Organisationsmittel der Politik sich ebenfalls als unzulänglich herausstellen, weil sie den Willen der Bürger weder »verfassen« noch »verdrängen« können?

Die bei den Politikern aller Parteien üblich gewordenen Klagen über die zunehmende »Staats-« bzw. »Parteienverdrossenheit«, über Vertrauensschwund und habituellen Argwohn der Bürger beantworten die Frage keineswegs, weil sie allenfalls die Symptome eines Zustandes, nicht aber seine Ursprünge benennen. Auch Theorien über die krisenvermittelte Ausbildung eines Klassenbewußtseins, das die etablierten Formen der politischen Artikulation sprengt, stoßen auf eine Fülle von empirischen Ungereimtheiten. Nur wenig vergröbernd läßt sich die Erkenntnislage derjenigen vergleichen, von der die marxistische politische Theorie seit dem Zweiten Weltkrieg nahezu kontinuierlich geplagt wird: Der überkommenen Krisentheorie mangelt es an empirischen Anhaltspunkten, während umgekehrt den tatsächlichen Krisenprozessen eine adäquate Theorie fehlt.

Selbstnegatorische Tendenzen der Konkurrenzdemokratie

Ich möchte in den folgenden Überlegungen, als versuchsweise Antwort auf die oben gestellte Frage nach einer Dynamik der Entwicklung politischer Bedürfnisse und Interessen, die These vertreten und im Rahmen dieses Bandes nur skizzenhaft begründen, daß die herrschenden politischen Verkehrsformen der Konkurrenzdemokratie (und der sozialstaatlichen Bürokratie) selbst »formwidrige« Inhalte der politischen Willensbildung erzeugen, an deren Ergebnissen diese Verkehrsformen scheitern können. Etwas hochgestochen könnte man von einer Dialektik der politischen Verkehrsformen und Organisationsmittel der wohlfahrtsstaatlichen Massendemokratie sprechen, also von einer diesen Formen innewohnenden »selbstnegatorischen« oder »selbst-paralysierenden« Tendenz. Diese Tendenz beruht, um das zentrale Argument vorwegzunehmen, auf der von den herrschenden politischen Verkehrsformen bewirkten Identitäts*zerstörung* (oder »Ent-eigenschaftung«) der politischen Willenssubjekte und der hierauf reagierenden Behauptung und Verteidigung von Identität.

Die historische Ausbildung konkurrenzdemokratischer politischer Systeme läßt sich soziologisch als ein Differenzierungsprozeß beschreiben, in dessen Verlauf die Staatsbürger einerseits zum (mittelbaren) Willenssubjekt staatlicher Herrschaft erhoben, andererseits aber die Verbindungsfäden zwischen politischen und gesellschaftlichen Lebenssphären durchtrennt wurden. Die Souveränität des Staatsbürgers wird historisch gleichsam erkauft mit der Herauslösung der Staatsbürgerrolle aus klassenmäßigen, landsmannschaftlichen usw. Lebensbezügen und Handlungskontexten. Zur Illustration dieses Prozesses, in dem politische und nicht-politische Lebensbezüge institutionell gegeneinander neutralisiert, voneinander abgeschichtet wurden, seien nur einige Etappen genannt: Erstens die Verallgemeinerung des Wahlrechts, d. h. seine Entkoppelung vom Vermögensstatus; zweitens das Ergebnis der Massenstreikdebatte innerhalb der II. Internationale vor dem Ersten Weltkrieg, das in der wechselseitigen Unabhängigkeit gewerkschaftlicher und parteipolitischer Zielbildung und Aktionsformen entstand; drittens die Parlamentarisierung der deutschen Republik nach dem Ersten Weltkrieg, d. h. die effektive Ausschaltung von rätedemokratischen Elementen aus der Verfassungskonstruktion der Weimarer Republik; viertens die nach dem Zweiten Weltkrieg fortgesetzte Entwicklung der Parteien zu jenen weltanschauungsneutralen Machterwerbsorganisationen, die, in endgültiger Abkehr vom Prinzip der Klassenpartei, ihren sozialen Einzugsbereich *generalisieren* und gleichzeitig ihre Organisationsziele *spezialisieren*, nämlich auf Wahlerfolge und die Übernahme von Regierungsbefugnis. Bei allen diesen Teilentwicklungen bedingen sich Generalisierung und Spezialisierung wechselseitig: der Zugang zu den spezialisierten Aufgaben staatlicher Herrschaft ist sozusagen nur dem vollendeten Neutrum gestattet.

Die Funktion der Trennung von Produktions- und politischer Herrschaftssphäre, wie sie insbesondere in der organisatorischen Aufspaltung (und damit genaugenommen der Selbstaufhebung) der Arbeiter»bewegung« in Gewerkschaft und Partei zum Ausdruck kommt, besteht in der Ausschaltung *gesellschaftlicher* Machtmittel, vor allem des Streiks, aus dem Kampf um politische Herrschaftsbefugnis: dem politischen *Wollen* kann jetzt nur mehr durch dessen (auch zeitlich) spezialisierten Ausdruck im Wahlakt, nicht aber durch gesellschaftliches *Handeln* Nachdruck verliehen werden. Die Disjunktion von »Wollen« und »Handeln« kann geradezu als das Strukturprinzip der bürgerlichen Demokratie bezeichnet werden.

Natürlich halten sich, gegen diese institutionelle Disjunktion, *empirische* Beziehungen zwischen gesellschaftlichem Handlungskontext und politischer Willenskundgabe durch: noch immer wählen Arbeiter anders als Angehörige freier Berufe, Großstädter anders als die Landbevölkerung, Protestanten anders als Katholiken. Doch entsprechen dem keine politischen Organisationsformen mehr, die (eben als »Bewegungen«) gesellschaftliches Handeln und politisches Bewußtsein zugleich prägen und miteinander vermitteln. Die Herstellung dieses Zusammenhanges bleibt der individuellen Selbst-Zuordnung des wählenden Bürgers überlassen. Diese findet weder in gesellschaftlichen noch in politischen Organisationen ihre Anerkennung: Politik wird zur vollendeten Privatsache.

Die Logik der nach »Regierungsverantwortung« strebenden Konkurrenzpartei legt es den Parteien nahe, Wählerstimmen zu suchen, *wo immer* sie zu bekommen sind, sich also jeder Bezugnahme auf (klassenmäßig, konfessionell oder sonstwie) spezialisierte »Einzugsbereiche« zu enthalten. Dementsprechend wird der Bürger als abstraktes Willenssubjekt, als ein mit Stimmrecht ausgestatteter Jedermann angesprochen. Umgekehrt haben auch die gesellschaftlichen Massenorganisationen, vorab die Gewerkschaften (wie ähnlich auch die Massenmedien) in einem konkurrenzdemokratisch verfaßten politischen System allen Anlaß, von sich aus die offizielle politische Festlegung ihrer Mitgliedschaft zu vermeiden; denn sie müssen ja, im Interesse ihrer Verbandsziele, mit *allen denkbaren* Regierungsparteien bzw. -koalitionen ein auskömmliches Verhältnis unterhalten.

In einer so funktionierenden institutionellen Umwelt unterliegt der Bürger spezifischen Anforderungen und Belastungen. Im »Außenverhältnis« zu den politischen Parteien sind seine im Wahlakt vollzogenen Willensäußerungen demselben Neutralisierungseffekt ausgesetzt wie seine Spareinlagen bei einer Bank: Sie spielen nur als »ent-eigenschaftete« Beiträge zu einem fremden Organisationsziel eine Rolle, als eine »Einlage«, an deren

Herkunft auf seiten der Bank ebenso strikt Desinteresse besteht wie umgekehrt dem Sparer die Mitwirkung an der *Verwendung* des bei der Bank angehäuften Geldkapitals verwehrt ist. Im Innenverhältnis dagegen, sozusagen an der Nahtstelle zwischen dem Bürger als gesellschaftlichem Akteur und dem Bürger als Inhaber einer Wahlstimme, entsteht das Problem, *daß man sich zum eigenen Willen nicht ebenso »versachlicht« verhalten kann wie andere sich auf ihn beziehen*, nämlich als eigenschaftsloses Rohmaterial für fremde Organisationszwecke. Man kann, mit anderen Worten, einen eigenen Willen nicht »haben«, wenn man von den eigenen gesellschaftlichen Lebensbezügen, somit der Identität des »Habenden« absieht. Einen Willen zu haben ist nicht möglich unter der Prämisse, man könne ebensogut einen anderen haben; seinem Begriff nach hängt der Wille unlösbar mit der Identität dessen zusammen, der ihn hat.

Die Diskrepanz liegt auf der Hand: Während die institutionelle Entwicklung massendemokratischer politischer Systeme und Verkehrsformen als ein säkularer Prozeß der alle Einzelheiten erfassenden Ausdifferenzierung von Politik und Gesellschaft, der Entstehung wechselseitiger Beliebigkeit im Verhältnis zwischen beiden beschrieben werden kann, sind die politischen Bürger mit der widersinnigen Zumutung einer entsprechenden »inneren« Differenzierung überfordert. Zumindest sind sie genötigt, die Brücken zwischen ihrer gesellschaftlichen und ihrer politischen Existenz, die im Zuge der Rationalisierung des politischen Systems eingerissen wurden, sozusagen aus eigener Kraft zu rekonstruieren. Nach dem Ende von Klassen- oder konfessionellen Weltanschauungsparteien, die immer zugleich *Parteien* und das gesellschaftliche Handeln umfassend anleitende und organisierende soziale *Bewegungen* waren, ist die Notwendigkeit, gesellschaftliche Lage und politische Willensbegründung in einen intern schlüssigen Zusammenhang zu setzen, keineswegs entfallen; sie bleibt, nachdem ihr die politischen Organisationen vom Typus der Konkurrenzpartei nicht mehr gerecht werden, als individuell zu bewältigendes Problem übrig. Jeder muß jetzt die Vermittlung herstellen, ohne sich auf die institutionelle Hilfestellung von Strukturen verlassen zu können, die Gesellschaft und Politik, Handeln und Wollen miteinander verklammern. Der Diskreditierung des Gedankens einer historischen Mission, einer politisch bedeutsamen kollektiven Identität der »Klasse« (gleichgültig welcher) fällt die Überzeugungskraft des Brechtschen Refrains: »reih Dich ein in die (...) Einheitsfront weil Du auch ein (...) bist« zum Opfer. Der Begründungszusammenhang, der hinter diesem »weil« steht, verliert damit den Rationalitätsgrad eines (wie immer organisatorisch eingegrenzten) Diskurses und wird dem verantwortungsfreien (dafür aber umso leichter zu konditionierenden) Meinen anheimgestellt, – und zwar von jenen als Wahlstimmen-Sammelstellen fungierenden Konkurrenzparteien, deren operatives Prinzip die Abstraktion, die Nicht-Anerkennung der gesellschaftlichen Identität des Bürgers ist.

Subjektiv kann dieses Problem, den Zusammenhang von gesellschaftlicher Lage und politischer Entscheidung intern zu rationalisieren, d. h. Richtigkeitskriterien und Begründungsregeln für den Zusammenhang beider zu entwickeln, mit einer Reihe von Notlösungen bearbeitet werden. Eine von ihnen besteht darin, an kollektiven Identitäten (der Klasse, der Religion, der Familie, der Konfession usw.) samt der dazugehörigen Parteipräferenzen *traditionalistisch* festzuhalten, also die objektiven Ambivalenzen des Verhältnisses zwischen gesellschaftlicher Lage und politischer Wahl schlicht zu ignorieren. Eine andere besteht in der Anwendung *utilitaristischer* ad-hoc-Kalküle, die zu einem hochmobilen Wechselwähler-Verhalten führen können: mal wählt man als Steuerzahler, mal im Blick auf die eigenen schulpflichtigen Kinder, mal in Reaktion auf akute außenpolitische Konflikte. Das Problem der subjektiven Schlüssigkeit des Verhaltens als Wähler wird in diesem Fall jedoch nicht gelöst, sondern nur verschoben, – verschoben nämlich auf die Auswahl der »relevanten« Teil-Identität, die der Wahlentscheidung jeweils zugrundegelegt wird.

Die auf Erringung staatlicher Herrschaftsbefugnis gerichtete politische Form der Konkurrenzpartei, deren Durchsetzung insbesondere auf seiten der Sozialdemokratie zum fast vollständigen Verlust des Moments von »sozialer Bewegung« geführt hat, versagt in der von den alten Klassen- und Weltanschauungsparteien ausgeübten Funktion, kollektive Identitäten zu begründen. Welches die zentralen Bestimmungen der eigenen gesellschaftlichen Lage sind, welche Interessen sich daraus ergeben, mit wem man sie teilt, welche Programmatik staatlichen Handelns ihnen entspricht und gegen wen solche Interessen gegebenenfalls gerichtet sind, – darüber schweigt sich die Praxis der vollends aus den gesellschaftlichen Lebenszusammenhängen ausdifferenzierten und organisatorisch modernisierten Partei aus. Selbst der geringe Anteil der Bürger, der den Parteien als Mitglied angehört, gewinnt aus der Zugehörigkeit zur Partei A keine Grundlage dafür, sich wechselseitig als »seinesgleichen« anzuerkennen, – ebensowenig fast, wie sich die Unterstellung irgendwelcher Gemeinsamkeiten aus der Tatsache ergibt, daß zwei Bürger ein Konto bei ein und derselben Bank führen lassen. Daß die *Programmatik* der – gleichgültig ob sozialdemokratischen, liberalen, christlichen oder konservativen – Parteien die Ausbildung einer kollektiven Identität, von Zuordnungsregeln zwischen sozialer Lage und politischer Orientierung erschwert, liegt auf der Hand: Die Taktik der Konkurrenzpartei zielt ja gerade darauf ab, »für alle« wählbar und akzeptabel zu sein, und von dieser Maxime her wäre es ein schwerer Fehler, wenn (bei Freund oder Feind) das Bild einer in sozialstrukturellen Kategorien spezialisierten Partei entstünde. Sogar wo ein klassenmäßig, regional, konfessionell usw. ausgeprägtes Profil des Wählerpotentials empirisch noch besteht, werden dessen Konturen denn auch wohlweislich eher verwischt und verschwiegen; denn eine Partei, die als Bauern- oder Katholiken-Partei typisierbar wäre, ginge mit beträchtlichem Handicap in Wahlkämpfe. –

Ähnliches gilt für die Signale, die von dem leitenden *Personal* der Parteien und ihren Mandatsträgern ausgehen. Von kaum einem Punkt der Sozialstruktur aus können sie in einem prägnanten Sinne als »unseresgleichen« wahrgenommen werden; ihr Erscheinungsbild ist vielmehr das des hochtrainierten Generalisten. Dies einmal, weil sie im Interesse einer konturlosen Offenheit der Partei auf »jedermann« eingestellt sein müssen, dann aber auch, weil die Anforderungen der modernen Partei- und Parlamentspolitik den spezialisierten, geschulten Karrierepolitiker verlangen, dessen spezifische Erfolgsbedingungen nahezu jegliche »Besonderheit« ausbleiben lassen.

Die Organisationsmittel der Parteiendemokratie tendieren zur immer vollkommeneren Gleichgültigkeit nicht gegenüber den Willenskundgebungen des Wählers (um die die Parteien ja geradezu konkurrieren), sondern gegenüber den kollektiven Lebenslagen und Identitätsvorstellungen, aus denen diese Willenskundgebungen hervorgehen. Nicht *warum* und *von wem*, sondern *daß* so und nicht anders votiert werde, ist für sie maßgeblich. Wenn in einem soziologischen Verständnis »Identität« bedeutet, daß die verschiedenen Lebenssphären und Phasen der Lebensgeschichte dadurch als Zusammenhang erfahren werden können, daß sie von anderen als zusammenhängend *anerkannt* werden, dann stellt sich das politische Organisationsmittel der Konkurrenzpartei als manifestes Hindernis der Identitätsbildung dar. Das gilt gerade auch dann, wenn im Zuge von Werbestrategien die Lebenslagen der Bürger (als Rentenempfänger, als Bewohner einer strukturschwachen Region, als potentiell Arbeitsloser) temporär und ausschnittsweise thematisiert werden. Immer sehen die auf den Erwerb von Herrschaftsbefugnis und auf politische Entscheidungsproduktion spezialisierten Organisationen den Bürger aus einem anderen Blickwinkel, nämlich als vereinzelten und abstrahierten Inhaber von Stimmrecht, als dieser sich selbst sehen kann. Die beiden erwähnten Notlösungen, mit denen diese Diskrepanz zugedeckt werden kann, verhalten sich spiegelbildlich zueinander: Die (traditionalistische und kontrafaktische) Unterstellung, eine bestimmte Partei sei Bestandteil des eigenen Lebenszusammenhanges, und die (utilitaristische) Einstellung dessen, der sich selbst gleichsam von außen, aus der Perspektive der Partei, betrachtet und flexibel auf das jeweils günstigste Angebot eingeht.

Einiges spricht für die Vermutung, daß die weit fortgeschrittene Ausdifferenzierung speziell und ausschließlich politischer, auf staatliche Herrschaftsausübung eingerichteter Organisationen wie Partei und Parlament heute an einem Punkt angelangt ist, an dem sie problematische, ja widersprüchliche Folgen erzeugt. Demgemäß wären Phänomene wie »Parteiverdrossenheit« nicht als kontingente Stimmungslagen zu interpretieren, und ebensowenig als Ausdruck eines plötzlichen Wertwandels, von einer Renaissance revolutionären Klassenbewußtseins ganz zu schweigen. Sie wären vielmehr als Reaktionsbildungen auf eine politische Struktur aufzufassen, die das Prinzip der funktionalen Differenzierung und die mit ihm einhergehenden subjektiven Belastungen bis zu einem Grenzpunkt vorangetrieben hat, an dem massive Gegenbewegungen in Richtung auf »Entdifferenzierung« eintreten. Analog zu den »Grenzen der Arbeitsteilung«, die für industrielle Arbeit konstatiert worden sind, könnten sich hier Grenzen der funktionalen Differenzierung zwischen »Bourgeois« und »Citoyen«, zwischen gesellschaftlichem Leben und politischem Wollen bemerkbar machen. Es scheint so etwas wie eine Grenze zu geben, jenseits deren funktionale Differenzierung unerträglich wird.

Neue Formen der politischen Identitätsbildung

Hinweise auf »entdifferenzierende« Gegenbewegungen finden sich in Gestalt von Praktiken politischer Teilnahme, die so organisiert sind, daß sich politische Willenskundgebungen mit den Erfahrungshorizonten des gesellschaftlichen Lebens der Beteiligten in Deckung befinden. Nicht Aggregate abstrakter Wahlbürger, sondern Kollektivitäten des gesellschaftlichen Lebens, deren Mitglieder sich wechselseitig unter dem Gesichtspunkt der Zugehörigkeit zu dieser Kollektivität definieren und anerkennen, werden, wie es scheint, in wachsendem Umfang zu adäquaten Medien politischen Handelns erklärt. Mit diesem Organisationsprinzip, das eine Vermittlung zwischen gesellschaftlichem Handeln und politischer Willensäußerung erneuern soll, knüpfen heutige Protestbewegungen an die Vorbilder nationaler, sprachlicher und religiöser Minderheiten an, die in nahezu allen westeuropäischen Ländern (allerdings mit Ausnahme der Bundesrepublik) in den siebziger Jahren eine spektakuläre Renaissance erlebt haben. Häufig dienen *Natur*kategorien, die jeweils, gleichsam oberhalb kultureller oder ökonomischer Gemeinsamkeiten zur Konzeptualisierung eines verbindenden »Wir« herangezogen werden, als Kristallisationspunkte kollektiver Identität und politischen Bewußtseins: Regionalismus, Feminismus, politisch relevante Formationen der Jugendkultur, aber auch Teile der Schwarzen Bürgerrechtsbewegung der USA wären hierfür Beispiele. Solchen Bewegungen ist gemeinsam, daß sie *beide* Fragen: »wer wir sind« *und* »was wir wollen«, in unmittelbarem Zusammenhang zu klären suchen. Wenn sich, wie oben angedeutet, die Entwicklung der Organisationsmittel des Parteienstaates und der Massendemokratie mit den Stichworten Ausdifferenzierung/Generalisierung/Spezialisierung beschreiben läßt, so haben wir es bei diesen neuen Bewegungen eindeutig mit dem polaren Gegentypus zu tun. Ihr Kennzeichen ist nicht die Ausdifferenzierung politischer Funktionen, sondern deren Einbeziehung in die alltägliche Lebenswelt. Nicht der generalisierte Bezug auf abstrakte Wahlbürger-Kompetenzen, sondern die Mobilisierung politischer Ressourcen in einem von partikularistischen Kriterien eng umschriebenen Einzugsbereich (der Jugendlichen, der Frauen usw.) leitet das strategische Handeln solcher Bewegungen. Und sie sind nicht auf den Erwerb und die Verteidigung staatlicher Herrschaftsbefugnis spezialisiert, sondern auf die Eroberung ökonomischer, politischer und kultureller Gegenmacht-Positionen in einem weiten Spektrum von staatlichen wie gesellschaftlichen Handlungsfeldern.

Die charakteristische Kongruenz von Identitätsbestimmung nach innen und Willensbekundung nach außen führt bei diesen politischen Gruppierungen zu normativen Theorien über sich selbst und die eigenen Ziele, die, gemessen etwa an der marxistisch-sozialistischen Theorie über Identität und historische Mission des Proletariats, meist recht rudimentär bleiben. Oft sind die Ziele negativ formuliert und gelten der Abwehr von Angriffen auf die eigene Identität und Autonomie mit den Mitteln einer »Protest-Politik«. Zuweilen sind sie pragmatisch auf die Gewährung bestimmter Rechte oder die Zuweisung von Ressourcen für bestimmte Zwecke gerichtet. Vor allem scheint häufig ein Pendant zu der universalistischen Annahme des marxistischen Sozialismus zu fehlen, derzufolge der Sieg des Proletariats nicht nur Sieg der einen Klasse über die andere, sondern zugleich Überwindung aller auf Klassenspaltung beruhenden Vergesellschaftung bedeute – die Selbstaufhebung des Proletariats *als* Klasse. Im Verfehlen einer umfassenden gesellschaftlichen und historischen Perspektive rächt sich der Partikularismus des Ansatzpunktes: Sei es, daß der Kampf der Geschlechter als geschichtsloser Antagonismus verstanden, daß die Folgeprobleme zugestandener Autonomie ignoriert oder daß die Kosten der verteidigten Identität bedenkenlos Dritten aufgelastet werden.

Gewiß verschanzt sich, im Gegenzug gegen den auf die Spitze getriebenen Prozeß der Vergleichgültigung der Politik gegenüber dem gesellschaftlichem Leben, die mißachtete Besonderheit des konkreten Bürgers hier und da hinter borntierten Selbstdeutungen, die jeglichen universalistischen Anspruch fallen lassen und unbefangen Positionen des »reverse racism« oder des »Sankt-Florians-Prinzips« einnehmen. Aber von solchen (ja keineswegs eindeutig irreversiblen) Rückfällen und Verhärtungen abgesehen scheint das politische Ansetzen bei der Unmittelbarkeit des eigenen Lebensumkreises und dessen identitätsbildenden Strukturen durchaus eine eigene Schlüssigkeit zu besitzen. Eine spezifische Folgerichtigkeit und

»Zeitgemäßheit« partikularistischer politischer Identitätsbildungen und sozio-politischer Bewegungen wird deutlich, wenn man bedenkt, daß die Strategie des Kapitals (wie die der staatlichen Bürokratien) ihrerseits *immer enger* fokalisierte »Betroffenheiten« hervorrufen und dementsprechende »Besonderheiten« auf der Seite der Bürger akzentuieren und provozieren. Der hier angesprochene Zusammenhang läßt sich vielleicht am deutlichsten an der räumlichen Organisation des gesellschaftlichen Lebens demonstrieren. Der kapitalistische Modernisierungsprozeß ist niemals ein gleichmäßig-flächendeckender gewesen, sondern er hat sich von Brennpunkten der nationalen Territorien aus ausgebreitet, denen für lange Zeit andere Gebiete nahezu unberührt gegenüberstanden. Alle Begriffe und Indikatoren, mit denen wir den kapitalistischen Modernisierungsprozeß beschreiben – wie Klassenbildung, Elektrifizierung, ökonomischer Krisenzyklus – sind sozusagen Durchschnittsgrößen, die nach Raum-/Zeitpunkten disaggregiert werden müssen: Eine freie Lohnarbeiterklasse bildet sich hier, nicht aber dort; Elektrifizierung findet hier früher, dort später statt; die Krise erfaßt bestimmte Regionen und Branchen zuerst, andere später oder überhaupt nicht, usw. Es scheint heute eine Reihe guter Gründe dafür zu geben, die in der marxistischen Tradition verbreitete Annahme der *realen Homogenisierung* der gesellschaftlichen Verhältnisse (Herausbildung einer Durchschnitts-Profitrate, objektive und bewußtseinsmäßige Vereinheitlichung der Lohnarbeiterklasse usw.) fallenzulassen und durch ihr genaues Gegenteil zu ersetzen, nämlich die Annahme wachsender Ungleichzeitigkeiten und räumlicher Inhomogenitäten, eines auch in sozialer Hinsicht uneinheitlicher werdenden Prozesses, in dem heterogene soziale Kategorien mit jeweils für sie und nur für sie charakteristischen Problemlagen (die freilich durchaus einen gemeinsamen »Ursprung« haben können) belastet werden. Das würde u. a. bedeuten, daß wir es nicht mit »dem« Kapital, sondern einer Vielzahl von höchst heterogenen, technologisch, nach ihrem Standort, ihren Wachstumsraten usw. differierenden Industrien, nicht mit »dem« Proletariat, sondern einer Vielfalt unterschiedlicher Lebenslagen und -chancen zu tun hätten, ebenso übrigens nicht mit »dem« Staat, sondern einem Geflecht konfligierender Staatsapparate und politischer Agenturen.

Ohne diese allgemeine Überlegung hier weiter begründen und ausarbeiten zu können, möchte ich eine Konsequenz hervorheben, die für den zuvor verlassenen Zusammenhang (Stichwort »Partikularismus«) naheliegt.

Das Insistieren auf »Besonderheiten« (des gesellschaftlichen Seins und des politischen Bewußtseins zumal), die weit unterhalb der Ebene von Aggregaten wie Klassen, Konfessionen und Nationen festgelegt werden, könnte, so regressiv, »historisch« (Lübbe) oder »romantisch« es sich auch ausnehmen mag, seinen guten Sinn darin haben, daß es sich dabei in Wahrheit gerade nicht um die Rückstände alter, sondern um die Wahrnehmung neuer kollektiver Identitäten handelt, die nicht so sehr partikularistische (etwa landsmannschaftliche) Überlieferungen zur Grundlage haben, sondern zunehmend schärfer gebündelte, auf bestimmte Segmente der Bevölkerung gezielte »Übergriffe« von Staat und Kapital bzw. die gemeinsame Betroffenheit durch diese. Demgemäß wäre der »Rückfall« sozialer Protestbewegungen gegenüber den abstrakt-generellen, an keinerlei spezifische Identitäten anknüpfenden Staatsbürger-Kompetenzen nicht nur ein Akt der Wiederbehauptung traditionaler, sondern eher des Aufgreifens durchaus neuartiger kollektiver Selbstdeutungen. Nicht der eingelebte Gemeinsinn einer kommunalen Bürgergemeinschaft, sondern die kulturelle und ökonomische Barrieren durchkreuzende Tatsache einer neuen Autobahn, welche die Wohnsphäre aller stört, wäre dann die auslösende Bedingung gemeinsamer Aktion. Jene »Lebensinteressen«, die von außerparlamentarischer Protestpolitik aufgegriffen und verteidigt werden, beruhen nicht auf überlieferter, sondern im Gegenteil auf der eben erst entstehenden Gemeinsamkeit des Betroffenseins von konkreten »Übergriffen«. Um diese These zu überprüfen und auszubauen, auch um eventuelle »Mischungsverhältnisse« zwischen beiden Mechanismen der »partikularistischen« Ausbildung politischer Identitäten aufzudecken, müßte man jeweils die Frage nach der zeitlichen Priorität von »Identitätsbildung durch gemeinsame Lebensformen« und »Identitätsbildung durch gemeinsames Betroffensein« zu beantworten suchen. Auf den ersten Blick jedenfalls scheint die Annahme nicht unplausibel, daß es nur dem Anschein nach eine *bestimmte* Lebensweise ist, die von den außerparlamentarischen Bewegungen verteidigt wird, in Wahrheit aber durchaus eine *allgemeine* Emanzipation, für die aus hochspezifischen Anlässen und Betroffenheiten heraus jeweils scharf abgegrenzte Gruppen einstehen und kämpfen. Insofern könnte man durchaus von einem Partikularismus der Anlässe und Umstände, nicht aber einem solchen der Ziele sprechen. Und es wäre nur ein scheinbares Paradox, daß gerade »vor Ort« die allgemeinsten, für die Gesamtheit von Emanzipationsinteressen exemplarischen Kämpfe stattfinden.

Möglichkeiten einer Partei »neuen Typs«

Vielleicht ist einstweilen die These noch zu gewagt, daß im Spätkapitalismus der Kampf gegen die sozialen Folgen kapitalistischer und bürokratischer Rationalität kaum mehr das Aggregationsniveau von »Klassenkämpfen« annehmen kann. Immerhin spricht vieles dafür, daß die für dieses Aggregationsniveau vorauszusetzende Einheitlichkeit und Gleichförmigkeit der Themen des Kampfes – und der subjektiven Dispositionen zum Kampf – immer weniger auch nur als aussichtsreiches Ziel politisch organisatorischer Anstrengungen angepeilt werden können. Hielte man demgegenüber starr am Selbstverständnis der »Massenorganisation«, selbst der revolutionären, fest, dann müßte man weiterhin die zusehends unhaltbar werdende Fiktion eines »Durchschnittstypus« der unterstellten Interessen- und Bewußtseinslage mitschleppen – und endete doch nur bei einem Sonderfall unter anderen. Selbst eine Untersuchung der Organisationspraxis der Gewerkschaften müßte wohl zu der – für das herkömmliche Denken in Kategorien der »Massenorganisation« – schmerzlichen Einsicht führen, daß es nicht die Identität »der« Arbeiterklasse, sondern der sehr viel engere Umkreis von (stabil beschäftigten, inländischen, männlichen, qualifizierten) Teil-Klassen ist, der in den Organen und Strategien der Gewerkschaften dominiert. Das Dilemma besteht gerade darin, daß die konkreten Ausbildungen von Not und Unterdrückung in einem objektiven Sinne »lokal« geworden sind; sie entziehen sich einer vereinheitlichenden Organisationspolitik, weil sie nach Art und Ort, Zeitpunkt und Betroffenen ungleichförmig sind.

Aus diesem Umstand könnte man sogar das Argument herleiten, die massendemokratische Abschichtung politischer Organisationen von gesellschaftlichen Identitäten sei schließlich unumgänglich. Die linke politische Kritik am Prinzip der Volks- oder Konkurrenzpartei unterstellt sehr häufig, daß ein hinreichend einheitliches, hinreichend willensfähiges Klassenaggregat noch vorhanden oder jedenfalls konstituierbar sei, auf das sich ausschließlich und explizit zu beziehen die »revisionistischen« Parteien nur durch ihren Mangel an revolutionärer Perspektive, durch ihre Versessenheit auf »Regierungsverantwortung« gehindert seien. Jedoch steht diese Version der Kritik deshalb auf schwachen Füßen, weil sie den objektiven Zersetzungsprozeß jener einheitlichen Klassenbasis entweder ignoriert oder mit Spekulationen über eine »letztendliche«, »wesensmäßige« usw. Einheitlichkeit übertüncht, welche der gesellschaftlichen Erfahrung und Selbstdeutung der (»objektiv« zweifellos) »Lohnabhängigen« nicht entspricht. Die Idee Lenins, diese Lücke kraft des Führungsanspruchs einer revolutionären Kaderpartei zu schließen, wäre selbst dann nicht mehr aktuell, wenn sie durch ihre historischen Konkretisierungen und Folgen weniger diskreditiert wäre als sie es tatsächlich ist. Aktuell ist dagegen seine Problemstellung: durch welche Strategie und Organisationspraxis lassen sich fragmentierte, ungleichzeitige, von »unreifen« Verhältnissen beeinträchtigte soziale und politische Kämpfe zu einem »Block« zusammenfügen, der zu autonomer Machtentfaltung imstande ist? Dieses Problem ist deshalb unvermindert aktuell, weil der objektiv »lokale« Charakter der Konflikte solange ihre ebenso objektive »Aussichtslosigkeit« programmiert, wie es nicht gelingt, sie unter Wahrung ihrer jeweiligen Besonderheit miteinander in Beziehung zu setzen und für die Akteure selbst den gemeinsamen Nenner ihrer Aktion erkennbar zu machen. Die jüngst in der Bundesrepublik geführte, durch das von W. Kraushaar herausgegebene Buch (*Autonomie oder Getto? – Kontroversen über die Alternativbewegung*, Frankfurt/M. 1978) wesentlich mit vorangetriebene Diskussion hat deutlich gemacht, wo die Grenzen einer aus vielfältigen versprengten »Praxisansätzen« zusammengesetzten politischen Gegenkultur liegen, nämlich in der Gefahr der Selbst-Marginalisierung, der Kultivierung *nur noch* partikularer »Alternativen«, deren politischer Anspruch dann alsbald verdunstet. Die von Kraushaar einigermaßen erbarmungslos vorgetragene Selbstkritik der politischen Alternativkultur legt, wenn ich recht sehe, einige Schlußfolgerungen für die Anlage von Versuchen nahe, unter den heutigen Bedingungen der Bundesrepublik das oben genannte Problem der Vereinheitlichung objektiv »lokaler« Kämpfe anzugehen.

Wie ich versucht habe zu zeigen, sind die gegenwärtig stattfindenden außerparlamentarischen Kämpfe und Bewegungen durch drei Merkmale gekennzeichnet: sie sind nach Thema und Trägern, nach Raum und Zeit ihres Auftretens in extremem Maße »lokal« und diskontinuierlich. Zweitens beanspruchen sie, strikt »allgemeinen« Interessen zum Druchbruch zu verhelfen, die oft als »Gattungsinteressen« oder »Lebensinteressen« bezeichnet werden und sich, in auffälligem Kontrast zu der scharf abgegrenzten Szene des manifesten Konflikts, auf grundlegende Kriterien für das gute Leben aller Bürger überall beziehen (– nicht nur nicht in Gorleben, sondern »auch sonst nirgendwo« sollen AKW's gebaut werden).

Aus beiden ergibt sich – drittens – ein gleichzeitig »zu enger« und »zu weiter« Frontverlauf, als daß die Formierung eines in Machtkategorien ins Gewicht fallenden »Blocks« ohne weiteres möglich wäre; der Verlauf des Konflikts stagniert, obwohl und gerade weil er ein sehr »allgemeiner«, elementare Lebensinteressen der gesamten Bevölkerung thematisierender ist, auf dem Niveau punktueller »Störungen«. Dieses Dilemma kann nur durch die Ausnutzung jener vereinheitlichenden Funktionen aufgebrochen werden, die den Sinn der Institutionen der Demokratie, vorab also von Parteien, Wahlen und Parlamenten, ausmachen. Das bedeutet, daß die linke Kritik der Konkurrenzpartei und des Parlamentarismus zwar in ihren analytischen Argumenten zutreffend und gehaltvoll bleibt, in ihren politischen Schlußfolgerungen aber insofern steril wird, als die Notwendigkeit, gerade unter Bedingungen äußerster Fragmentierung jener strukturell »lokalen« Konflikte *irgend*ein Medium der Vereinheitlichung zu institutionalisieren, nicht mehr bedacht, ja im Namen kleinräumiger politischer Identitäten systematisch verdrängt wird.

Die Parlamentarismuskritik ist bei der Ablehnung der beiden herkömmlichen Methoden politischer Vereinheitlichung stehengeblieben: der massendemokratischen Konkurrenzpartei, die als bürokratisierte Wahlstimmen-Sammelstelle jedes Moment von »sozialer Bewegung« abgestreift hat, und der leninistischen Kaderpartei. Gewiß wird niemand behaupten können, die Partei »neuen Typs«, die für dieses Dilemma die Lösung gefunden hat, gebe es bereits, habe sich bewährt und bedürfe nur noch der Anerkennung. Andererseits dürfte jedoch, wenn die These des hochgradig parzellierten Massenkonflikts zutrifft, das Bedürfnis nach institutionellen Formen der Vereinheitlichung nicht zu leugnen sein. Für seine Befriedigung bietet sich die politische Form einer Partei schon deshalb an, weil die politische Öffentlichkeit der parlamentarischen Demokratie von Auseinandersetzungen der Parteien in Parlamenten, in Medien und Wahlkämpfen ganz vorrangig bestimmt ist. Diese Institutionen sind die »Tribüne«, auf der Themen und Konflikte als »politische« in Erscheinung treten. Zweitens könnte die politische Form der Partei gerade unter den Bedingungen »lokaler« Konfliktstrukturen dazu dienen, die thematisch, räumlich und sozial voneinander isolierten Konfliktfelder miteinander in Beziehung zu setzen und die ihnen *gemeinsame* Rationalität, die einstweilen nur hypothetisch als die des Kampfes gegen die sozialen Folgen kapitalistischer Modernisierung, gegen die soziale Diktatur der Inhaber von »Investitionshoheit« bezeichnet werden kann, herauszuschälen und ins Bewußtsein zu heben. Im Gegensatz zu bisherigen Verallgemeinerungsversuchen, die über einzelne Themen (z. B. Atomenergie) oder soziale Kategorien (Studentenbewegung) verliefen und an deren jeweiligen Grenzen steckenblieben, könnte auf diese Weise ein Aggregationseffekt entstehen, der in andere Größenordnungen politischer Mobilisierung vorstößt. Dies inbesondere – drittens – auch deswegen, weil nur die Struktur der Partei es erlaubt, die Unterstützung von Bürgern für solche Konflikte öffentlich zum Ausdruck zu bringen, bei denen sie selbst nicht unmittelbar beteiligt und betroffen sind (sein können), deren Rationalität und Bedeutung sie jedoch anerkennen. So verstanden bliebe die politische Partei als Instrument durchaus geeignet, mit dessen Hilfe – gerade konträr zu dem dominanten Formtypus der Konkurrenzpartei – außerparlamentarischen Kämpfen ein Ausmaß von in Wahlkämpfen und parlamentarischen Auseinandersetzungen demonstrierter Unterstützung zugeleitet werden könnte, das sich im Brennpunkt der immer punktuellen Konflikte selbst nicht mobilisieren läßt. Im Rahmen einer auf diese Hilfs- und »Zubringerfunktion« festgelegten Partei wäre freilich der Verzicht auf die bekannten Muster der »Verselbständigung« politischer Funktionen und Funktionäre, auf flächendeckende Programme, auf Stellvertreter-Politik, auf eine Strategie der Eroberung von »Regierungsverantwortung« vorauszusetzen. Nicht der Angriff auf die durch Mehrheitsverhältnisse bestimmten Herrschaftspositionen der Konkurrenzparteien, also das Streben nach der 51-Prozent-Marke oder das Schmieden von Koalitionsbündnissen wären das Organisationsziel einer solchen Partei, sondern der Angriff auf die Loyalitätsbindungen, vermöge derer es den Konkurrenzparteien gelingt, die Energie gesellschaftlicher Konflikte nach wie vor zu einem guten Teil auf ihre eigenen Konten umzubuchen. Nicht die Maximierung »eigener« Stimmen, sondern die – unter anderem *auch* wahlpolitische – Demonstration der Tatsache, daß sich die Themen der parteipolitischen Auseinandersetzung von den außerparlamentarisch artikulierten Lebensinteressen und Identitäten der Bürger nahezu hoffnungslos weit entfernt haben, wäre der Sinn einer »Strategie des parlamentarischen Arms«. Dieser bestünde viertens auch darin, den aktiven Kernen der außerparlamentarischen Konfliktgruppen Gelegenheit zu geben, sich der Legitimationen zu vergewissern, die sie aus ihrem Anspruch herleiten, in »lokalen« Kämpfen gerade *allgemeine* Interessen zu vertreten. Da die Gültigkeit dieser Gleichung nicht allein schon wegen des *außer*parlamentarischen Charakters einer Bewegung als eine Naturtatsache unterstellt werden kann, da wir m.a.W. *auch* mit der Möglichkeit eines auch nach *Zielen* und gesellschaftlichen *Folgen* (und nicht nur seinen *Formen*) partikularistischen Konfliktmusters rechnen müssen (etwa beim mittelständischen Steuer-Protest), wird man ohne institutionelle Mittel der diesbezüglichen Selbstüberprüfung und (wahl-)politischen Erprobung kaum auskommen wollen.

Andreas Buro
Skizze zum gesellschaftlichen Hintergrund der gegenwärtigen Parlamentarismus-Debatte

1. *Begründung*

Die außerparlamentarische Bewegung der 60er Jahre und insbesondere ihre sich sozialistisch oder kommunistisch verstehenden Teile waren stets in Gefahr, ihre meist hoffnungslos schwierigen Existenz- und Arbeitsbedingungen nicht zur Kenntnis zu nehmen oder zu verdrängen. Dies wurde deutlich, wenn die studentischen Revolutionäre glaubten, von der Universität aus, und sich weitgehend nur auf die junge Intelligenz stützend, die kapitalistische Gesellschaft zerschlagen zu können, oder auch, wenn das Bedürfnis nach Zugehörigkeit sie dazu führte, sich mit Kämpfen und Bewegungen zu identifizieren, deren Voraussetzungen weit von den in Westeuropa herrschenden Bedingungen entfernt waren. Die Folgen sind bekannt: Chinesische, albanische, sowjetische Fraktionen schlugen sich ihre hier immer fremd klingenden Dogmen um die Ohren, wobei der Gegner im eigenen Lande oft genug außer Sichtweite geriet. Die Linken hatten Schwierigkeiten, die bundesrepublikanische Realität anzunehmen und sich auf sie zu beziehen, wenngleich immer wieder Ansätze dazu unternommen wurden.

In den 70er Jahren haben die vielen Bürgerinitiativen in Vertretung eigener Interessen, die schließlich in der Ökologie-Problematik einen Punkt der Gemeinsamkeit fanden, neuen Realitätsbezug in die zerklüftete Landschaft bundesrepublikanischer Opposition gebracht. Dieser tastete sich freilich mühsam vom einzelnen Gegenstand des Interesses zu weiterreichenderen Zusammenhängen. Aus dem Lärmschutz für eine Straße, aus dem Kampf für die Sicherung der freien Benutzung eines Jugendhauses, aus dem Abwendenwollen von Schaden für die eigenen Weinberge zeichneten sich im Laufe der Auseinandersetzungen die Konturen der allgemeineren Probleme ab. Soziale Lernprozesse, an Details beginnend, führen, soweit sie sich entfalten können, zu Einsichten über gesellschaftliche Zusammenhänge, zur Kenntnis von Reproduktionsmechanismen und lassen, wie schon in den 60er Jahren, die Schranken der bürgerlichen Gesellschaft zunächst nur punktuell, dann häufiger in Erscheinung treten. Dieses Einschießen von Realität in die Situation der bundesrepublikanischen Opposition gilt es zu verstärken. Deshalb soll hier, wo über politische Orientierung der sozialen Bewegungen in der Bundesrepublik und der linken Strömungen debattiert wird, versucht werden, den historischen Rahmen, in dem die Dabatte zu führen ist, und ohne den sie zum Kulissendonner gerät, zu skizzieren. Hier können freilich nur einige, wichtig erscheinende Momente essayistisch[1] herausgehoben werden, nicht mehr als Farbtupfer, denn historischer Rahmen bedeutet viel: die Zwänge aus Binnen- und Außenwirtschaft, aus Politik und gesellschaftlicher Reproduktion, das Bewußtsein der Menschen in dieser Gesellschaft und ihre politische Kultur, die Strategien von sozialen und politischen Gruppierungen und schließlich die Widersprüchlichkeiten, auf die grundsätzliche Opposition auf ihrer Suche nach Alternativen stößt.

Jeder nur oberflächliche Blick auf die Industriegesellschaft Bundesrepublik erweist diese in Produktion und Reproduktion eng verflochten. Die Industrialisierung und Kommerzialisierung der Bedürfnisse fast aller Bereiche des menschlichen Lebens, selbst der Freizeit und der Verhaltensweisen in den intimsten Beziehungen und die Verdrängung von Kreativität hierdurch belegt das Ausmaß der Vergesellschaftung. Hatten frühere Gesellschaften noch einen hohen Selbstversorgungsgrad (Subsistenzprinzip), so ist dieser nun fast vollständig zugunsten einer Arbeitsteilung verdrängt worden, die jeden vom Funktionieren der Gesellschaft abhängig macht. Die gesellschaftliche Verflechtung beruht jedoch nicht auf planender Zusammenarbeit gleicher Partner, sondern wird durch anonyme Marktkräfte gestaltet, die weitgehend durch die besonderen Interessen der großen Kapitale der Industrie und der Geldinstitute beherrscht sind. Erfordert die Sicherung und Entfaltung des Gemeinwohls in einer so eng verflochteten Gesellschaft notwendig einen hohen Grad von Bewußtsein und Einsicht über und in die gesellschaftlichen Zusammenhänge, und eine planende, an Lebensqualität orientierte Steuerung, so ist die Produktion und Reproduktion der kapitalistischen Industriegesellschaft im Gegensatz dazu auf die Sicherung der unabhängigen Entscheidungsfindung der Marktkräfte gerichtet. Produktion und Reproduktion in dieser Gesellschaft erfordern mithin eine Unterwerfung gesellschaftlichen Bewußtseins unter die Bedürfnisse des Marktes. Einer rasanten Entwicklung von Produktionsorganisation und Herrschaftstechniken steht so eine Tendenz zur Einschränkung von Bewußtsein über den gesamtgesellschaftlichen Prozeß und seine Zielperspektiven gegenüber. Damit wird das immer stärker auseinanderklaffende Verhältnis von tendenziell omnipotenten Technologien, die sich nach

Gesichtspunkten der Kapitalverwertung auf dem Markt verselbständigen, und dem Steuerungsvermögen durch die Gesellschaft nach Kriterien menschlicher Lebensqualität zum zentralen Problem. Dies umso mehr in einer Phase zunehmender wirtschaftlicher Krisen, die nicht nur innergesellschaftliche, sondern auch vom Weltmarkt ausgehende Ursachen haben. In langfristigen Krisensituationen vermindert sich der noch bestehende Zusammenhang zwischen kapitalverwertender Warenproduktion und den für Lebensqualität erforderlichen Gebrauchswerten. Kapitalverwertung löst sich unter den Zwängen kapitalistischer Konkurrenz immer mehr aus seiner gesellschaftlichen Bindung, verselbständigt sich und kehrt sich sogar gegen die Reproduktion der Gesellschaft durch die Entwicklung langfristig verheerender und zerstörerischer Technologien. Die Diskussion um Wachstum um jeden Preis zur Systemstabilisierung und um ökologische Sicherung von Lebensräumen zeigt diese Tendenz eindringlich.

Es ist unmittelbar einsichtig, daß Deformation von Bewußtsein über gesellschaftliche Prozesse umso stärker forciert wird, umso irrationaler die Verwertung des Kapitals in seinem Bezug zur Lebensqualität wird. Ebenso einsichtig ist es, daß nur die massenhafte Entfaltung von Bewußtsein über die emanzipativen eigenen Bedürfnisse und die aus dem gesellschaftlichen Prozeß dagegen wirkenden Kräfte einen Wandel in der Steuerung der Produktivkräfte herbeiführen können. Schranken und Möglichkeiten für solche Bewußtwerdungsprozesse sind deshalb leitendes Interesse dieser Skizze.

2. *Unsicherheit und Ängste: zum gesellschaftlich herrschenden Bewußtsein*

Das Bewußtsein der bundesrepublikanischen Gesellschaft ist nicht nur durch die gegenwärtigen Zwänge von Kapitalverwertung und durch die daraus folgenden Ideologien verstellt, auch die historische Entfaltung der deutschen Industriegesellschaft hat zur Ausprägung von Sozialisationsmustern geführt, die einem Bewußtwerden der je eigenen Interessen und Bedürfnisse entgegenstehen.

Das Schlagwort von der ›verspäteten Nation‹ (H. Plessner) ist nicht moralisch gemeint. Es bezeichnet die Tatsache, daß sich in Deutschland die kapitalistische Produktionsweise und die Konkurrenzfähigkeit deutschen Kapitals auf dem Weltmarkt erst verspätet durchsetzen konnten.

Dazu benötigte das im 19. Jahrhundert noch schwache Bürgertum den weitgehend an feudalen Werten orientierten Staat zur politischen Abstützung. Im Konkurrenzkampf der kapitalistischen Industrienationen stürzte sich das Deutsche Reich in den 1. Weltkrieg, ohne daß sich vorher das deutsche Bürgertum als politisch herrschende Klasse hatte durchsetzen können. Dementsprechend hat dieses Bürgertum nie ein eigenes liberales, auf Menschen- und Bürgerrechte zielendes Wertesystem als sicheres Selbstverständnis gewinnen können. Es übernahm nicht nur viele Werte der feudalen Klasse, mit der es sich im letzten Drittel des vorigen Jahrhunderts verbündet hatte, sondern es übernahm, hineingeboren in die Phase imperialistischer Konkurrenz auf dem Weltmarkt, nur die bürgerlichen Werte dieser späten Phase. Diese Werte waren nicht mehr von frühbürgerlicher Liberalität, sondern nur noch vom gnadenlosem Konkurrenzkampf um Weltmarktpositionen mit Hilfe des Staates und nationalistischer Ideologien geprägt. Autoritäre Grundhaltung und Chauvinismus paarten sich so mit Leistungsorientierung und Effektivitätsdenken, um nachholende Industrialisierung und ein Aufschließen zur Gruppe der ersten Industrienationen zu erreichen. Dieses gefährliche Paket wurde durch die Bande des Nationalismus zusammengehalten. Er hämmerte in die Köpfe, alle müßten sich im nationalen Konkurrenzkampf den vorgegebenen Zielen unterordnen. Jedes Infragestellen dieser Ziele sei Verrat am ganzen Volk. Abgesegnet wurde dieses Paket durch die christlichen Kirchen, die in deutschen Landen schon immer unter dem Stichwort Thron und Altar die je bestehende Herrschaft abzusichern suchten.

So geschnürtes Bewußtsein ließ die scheinbar internationalistisch auf Friedenssicherung eingestimmten Arbeiter begeistert in den 1. Weltkrieg stürmen. Es verhinderte auch in den fünfzehn Jahren der Weimarer Republik, daß sich ein massenrelevantes demokratisches bürgerliches Selbstverständnis entwickelte. Weite Gefolgschaft für faschistische Führer war so in diesem Lande möglich, anders als etwa in England und Frankreich, wo sich faschistische Tendenzen nicht durchsetzen konnten. Das Bewußtsein, das faschistische Herrschaft ermöglichte, war weit über die herrschende Klasse hinaus verbreitet. Es kennzeichnete auch Teile der Arbeiterbewegung, die sich nicht von dem autoritären Grundmuster der herrschenden Ideologie befreien konnten. Autoritäre Fixierung auf den Staat bestimmte die Arbeiterbewegung sowohl in der Revolution nach dem 1. Weltkrieg wie auch in der Restauration nach dem zweiten.

Nach 1945 war die imperialistische Politik, getragen von der autoritärchauvinistischen Grundorientierung offensichtlich gescheitert, eine positive Bewußtseinskrise durchaus möglich. Es kam jedoch nicht zur Analyse der gesellschaftlichen Ursachen von Faschismus und damit zur Auflösung falschen Bewußtseins mit der Folge der Abarbeitung an neuen Werten und Orientierungen für eine industrielle Gesellschaft. Die Krise wurde vielmehr durch Verdrängung des Faschismus überspielt. Hitler wurde zum Dämon stilisiert und die nicht zu leugnende Gefolgschaft des deutschen Volkes zur Krankheit, die dank der Alliierten überwunden sei. Freilich gab es eine gesellschaftliche und sozialpsychologische Probleme behandelnde Faschismusanalyse, aber diese wurde nicht massenhaft angenommen. Kalter Krieg und Antikommunismus, wie auch Stalinismus erlaubten schließlich, mehr oder weniger offen den faschistischen Krieg gegen die Sowjetunion zu rechtfertigen. Mit dieser Teilrechtfertigung des Faschismus und der Vergebung durch die westlichen Regierungen durch Herstellung bundesrepublikanischer Souveränität und Militärpartnerschaft, sowie durch lässige Handhabung der Entnazifizierung konnte sich bundesrepublikanisches Bewußtsein dem materiellen Aufbau zuwenden, ohne die Erfahrungen mit der faschistischen Gesellschaft reflektiert und daraus eine neue Identität gewonnen zu haben. Diese Verdrängung wirkt bis heute. Sie ist die Grundlage der Restauration der kapitalistischen Produktionsweise, indem sie den Zusammenhang zwischen Kapitalismus und Faschismus wirksam ausblendet, dabei freilich auch dazu beiträgt, die alten autoritär-chauvinistischen Werte und Sozialisationsmuster zu erhalten. Das hatte Folgen!

Antimilitaristisches Selbstverständnis erschien nur an der Oberfläche, bis die Bundesrepublik als gleichwertiger Militärpartner anerkannt wurde. Dann wurden Anti-Militaristen, wie etwa die Kriegsdienstverweigerer, schnell wieder zu Außenseitern der Gesellschaft. Auch die Wiedereinführung bürgerlich-parlamentarischer Institutionen und Formen veränderte Bewußtseinsstrukturen nicht in der Substanz. Der Antikommunismus setzte demokratischem Denken und der Selbstvertretung unbequemer Interessen deutliche Schranken. Die westliche Ideologie von Demokratie und Freiheit wurde zur bequemen idealistischen Maske, unter der das nicht aufgearbeitete Sozialisationserbe der deutschen Gesellschaft verborgen blieb.[2]

Nicht-Aufarbeitung eigener Geschichte und der daraus folgenden Sozialisationsmuster bewirkte grundsätzliche Unsicherheit im Hinblick auf die Prinzipien, die den gesellschaftlichen Reproduktionsprozeß bestimmen sollen. Diese förderte erneut die Fixierung auf den Staat und seine Institutionen als den ›zuständigen Instanzen‹ für Entscheidungen. Unsicherheit förderte spiegelbildlich hierzu auch die Konzentration auf die Forderungen des Tages: pragmatisches Verhalten ohne langfristige Perspektive. Opportunistischer Anpassung waren damit die psychischen Wege geglättet und es konnten sich keine verbindlichen Maßstäbe und Kriterien entwickeln, die an politische Entscheidungen anzulegen wären. Wer den durch das Tabu eingegrenzten Pragmatismus durch kritische Gesellschaftsanalyse aufstörte – und solche Ansätze gab es selbstverständlich seit 1945 immer wieder –, bekam jene feindseligen Reaktionen zu spüren, die verdrängte Bereiche gegen eine Konfrontation mit der Realität abzusichern suchen.

In der Nachkriegsära bis zur Mitte der 60er Jahre war jedoch gesellschaftliche Stabilisierung nicht gefährdet. Die mit dem wirtschaftlichen Wiederaufbau verbundene Wohlstandssteigerung erwies sich als wirksame Klammer, solange jeder hoffen konnte, mehr oder weniger am Wachstumsergebnis beteiligt zu werden. Die wesentliche Verlangsamung des Wirtschaftswachstums Ende der 60er und in den 70er Jahren und die damit sich verbindenden grundsätzlichen Umstrukturierungen der Ökonomie stellten diese gesellschaftliche Klammer zunehmend infrage. Die außerparlamentarische Bewegung der 60er Jahre mit ihren Höhepunkten im Zeitbereich der ersten schweren westdeutschen Rezession ab 1966/67 begann die idealistische Maske der Gesellschaft zu lüften und machte die dahinter liegende Unsicherheit, wie auch die latent vorhandenen alten Bewußtseinsstrukturen sichtbar. Dieser Einbruch in die Tabu-Zone wirkte vor allem auf jene, die das Ausmaß an Sinnentleerung der Konsumgesellschaft und die von ihr ausgehenden Deformationen menschlichen Lebens (Entfremdung und Industrialisierung der Bedürfnisse)[3], wie auch ihre Inhumanität und Brutalität (Vietnamkrieg) zu ahnen begonnen hatten. Das Lüften der Maske erweckte bei den einen Unsicherheit, Angst und wütende Reaktionen, bei den anderen Hoffnungen, durch Erkenntnis gesellschaftlicher Realität zu individueller und gesellschaftlicher Emanzipation kommen zu können.

Solche Unsicherheiten und Ängste konnten in der Folgezeit noch einmal überspielt werden, nachdem die kleine Koalition von SPD und FDP zur Regierung gelangt war und Reformen im Sinne der Sicherung und Schaffung von ›Lebensqualität‹ verhieß. Die Erwartungen waren unterschiedlich. Einmal hoffte man auf den Beginn der Auseinandersetzung um die Werte und Strukturen dieser Gesellschaft, um reflektierte Auseinandersetzung mit der eigenen Geschichte und die durch sie geprägten Sozialisationsmuster; zum anderen, daß im Grunde alles unberührt bleiben könne, und durch eine Modernisierung und neue Regierungstechnologien die alten Mechanismen der ›Konsumintegration‹ fortgeführt werden könnten. Beide Erwartungen wurden enttäuscht. Die neue Regierungstechnologie konnte die grundsätzlichen Probleme der Verlangsamung ökonomischen Wachstums nicht überwinden. Damit versiegten die wirtschaftlichen Quellen, die weiterreichende Reformen ohne Systemgefährdung ermöglichen sollten. Die Abblockung der Reformansätze, für die öffentlichkeitswirksam der Begriff des Berufsverbotes steht, war die Folge. Folge war auch eine Gesellschaft, deren Unsicherheit und Instabilität nun offen zu tage trat. Dies wird sowohl in der nostalgischen Welle erkennbar, die auch irrationale, ängstliche Rückkehr zu scheinbar Sicherem bedeutet, wie in dem offenen Trend nach rechts zu den im Unterbewußtsein unaufgearbeitet liegenden Werten autoritär-chauvinistischer Art, wie in der Sinnentleertheit, die gerade von der Jugend unter besonders ungünstigen Zukunftsperspektiven am deutlichsten empfunden wird.

3. Krisenhafte Ökonomie

Die tiefgreifende Verunsicherung gesellschaftlichen Bewußtseins, das bei näherer Betrachtung in vieler Hinsicht zu differenzieren wäre – nach Klassen, Schichten, Berufen, Lebensalter, Regionen usw. –, ist mit einer globalen ökonomischen Entwicklung in Verbindung zu sehen, die, soweit erkennbar, voller Risiken steckt, und die nur allzu geeignet ist, Ängste und Unsicherheit zu verstärken und irrationalen Reaktionen den Weg zu ebnen. Auf sie ist nun einzugehen.

Die Jagd nach der profitabelsten Verwertung des Kapitals ist der Motor der kapitalistischen Produktionsweise. Er wird angetrieben durch die Konkurrenz der Einzelkapitale, die ihr Ziel nur auf Kosten anderer, also im Kampf um billigste Produktionskosten und um Marktanteile erreichen können. Verbilligung der Produktion erfolgt in der Regel durch den Einsatz von Maschinen anstelle von Arbeitskraft (Rationalisierung der Produktion), durch Bemühung um die Senkung der Kosten für die Produkte, die in die Produktion eingehen (Maschinen und Rohstoffe usw.), und durch die Verminderung der Lohnkosten oder doch des Lohnkostenanstiegs.

Wichtigstes Merkmal der Erhöhung der Produktivität unter der Peitsche der Konkurrenz ist die Freisetzung von Arbeitskraft, die Entlassung von Arbeitenden aus dem Produktionsprozeß. Die so aus der Konkurrenz entstehende Arbeitslosigkeit hat entstabilisierende Folgen: hohe Arbeitslosigkeit mag die Legitimation der kapitalistischen Produktionsweise infrage stellen und schwer kontrollierbaren Massenbewegungen den Weg bereiten; eine Unterstützung der Arbeitslosen, die aus Stabilisierungsgründen erforderlich ist, belastet die Gesamtkosten des Produktionsprozesses und schmälert die Konkurrenzfähigkeit; schließlich vermindert sich durch Arbeitslosigkeit die kaufkräftige Nachfrage auf dem Markt, was wiederum Kapitalverwertung erschwert und Konkurrenz erhöht. Konnte im ›klassischen Konkurrenzkapitalismus‹ dieser ›Spirale nach unten‹ durch die zyklischen Krisen und das Ausscheiden der schwächsten Kapitale aus dem Produktionsprozeß begegnet werden, so ist dies spätestens seit der Weltwirtschaftskrise der 30er Jahre nicht mehr selbstverständlich funktionierender Selbstregelungsmechanismus kapitalistischer Produktionsweise. Die hohe Konzentration des Kapitals und die damit einhergehende Vermachtung von Marktstrukturen haben die Selbststeuerungsfähigkeit erheblich vermindert, die – so die mehr und mehr sich durchsetzende Erkenntnis – auch durch eine konjunkturelle Gegensteuerung des Staates nicht ersetzt werden kann. Nur Wachstum der Wirtschaft kann letztlich einer Sozialkatastrophe entgegenwirken. Das Wachstum hat sich jedoch seit den 60er Jahren in konjunkturellen Zyklen ständig vermindert.[4]

Auf die Ursachen für die Verringerung der Wachstumsraten kann hier nicht eingegangen werden. Nur so viel sei angedeutet, daß sich keine Bereiche zeigen, die eine große Ausweitung des Konsums aufgrund technischer Innovationen aufweisen und damit eine erhebliche Marktausweitung gestatten würden. Die gegenwärtigen weitreichenden technischen Innovationen bewegen sich großteils im Bereich der Rationalisierung der Produktion und wirken, wie oben gezeigt, gegen deren Ausweitung. Zwei weitere Faktoren verschärfen die Situation. Das Ansteigen der Investitionskosten für die Produktionen (organische Zusammensetzung) vermindert die Profitrate und damit die Bereitschaft zur Ausweitung von Produktion. Die in der Nachkriegszeit schnell gestiegene internationale Kapitalverflechtung – man denke nur an die riesige Bedeutung, die die multinationalen Konzerne gewonnen haben – hat ferner zu einer zeitlichen Ausgleichung der Konjunkturzyklen im Weltmaßstab geführt, wodurch sich nationale wirtschaftliche Rezessionen gegenseitig verstärken. Die Folge der hier nur angedeuteten Faktoren führt zu einer ständigen Verschärfung des internationalen Konkurrenzkampfes, wodurch wiederum Schritte zur Produktionsrationalisierung mit dem Ziel der Sicherung der Konkurrenzposition auf dem Weltmarkt vorangetrieben werden. Die destabilisierenden Folgen verschärfen sich erneut.

Die Verschärfung von Konkurrenz wirkt darüber hinaus in drei weiteren Feldern: 1. im Bereich der Umstrukturierung der Weltarbeitsteilung, 2. im Kampf um billige Rohstoffe und ihre notfalls militärische Sicherung und 3. in der Abwälzung ökologischer Folgeprobleme nach innen und außen.

Erstens: Die Bundesrepublik ist wie kaum ein anderes Land zur Erhaltung ihrer Reproduktion auf den Absatz ihrer Produkte auf dem Weltmarkt angewiesen. Etwa ein Viertel des Bruttosozialproduktes wird über den Weltmarkt getauscht. Führende Großkonzerne setzen nicht selten über 50% ihrer Produktion im Ausland ab. Die Sicherung der Konkurrenzfähigkeit auf dem Weltmarkt ist deshalb dominierendes Prinzip bundesrepublikanischer Wirtschaftspolitik. Absatz auf dem Weltmarkt ist jedoch nur möglich, wenn in anderen Ländern kaufkräftige Nachfrage vorhanden ist. Deshalb muß die Bundesregierung für genügend Importmöglichkeiten sorgen, damit aus deren Erlösen die westdeutschen Exporte bezahlt werden können. Solche Importe treffen nicht selten die arbeitsintensiven und weniger produktiven Wirtschaftszweige in der Bundesrepublik. Die Exportabhängigkeit der Bundesrepublik bewirkt deshalb eine ständige Umstrukturierung der Wirtschaft, die tendenziell auf eine zusätzliche Vernichtung von Arbeitsplätzen hinausläuft. Der Vorrang des exportorientierten, modernsten und expansivsten Kapitals hat also Umstrukturierungen zur Folge, die Instabilität erhöhen.

Zweitens: Konkurrenzfähigkeit auf dem Weltmarkt setzt die Versorgung mit billigen Rohstoffen voraus. Wie sehr sich gegenwärtig der Kampf um Rohstoffquellen verschärft, zeigen die jüngsten Ereignisse um das Öl. Dabei gewinnt die Androhung oder Ausübung von militärischem Druck zunehmende Bedeutung, wie die militärischen Drohgebärden 1979 gegenüber dem Iran und anderen Ölförderländern bestätigen. Die Androhung von Gewalt ist jedoch nur bei eigenständiger militärischer Handlungsfähigkeit glaubhaft. Auf diesen Sachverhalt heben diejenigen Kräfte ab, die auf eine Verselbständigung der militärischen Rolle Westeuropas im Rahmen der Nordatlantischen Allianz drängen. Ausbau der Rüstungsindustrie und Beschleunigung des Wettrüstens sind die absehbaren Folgen.[5]

Drittens sollen Konkurrenzvorteile dadurch gesichert werden, daß die sozialen und ökologischen Folgekosten vom Produzenten abgewälzt werden. Die Verschmutzung von Gewässern durch mangelnde Abwasserklärung, ein maßloser Ausbau des Straßennetzes für billigen Transport und für erhöhten Autoabsatz oder der Bau von Kernkraftwerken, die wahrscheinlich weniger wichtig zur Erzeugung von Energie sind als zur Sammlung der notwendigen Erfahrungen und der Aneignung staatlicher Entwicklungszuschüsse für die Entfaltung exportorientierter KKW-Produktionen, sind Beispiele hierfür. So steht zu erwarten, und die Parteien haben es schon angedeutet, daß unter dem Primat der Exportorientierung die bundesrepublikanische Gesellschaft bereit sein müsse, ökologische Lasten auf sich zu nehmen. Folgelasten sollen auch nach außen abgeladen werden, so z. B. durch die Verlagerung besonders schmutziger Industrien in Teile der Dritten Welt. Daß die Folge des Exports von Ökologieproblemen nur die Verschärfung von Spannungen im internationalen System sein können, liegt auf der Hand.

Die Hinweise auf die ökonomische Situation können hier abgebrochen werden, um zusammenfassend eine Skizze der historischen Realität zu zeichnen, der sich die gegenwärtige Parlamentarismus-Diskussion versichern muß.

4. *Eine Zwischenbilanz*

Das Bild bundesrepublikanischer Wirklichkeit macht eine weitere krisenhafte ökonomische Zuspitzung wahrscheinlich. Das zur sozialen Stabilisierung notwendige wirtschaftliche Wachstum wird immer schwerer zu erreichen sein. Auch die Legitimation der Wachstumsorientierung wird problematischer. Dies nicht nur wegen der Knappheit von Rohstoffen, oder der ökologischen Folgen, sondern auch aus einer einfachen Betrachtung der kommenden 70 Jahre, also eines durchschnittlichen Lebensalters: bis zum Jahre 2050 würde ein durchschnittliches jährliches Wachstum von nur 2% das Sozialprodukt vervierfachen, bei 3% gar um das 8fache erhöhen. Die Absurdität einer solchen Wachstumsvorstellung potenziert sich, wenn man bedenkt, daß damit die Versorgung mit Gebrauchswerten nicht unbedingt wesentlich verbessert würde. Das wirtschaftliche Wachstum müßte nämlich vor allem darauf verwandt werden, seine eigenen, für Lebensqualität negativen, Voraussetzungen zu schaffen (Beispiel mehr Straßen für mehr Autos, oder Rüstung für Rohstoffsicherung), wie seine negativen Folgen zu beseitigen (mögliche Beispiele reichen vom Lärmschutz über wachsende Krankheits- und Erholungsausgaben bis zur Kriegsfolgebeseitigung und möglicher Flüchtlingsversorgung). Die Kosten des Wachstums steigen viel schneller als sein Nutzen. Der systembedingte Zwang zur immer weiteren Entfaltung der Produktivkräfte ohne Rücksicht auf die menschlichen Bedürfnisse läßt diese zu Kräften der Zerstörung werden.

Krisenhafte Zuspitzung trifft in der Bundesrepublik auf eine Gesellschaft, in der die Integrationsklammer aus dem Konsum- und Sozialprestigedenken allmählich zerfällt. Arbeitslosigkeit und damit Angst vor sozialem Abstieg verstärken Verunsicherung auch bei denen, die weiter arbeiten können. Die Verzahnung der Entwicklung hier mit kaum durchschaubaren Weltmarktbedingungen, die offensichtlich geringe Steuerbarkeit ökonomischer und sozialer Prozesse, die wie Naturereignisse über die Menschen hereinbrechen oder doch hereinbrechen können, verstärken in dieser Gesellschaft ohne eine entfaltete und aus Erfahrung eingeschliffene Wertbasis für die Bestimmung von Prioritäten zur Sicherung von Lebensqualität das Gefühl von Ohnmacht. Damit deutet sich ein Szenarium an, in dem autoritäre Fixierung und chauvinistische Mobilisierung erneut wirksam werden könnten.

Freilich hat die überall spürbare ökonomische und nun mehr und mehr auch politische Krise (Zerfall des bisherigen Parteiensystems) auch Oppositionspotentiale wachsen lassen, die jüngst in der Ökologiefrage ein gemeinsames Thema gefunden haben, das kritisch und positiv besetzt ist. Doch diese Potentiale auch in Verbindung mit den Fraktionen der außerparlamentarischen Bewegung der 60er Jahre und den kritischen Kräften der Arbeiterbewegung sind gegenwärtig nicht nur schwach, sondern auch unsicher über alternative Wege und Ziele. Auf diesem Hintergrund sind die Strategien der beiden politischen Parteiblöcke SPD/FDP und CSU/CDU wie auch die Debatte der emanzipativen Oppositionsgruppen für eine alternative Entwicklung zu analysieren.

5. *Gemeinsamkeiten der parteipolitischen Blöcke*

Die beiden parteipolitischen Blöcke, die sich bei den Bundestagswahlen 1980 gegenüberstehen, werden in der öffentlichen Diskussion höchst unterschiedlich beurteilt. Die Behauptung, zwischen beiden bestünde kein wesentlicher Unterschied, übersieht, daß schon allein die Tatsache, daß beide Gruppierungen sich teilweise auf unterschiedliche Wählerpotentiale stützen, eine erhebliche Differenz bedingt. Andererseits muß weltmarktorientierte Industrie mit fortschrittlichster Technologie, die sich mit den autoritär-chauvinistischen Kräften im politischen Bereich verbündet, nicht faschistisch sein, wie manche vermuten. Ist doch der Faschismus eine Bewegung gewesen, die unter spezifischen inneren und äußeren historischen Bedingungen entstanden ist, die heute nicht in gleicher Weise gegeben sind. Pauschalurteile oder -etiketten dürfen uns nicht den Blick für die reale und in dieser Zeit sich spezifisch entfaltende politische Konstellation verdecken.

Die beiden politischen Blöcke haben grundlegende Gemeinsamkeiten. Sie können deshalb nicht als grundsätzliche Alternativen gewertet werden. Ihre Gemeinsamkeit ist erkennbar aus der Beibehaltung der wirtschaftspolitischen Prioritäten der Adenauer-Erhard-Politik durch die Kleine Koalition, die sich jedoch anheischig machte, diese Politik in schwieriger Zeit besser und wirksamer durchführen zu können. Dabei wurden neue Akzente gesetzt (neue Ostpolitik), die aber wiederum keinen grundsätzlichen Wandel darstellten, sondern ganz im Sinne der Rohstoffsicherung und der Expansion der modernsten Kapitalfraktionen lagen. Die Gemeinsamkeit beider politischen Blöcke besteht in der etatistisch-technokratischen Grundhaltung zu allen gesellschaftlichen Problemen, in dem Sich-Einlassen auf die Weltmarktintegration und die damit verbundene Prioritätensetzung für die Stützung des exportorientierten Kapitals. Diese Gemeinsamkeit zeigt sich selbst im Wahlkampf, wenn von hüben und drüben die große Interessenkoalition im Bereich der Kernkrafttechnologie und der Modernisierung der Rüstung signalisiert wird.

Die Differenzen liegen vor allem in den von beiden Seiten praktizierten bzw. angestrebten Modellen für die soziale Integration, mit denen die Gesellschaft für die Durchsetzung der Ziele zugerichtet und zusammengehalten werden soll. Diese Differenz ist schwerwiegend, auf sie muß im folgenden eingegangen werden.[6]

6. *Das sozial-liberale »Modell Deutschland«*

Die Phase der Rekonstruktion nach dem zweiten Weltkrieg war in der Mitte der 60er Jahre abgeschlossen. Die sich verschärfende Konkurrenz auf dem Weltmarkt und der Mangel sowie die steigenden Kosten für Arbeitskräfte erforderten eine Umstrukturierung und Modernisierung der Industrie. Ausgangspunkt des sozial-liberalen Integrationsmodells war die Erwartung, daß es möglich sein würde, diese Umstrukturierung sowie auch soziale Reformen zugunsten breiter Teile der Bevölkerung finanzieren zu können. Voraussetzung hierfür war ein ständiges kräftiges Wirtschaftswachstum. Die Erwartungen erfüllten sich nicht, denn das wirtschaftliche Wachstum erreichte in der ersten Hälfte der 70er Jahre einen bisher nicht gekannten Tiefpunkt. Das schnelle Ende der Reformpolitik ist hierdurch mitbegründet. Da die antizyklische Konjunkturpolitik Wachstum nicht sichern und verstärken konnte, wurde das Schwergewicht auf eine Strukturpolitik gelegt, in der Modernisierung der expansivsten Industriebranchen im Vordergrund stand. Die Erwartung, industrielle Modernisierung und soziale Reformierung könne gleichzeitig bewältigt und dadurch eine Integration gegensätzlicher Interessen erreicht werden, fand in der Institution der konzertierten Aktion ihren Ausdruck. Diese führte Kapital, Arbeit und Staat zur Abstimmung der Wirtschafts- und Sozialpolitik zusammen. Mit Auflösung der Reformillusion gewann jedoch schnell die andere Funktion der Konzertierten Aktion die Oberhand, die Gewerkschaften in die Umstrukturierungspolitik einzubinden, und über sie Zustimmung in der arbeitenden Bevölkerung hierfür zu organisieren. In dieser Art konzertierter Aktion war Destabilisierung tendenziell vorprogrammiert, produzierte sie doch gerade durch den ungleichen Nutzen der Partner aus der Aktion immer neue Widersprüchlichkeiten und Enttäuschungen. Um diese durchstehen zu können, mußte, und dies gilt nicht nur für die Gewerkschaften, sondern auch für die Parteien, die Bürokratisierung der Organisationen, also die Abkoppelung der politisch-organisatorischen Institutionen von der eigenen Basis betrieben werden. Es verstärkte sich eine autoritäre Überordnung (Kanzlerpartei, Gewerkschaftsfilz usw.), die Basisinteressen zurückstellen, dadurch aber auch nicht aufnehmen und integrieren konnte. Dieses in seiner Anfangsphase von den Sozialdemokraten selbst als ›Modell Deutschland‹ gefeierte Integrationsmodell erreichte tatsächlich, daß sich zunächst wenig Widerstand gegen die Umstrukturierungspolitik und ihre Folgen entwickelte. Die auftretenden Konflikte und Benachteiligungen wurden in flexibler Weise ›kleingearbeitet‹. Partikulare Ausgrenzung von Konflikten und von Gruppen der Bevölkerung, eine zeitliche Verlagerung der Belastungen und ähnliche Konfliktzerstreuungsstrategien, die keine breiten Oppositionsfronten aufkommen und Hoffnungen auf Besserung nicht ganz untergehen ließen, waren begrenzt erfolgreich. So sehr in dieser Taktik der Kleinarbeitung von Konflikten Momente politischer Unterdrückung (Berufsverbot) und gesellschaftlicher Ausgrenzung speziell betroffener Gruppen enthalten waren, so war doch der Anspruch und sicher zum Teil auch die Praxis dieses Politikmodells immer noch auf gesamtgesellschaftliche Integration bezogen. In diesem Sinne wurde auch die sozial-liberale Kooperation wirksam, da die beiden beteiligten Parteien sich auf unterschiedliche Wählergruppen und deren Interessen stützen mußten und deshalb eine dauerhafte Ausgrenzung auch nur von Teilen von ihnen nicht hinnehmen konnten. Dieser gesamtgesellschaftliche Integrationsanspruch in dem sozial-liberalen Modell erscheint mir gegenüber der CSU/CDU-Alternative sehr wichtig.

Das sozial-liberale ›Modell Deutschland‹ ist in zweierlei Hinsicht für die Durchsetzung seiner wirtschaftspolitischen Zielsetzung bei sich verschärfender ökonomischer und politischer Krise dysfunktional. Es muß einmal hinderliche Rücksichten nehmen und erzeugt zum anderen Widersprüche, die es selbst unterminieren.

Zwang zur Rücksichtnahme ergibt sich gegenüber den Gewerkschaften. Sie können nur dann eine tragende Säule dieses Modells sein, wenn ihr innerer Zusammenhalt gesichert bleibt. Die Regierung kann deshalb z. B. nicht auf eine harte Austerity-Politik zurückgreifen, da damit die sozialen Kosten so eindeutig zu Lasten der Arbeiter gingen, daß die Gewerkschaft dem Modell ihre Unterstützung entziehen müßte. Andererseits wird jedoch durch die Politik der Umstrukturierung der exportorientierten Industrie und die bei geringem Wachstum knappen Mittel den Gewerkschaften die Funktion der Beschwichtigung der Basis zugewiesen, was wiederum ihren Zusammenhalt infrage stellt. Die auftretenden alternativen Gewerkschaftslisten in den Betrieben und die Schwierigkeiten des Gewerkschaftsapparates mit den Vertrauensleuten weisen auf dieses Problem hin.

Rücksichtnahme ist auch auf das Wählerpotential der sozial-liberalen Koalition geboten, denn es gehört gerade zu den Teilen der Gesellschaft, die von der eingeschlagenen Politik am meisten betroffen werden. Dies gilt zumindest für die traditionellen liberalen Wähler aus dem Bereich des kleineren und meist rückständigeren Kapitals ebenso wie für die weniger qualifizierten Arbeiter, also die Masse der SPD wählenden Arbeiter. Beide Parteien müssen dafür sorgen, daß sie von ihrem Wählerpotential noch als ›kleineres Übel‹ anerkannt werden. Rigorosität in der Umverteilung des Sozialprodukts zur Umstrukturierung der Industrie hat deshalb dort ihre Grenzen, wo die traditionellen Bindungen an die Partei zu offensichtlich verletzt werden. Die Erhaltung des liberalen und demokratischen Images der Parteien gegenüber den Traditionswählern ist so höchst wesentlicher Bestandteil der Basissicherung. Der teilweise Rückzug von die Sozialliberalen diskreditierender politischer Repression (Radikalenerlaß) hat hier seine Ursache.

Doch die beste Image-Pflege gerät in Schwierigkeit, wenn die verfolgte Politik der Förderung des weltmarktorientierten, modernsten Kapitals zu negative Rückwirkungen für einen wesentlichen Teil der Wählerschaft der

Sozialliberalen hat. Sie antwortet immer mehr mit Desinteresse oder mit einer auf Lebensqualität gerichteten Argumentation, der die Sozialliberalen rational schwer begegnen können (vgl. die Auseinandersetzungen um die Entsorgung für Kernkraftwerke). Die Fortführung des sozial-liberalen Modells benötigt deshalb zunehmend Demagogie und, wo diese nicht ausreicht, politische Repression, so sehr auch die eigene Basis dadurch verunsichert und so sehr dadurch Munition für den konkurrierenden Block CSU/CDU geliefert wird.

Schlagwortartig läßt sich das sozial-liberale Integrationsmodell so zusammenfassen:
— Es ist fest in die ökonomischen Zwänge des weltmarktorientierten Kapitalismus eingebunden und weist keine grundlegenden Ansätze zur Überwindung dieser Sackgassenentwicklung auf. Vielmehr behindert es durch Einbindung der Arbeitnehmer über die Gewerkschaften eine alternative Entwicklung.

Die mit Hilfe des ›Modell Deutschland‹ verfolgte Politik ist durch die Ablösung der vom Kapitalverwertungsinteresse gelenkten Produktion von den Gebrauchswertbedürfnissen zur Verbesserung von Lebensqualität gekennzeichnet. Sie ist bezüglich der menschlichen Bedürfnisse irrational. So kann aus dem Modell keine politische Orientierung hervorgehen, die neue, an Lebensqualität orientierte Werte und Normen als Maßstäbe für diese Gesellschaft setzt. Pragmatismus und ›Realpolitik‹ werden stattdessen als magerer Ersatz geboten.

— Der Unsicherheit und Orientierungslosigkeit in der Gesellschaft kann dementsprechend nicht begegnet werden. Die Mobilisierung von Feindbildern (Strauß als Kanzler) oder die ideologische Verklärung der gesellschaftlichen Realität als Partnerschaft (Modell Deutschland) kann nur kurzfristig glaubwürdig sein, zumal die Politik ihre eigene Basis durch Desillusionierung und Schaffung von Oppositionspotentialen unterminiert.

— Das perspektivlose Modell ist voraussichtlich wenig dauerhaft. Die Zwänge zur Sicherung der eigenen Basis führen jedoch dazu, daß Umverteilungsprozesse zuungunsten der sozial Schwächeren und politische Repression nur in den jeweils der eigenen Basis zumutbaren Grenzen praktiziert werden können, daß gesamtgesellschaftliche Orientierung im Ansatz noch aufrecht erhalten werden muß, und daß aus Rücksicht auf traditionelle Wählerbindungen eine autoritäre und chauvinistische Mobilisierung nicht offen betrieben werden kann.

7. Die Spaltung der Gesellschaft: das CSU/CDU-Modell

Die kaum ausgeprägte politische Alternative, die die CDU in den 70er Jahren bot, hatte weniger die Mittelmäßigkeit ihrer Parteiführer zur Ursache, als die damalige Effektivität des sozialliberalen Integrationsmodells. Die CSU/CDU konnte weder Reformhoffnungen verkörpern, noch eine reibungslosere Konzertierte Aktion mit den Gewerkschaften versprechen. Erst jetzt, nachdem die Widersprüchlichkeiten des sozial-liberalen Modells seine Integrationsmöglichkeiten brüchig und seine Grenzen erkennbar werden lassen, ist die Zeit der Vorbereitung einer Alternative gekommen. Diese kann nicht in Kohl'scher Verbalradikalität bestehen, sondern erfordert eine Umstrukturierung des konservativen politischen Blockes, um eine autoritär-chauvinistische Dominanz zu sichern. Die Kanzlerkandidatur Strauß' signalisiert, daß eine solche Alternative den vorherrschenden Kapitalfraktionen bereitzuhalten nun notwendig erscheint, um im Falle des Versagens der Einbindung von Opposition gegen die Folgen des Umstrukturierungsprozesses zur Hand zu sein. Die CSU/CDU-Alternative ist mithin keine Adenauer-Reprise, sondern die Verfolgung der gemeinsamen Ziele aller jetzigen Bundestags-Parteien, aber mit anderen Methoden und mit erhöhter Konfliktbereitschaft.[7]

Zur Durchsetzung und Forcierung der Konkurrenzfähigkeit der exportorientierten Wachstumsindustrien auf dem Weltmarkt sollen vor allem die dem entgegenstehenden Hindernisse beseitigt und die Mittel des Staates zu diesem Ziele eingesetzt werden. Im einzelnen scheinen folgende Teilziele dieser Alternative wahrscheinlich:

– Dort, wo der Widerstand der ökologischen Opposition die Entfaltung von Großtechnologien behindert, muß solche Opposition unwirksam gemacht werden. Die gesetzlichen Möglichkeiten und die juristischen Apparate stehen hierfür zur Verfügung. Ihre konsequente Anwendung und, wo notwendig, ihre formal legale Ausweitung wird dann oppositionelle Haltung weit mehr als heute zur Existenzgefährdung werden lassen. Die Ankündigungen des Kanzlerkandidaten in dieser Hinsicht lassen an Klarheit nichts zu wünschen übrig.

– Widersprüche gegen rigorose Umstrukturierungspolitik ergeben sich nicht nur aus direkter Opposition, sondern auch aus Forderungen nach Verwendung der staatlichen Mittel in anderen Bereichen, so für den Ausbau der sozialen Sicherung, die Verbesserung der Bildungsinstitutionen usw. Der jüngst oft gehörte Hinweis auf die Freiheit des Einzelnen, die Eigenverantwortung einschlösse, ist unter diesem Gesichtspunkt leicht zu entschlüsseln. Er bedeutet im Klartext Umverteilung der Mittel aus Bereichen, die für Lebensqualität bedeutsam sind, zugunsten der Industrieförderung im Umstrukturierungsprozeß.

– Verstärkung der Einschaltung des Staates zur Sicherung von großtechnologischen Produktionskomplexen, sei es durch Unterstützung mittels Struktur- und Rohstoffpolitik, sei es durch staatliche Finanzierung von Forschung und Entwicklung, sei es aber auch durch staatliche Subventionen, Garantien oder Aufträge. Strauß selbst hat sich nicht nur für die forcierte Durchsetzung des Kernkraftwerkbaus verwendet, er hat sich auch schon früher als Verteidigungsminister und als Aufsichtsratsmitglied in der Luftfahrtindustrie in diesem Sinne immer wieder eingesetzt. Es ist zu erwarten, daß in diesem Zusammenhang der Rüstung und dem Rüstungsexport eine besondere Bedeutung zugemessen werden wird.

– Dies auch, weil bei verschärfter Weltmarktkonkurrenz der militärischen Absicherung der Ökonomie und der selbständigen militärischen Handlungsfähigkeit Westeuropas eine verstärkte Bedeutung beizumessen ist. Bislang ist Westeuropa militärisch weitgehend von den USA, dem stärksten ökonomischen Konkurrenten, abhängig. Die Formel von der atlantischen Militärpartnerschaft, die auf der amerikanischen und der westeuropäischen Säule beruhe und die Diskussion über eine europäische Gruppierung innerhalb der NATO weisen in diese Richtung. Militärische Selbständigkeit setzt aber weitgehend selbständige Rüstungspotentiale voraus. Die Verbilligung der Rüstung wiederum erfordert den Rüstungsexport zur Erhöhung der Stückzahlen von Produkten mit hohen Entwicklungskosten.

Die CSU/CDU-Alternative kann politisch nur durchgesetzt werden, wenn es gelingt, einen neuen politischen Block mit ausreichender Massenbasis zu bilden. Angesichts der vielfältigen Einbindungen des westdeutschen Kapitals in die europäischen Integrationsprozesse, in die atlantische Militärallianz, in internationale Organisationen, aber auch in das Ost-West-Verhältnis, kann sich gegenwärtig kein politischer Block über die gängigen Legitimationsmuster bürgerlich-parlamentarischer Demokratie einfach hinwegsetzen. Eine Massenbasis ist deshalb erforderlich, gleichviel wie autoritär und manipulativ die tatsächlichen Verhältnisse sind, unter denen diese zustandekommt. Hierzu wird neben den schon geschilderten Aspekten voraussichtlich folgendes gehören:

– Um die Auseinandersetzungen zwischen den verschiedenen Kapitalfraktionen wenigstens soweit zu dämpfen, daß eine breite Zustimmung von dieser Seite zur CSU/CDU-Alternative erzielt wird, werden Subventionierungen in verschiedenen Formen auch für die kleineren und mehr traditionellen Kapitale durch den Staat erforderlich. Solche Subventionierung verstößt zwar gegen die EG-Vereinbarungen, ließe sich jedoch angesichts der Stagnation des europäischen Integrationsprozesses und der Zunahme nationaler protektionistischer Maßnahmen auf allen Seiten durchsetzen.

– Ein weiteres wichtiges Ziel wird die Spaltung der Gewerkschaften, jedenfalls die Schwächung durch Spaltungsdrohung sein, sowie eine Umorientierung gewerkschaftlicher Vertretung auf die qualifizierteren Kräfte der Produktion. Damit würden die Gewerkschaften von der bis jetzt immer noch vorhandenen gesamtgesellschaftlichen Perspektive zu einer begrenzten Interessenvertretung der ›Arbeiteraristokratie‹ umgelenkt. Arbeitslose und die aus dem Produktionsprozeß mehr und mehr auszugrenzenden Teile der Bevölkerung scheiden aus dem Gesichtsfeld der Gewerkschaften tendenziell aus. Unbequeme Interessen, kostenreiche Sozialleistungen würden so aus dem Dialog zwischen Kapital und Arbeit unter Vermittlung des Staates tendenziell ausgegliedert.

– Umstrukturierung und Modernisierung der expansivsten Industrien erfordern Konzentration und Zentralisation des Kapitals. Beides bedingt ein Ausscheiden schwächerer Kapitale aus dem Verwertungsprozeß im Rahmen von Rezessionen im Konjunkturzyklus. Eine Politik des ›Gesundschrumpfens‹ (Austerity-Politik) beschleunigt diesen Prozeß. Sie sorgt aber auch für zusätzliche Arbeitslosigkeit und Bedrohung von Arbeitsplätzen und schafft den notwendigen Angstrahmen, der den Einzelnen oder die Interessengruppierung zur opportunistischen Anpassung an die herrschenden Verhältnisse veranlassen kann. Hat die Angst vor dem ›Berufsverbot‹, also vor politischer Repression bereits Wunder gewirkt, so griffe konsequente Austerity-Politik in alle Teile der Gesellschaft und förderte Anpassung an den politisch herrschenden Block.

– Die Besetzung der politischen Institutionen durch die CSU/CDU-Alternative, verbunden mit dem eben gekennzeichneten Angstrahmen gäbe die Voraussetzungen für eine autoritär-chauvinistische Mobilisierung und Ideologisierung, für die Apparate des kulturellen Bereiches, Teile der Kirchen und der Ausbildungseinrichtungen eingesetzt werden könnten. Dabei wäre es nicht einmal notwendig, eine selbständige Massenbewegung zu schaffen. Vielmehr könnten solche Mobilisierungen im Rahmen genereller Ideologisierung unter Kontrolle der institutionellen Apparate gezielt und gesteuert ingangesetzt werden, wie es heute schon stellenweise praktiziert wird (z. B. Hessischer Elternverein), so daß eine Verselbständigung der Mobilisierung und eine Bedrohung der Manövrierfähigkeit des CSU/CDU-Modells nicht zu erwarten wäre.

Das Integrationsmodell der CSU/CDU wäre dadurch charakterisiert, daß es auf die latenten autoritären und chauvinistischen Werte der westdeutschen Gesellschaft zurückgriffe, daß es die Unsicherheit und Ängstlichkeit für opportunistische Integration nutzte, daß es versuchte, die Gesellschaft entlang der Linie zwischen Ein- und Ausgegrenzten und insbesondere die Arbeiterklasse zu spalten, daß es also sein vornehmliches Ziel wäre, nicht mehr gesamtgesellschaftlich zu integrieren, sondern die Mehrheit gegen die ausgegrenzte Minderheit zu einer Gemeinschaft der

Bevorzugten zusammenzufassen, die sich gegen die Minderheit wendet, welche die Zeche dieser Politik zu zahlen hat. Anvisiert wird mithin ein politischer Block, der das Kapital auf Kosten der Sozialleistungen harmonisiert, und mit den ›Mittelklassen‹, dem Kleinbürgertum und den oberen Schichten der Arbeiter vereint. Damit verbunden wäre eine Politik der Stärke, die sich Legitimation für Groß- und Rüstungstechnologie aus angeblicher Innen- und Außenbedrohung besorgte und eine autoritär gelenkte, ängstlich angepaßte und chauvinistisch mobilisierte soziale Basis für eine Herrschaft, die in immer unsicheres ökonomisches Feld vorstößt. Die scheinbare Orientierungsmöglichkeit für die verunsicherte Gesellschaft wäre größer als die der Sozialliberalen, da sie wenig Rücksichten auf ihre Wählerbasis zu nehmen brauchte, da sie klare Feindbilder zeigte und da sie auf latente und deshalb vertraute Wertvorstellungen dieser Gesellschaft zurückgreifen könnte. Daß solche Orientierung sich nicht auf Lebensqualität bezieht, sondern gerade gegen sie gerichtet ist, machte sie, solange dies für die Angesprochenen nicht erkennbar würde, nicht weniger wirksam. Unsicherheit und Angst aber sind wackere Gehilfen bei der Durchsetzung autoritärer Unterordnung und Blindheit.

8. *Die Lernschritte der Linken*

Die aus der außerparlamentarischen Bewegung der 60er Jahre entstandene Linke hat trotz eines zweifellos großen Einbruchs in gesellschaftliches Bewußtsein keine überzeugende und glaubhaft praktikable Alternative zur bestehenden Gesellschaft entwickeln können. Zwar hat sie in ihrer Gesellschaftskritik wichtige analytische Arbeit geleistet und damit die bürgerliche Gesellschaft immer wieder unter Legitimationszwang gesetzt, aber diese Neue Linke konnte nicht aus ihrem weitgehend intellektuell geprägten sozialen Umfeld ausbrechen und eine wesentliche Verbreiterung in anderen Klassen und Schichten der Gesellschaft finden. Der nicht zuletzt hierdurch geringe Bezug zu gesellschaftlicher Realität und zum vorherrschenden Bewußtsein förderte sektiererische und dogmatische Politik und Verhaltensweisen, die wiederum soziale Isolierung verstärkten. Trotzdem hat sich im Vergleich zu Beginn der 60er Jahre die sozialistische Opposition in der Bundesrepublik sehr ausgeweitet. Nach der Ernüchterung am Ende der 60er Jahre haben sich viele objektiv experimentell zu verstehenden Ansätze gesellschaftlicher Veränderung entfaltet, die gleichsam von einer großen Versuchsbaustelle daran arbeiten, einen gangbaren Weg zur Veränderung der kapitalistischen Industriegesellschaft zu finden. Dieser Prozeß ist gegenwärtig nicht abgeschlossen. Trotzdem lassen sich bereits jetzt rückblickend wichtige Erfahrungen und Lernschritte feststellen:

– Die durch den Vietnam-Krieg und durch die RAF aufgeworfene Frage nach der Rolle von Gewalt zur Gesellschaftsveränderung scheint nach einem langen und vielfach schmerzlichen Prozeß der Auseinandersetzungen zugunsten des Primats politischen Handelns beantwortet zu werden. In diesem Klärungsprozeß ist die gegenseitige Bedingtheit zwischen den Zielen und den angewandten Mitteln wieder ins Blickfeld geraten. Sich dieses Zusammenhangs in jeder Hinsicht zu vergewissern, ist auch für die gegenwärtige Parlamentarismusdebatte dringlich.

– Die Versuchung für die Linke in der Isolierung war übergroß, sich revolutionären, gesellschaftlichen Entwicklungen in anderen Ländern zuzuordnen, um dadurch die Verwirklichbarkeit ihrer sozialistischen Ziele glaubhaft zu machen. Da es aber keine sozialistischen, emanzipativen Gesellschaften gab, die sich aus kapitalistischen Industrieländern entfaltet hatten, wurden Ersatzobjekte für dieses Identifikationsbedürfnis gesucht. Hoffnungen stülpten sich so auf ganz andersartige gesellschaftliche Entwicklungen. Die nicht passende Realität dieser Vorbilder wurde durch dogmatische Setzungen und das Anlegen ideologischer Scheuklappen auf die benötigte Form zurechtgestutzt. Die moskowitischen, chinesischen, albanischen, portugiesischen, chilenischen usw. Fraktionen und Orientierungen und der dazu gehörige sektiererische Dogmatismus mit seiner ganzen Unglaubwürdigkeit gegenüber den Problemen der bundesrepublikanischen Gesellschaft haben hier ihre Wurzeln. Alle, die sich so banden, mußten Realitätsverlust nicht nur in bezug auf das Identifikationsobjekt, sondern auch in bezug auf das Erkennen der eigenen Gesellschaft hinnehmen. Um das Identifikationsobjekt nicht zu verlieren, mußten jene selbst die Kehrtwendungen ihrer Vorbilder mitmachen, wodurch jegliche Glaubwürdigkeit aufhörte. Verstärkte Isolierung und Lächerlichkeit waren die Folge. – Wenn solche Identifikationen gegenwärtig auch bei weitem noch nicht ausgestorben sind – zum Teil sind sie durch materielle und strukturelle Bindungen verfestigt – so wird innerhalb der Linken das Illusionäre solcher Orientierungen immer offensichtlicher. Die Aufarbeitung und Überwindung sektiererischer und dogmatischer Verhaltensweisen gewinnt an Boden. Dieser Trend wird durch die Möglichkeit verstärkt, in Oppositionsbewegungen mitzuarbeiten, die sich auf konkrete Probleme der Bundesrepublik beziehen.

– Der vielfach mit kurzfristigen Erfolgserwartungen begonnene ›Marsch durch die Institutionen‹ ist angesichts unerwartet großer Schwierigkeiten und bitterer Rückschläge oft als wirkungslos kritisiert worden. Trotzdem haben Teile der Linken an dieser Arbeit, die auf die hier bestehende Gesellschaft und das hier vorhandene Bewußtsein gerichtet ist, zäh festgehalten. Mit der Fortsetzung des langen Marsches nicht nur durch die Institutionen, sondern durch die Gesellschaft wurde gleichzeitig ein neuer Begriff von

Politik gewonnen, der sich nicht an der Tätigkeit von Staatsinstitutionen festmachte, sondern von der Selbstorganisation und der Eigenvertretung von Interessen in der Gesellschaft ausging. Dieser Begriff von Politik steht seitdem konträr zu jenem, der sich nur auf die Schalthebel der großen Politik bezieht und auf den die linken Kaderparteien in ihrer zentralistischen Stellvertreterhaltung gerichtet waren. Gerade angesichts der Analyse der westdeutschen Gesellschaft, die erweist, daß Alternativen nur aus der Formierung sozialer Kräfte mit alternativen Grundsatzorientierungen erfolgen können, gewinnt dieser neue Politikbegriff seine große Bedeutung. Die Auseinandersetzungen in den letzten Jahren innerhalb der Linken wie auch in der ökologischen Opposition zeigen, daß auch hier Lernschritte gemacht wurden.

– Mit dem basisbezogenen Politikbegriff verbindet sich eine weitere Entwicklung innerhalb der Linken: die tendenzielle Aufhebung der Trennung zwischen politischer Arbeit und den subjektiven Bedürfnissen und Problemen des Individuums (Aufhebung der Trennung zwischen Privatheit und Politik). Hatte die Linke bisher weitgehend die Trennung von öffentlicher Politik und privater Lebensführung mitgemacht, so wurde in der letzten Zeit besser verstanden, wie Motivation des Individuums aus seinen Interessen und Bedürfnissen heraus und daraus folgende politische Arbeit nur als Einheit begriffen werden können. Freilich ist dies nicht eine Erkenntnis, die einfach über den Kopf vermittelt werden kann, sie beruht auf Erfahrungen in der realitätsbezogenen politischen Arbeit. Mit ihr eröffnet sich die Perspektive auf subjektiv positiv besetzte alternative Lebensformen, die die Notwendigkeit politischer Arbeit als wichtig für die persönliche Emanzipation und Lebensqualität erfahrbar machen.

Diese sicher unvollständige Übersicht zu Lernschritten der bundesrepublikanischen Linken ermöglicht zwei Aussagen. Erstens gestattet die Auflösung dogmatischer Fixierungen und die damit zunehmende Offenheit wie auch die Einsicht in die eigene Unsicherheit (Krise des Marxismus), daß die Linke sich den oppositionellen Ansätzen, die in den letzten Jahren entstanden sind, und auf die gleich einzugehen sein wird, zuwendet, ohne diese bevormunden und majorisieren zu wollen. Freilich ist dies noch nicht Realität, aber die Voraussetzungen dafür scheinen sich allmählich einzustellen. Zweitens ist erkennbar, daß trotz Entfaltung wichtiger Lernansätze bei weitem noch kein glaubwürdiges Modell alternativer Gesellschaft und keine überzeugenden linken Strategien in dieser Richtung entwickelt werden konnten. Das heißt, die Linke ist bisher noch kaum in der Lage, der für diese Gesellschaft diagnostizierten Unsicherheit des Bewußtseins durch eine alternative Orientierung und Sinngebung zu begegnen. Es stellt sich die Frage, welchen Beitrag die neuen Oppositionsansätze des ökologischen Bereiches und der Bürgerinitiativen hierzu leisten können.

9. *Die neue Welle: ökologische Opposition und Bürgerinitiativen*

Ökologische Bewegung und die zahlreichen Bürgerinitiativen auf unterschiedlichen Feldern sind nicht unabhängig von der Auswirkung der außerparlamentarischen Bewegung der 60er Jahre entstanden. Die durch die APO eingeleitete kritische Betrachtung von Gesellschaft war eine wesentliche Rahmenbedingung. Aber diese neue Oppositionsbewegung kann auch nicht einfach als Fortsetzung der APO gewertet werden. War diese vor allem durch die Erfahrung motiviert, daß die Normen und Werte der bürgerlichen Gesellschaft in eklatantem Widerspruch zu ihrer Praxis standen und gab die daraus folgende moralische Empörung den großen Anstoß für die Durchbrechung traditioneller Politik und Verhaltensformen, so beruht die ›neue Opposition‹ viel mehr auf unmittelbarer Betroffenheit. Diese Betroffenheit hängt oft mit der sich von der Gebrauchswertproduktion ablösenden ›Wachstumspolitik um jeden Preis‹ zur Sicherung von Kapitalverwertung zusammen. Die unmittelbare Betroffenheit zeigt sich darin, daß die Virulenz in der neuen Bewegung nicht vorrangig über die Köpfe, also über theoretische Einsichten, vermittelt wurde, sondern diese Opposition ihre Dynamik aus dem unmittelbaren Widerstand von sozialen Gruppen erhielt, die bis dahin nicht selten weitab von jeder politischen Opposition gestanden hatten (z. B. die Weinbauern aus Wyhl). Damit ist bereits ein wichtiger Aspekt dieser ›neuen Opposition‹ angezeigt, nämlich die erhebliche soziale Ausweitung über den engen Rahmen der Intellektuellen hinaus. Für große Teile der Bevölkerung war es kaum möglich, sich mit den revoltierenden Studenten zu identifizieren, deren Denk- und Ausdrucksweisen den meisten ebenso fremd waren wie die besonderen und nicht selten privilegierten Bedingungen ihrer Existenz. In den Bauern von Wyhl, Lüchow-Dannenberg und Gorleben, in den sich von KKWs bedroht fühlenden Kleinstädtern oder den unter Luftverschmutzung leidenden Alltagsbürgern der Großstädte können sich dagegen viele wiedererkennen. Die Erweiterung des sozialen Spektrums und die damit mögliche Durchbrechung der sozialen Isolierung machen einen der brisantesten Gesichtspunkte dieser neuen Welle von Opposition aus. Diese Breite zu erhalten und auszubauen, muß deshalb ein vorrangiges Ziel alternativer Politik sein.

Die breitere soziale Zusammensetzung verweist aber auch auf die Heterogenität der neuen Oppositionswelle. Dort finden sich nicht nur politische Positionen von rechts und links wieder, sondern auch sehr unterschiedliche Grade der Politisierung, die häufig eben erst an dem Punkt unmittelbarer Betroffenheit anzusetzen beginnt. Eine kritische Auseinandersetzung mit der Industriegesellschaft der Bundesrepublik steht oft noch bevor. Die Analyse der Linken aus den 60er und 70er Jahren und die von ihr gewonnenen Erfahrungen sind bisher kaum aufgenommen. Bei dieser neuen Welle von Opposition handelt es sich also nicht um eine geschlossene Bewegung, die schon einheitlich reagieren könnte oder gar eine gemeinsame Strategie entwickelt hätte. Die neue Welle steht erst an ihrem Anfang. Alternative Politik muß deshalb vordringlich die Möglichkeiten der Entfaltung eines langen und weitreichenden sozialen Lernprozesses in den vielfältigen Erfahrungsbereichen zu sichern suchen. Erst in ihm können sich tragende Gemeinsamkeiten entwickeln. Sicherung sozialer Lernprozesse wird viele Gesichtspunkte zu berücksichtigen haben: so die Verhinderung der Integration der ökologischen Bewegung durch Verengung des Ökologiebegriffes und durch Kommerzialisierung der Umweltproblematik; so die Spaltung der Bewegung aufgrund ihrer Heterogenität und das Ausspielen ihrer verschiedenen Teile gegeneinander, gegen die Linke oder gegen die Arbeiterbewegung; so die Möglichkeit sektiererischen und privatistischen Abgleitens in alternative Produktion und Reproduktion in den Nischen der bürgerlichen Gesellschaft und die damit erneut mögliche Isolierung. Sicherung des sozialen Lernprozesses erfordert auch die Herstellung angemessener Kooperationsformen, die selbständige nachholende Lernprozesse ermöglichen und Dogmatisierung verhindern, und die Schaffung eines nicht-manipulierten Kommunikationszusammenhanges, der die Verarbeitung verschiedener partikularer Erfahrungen zur Erkenntnis von Gesamtzusammenhängen ermöglicht.

Das Besondere und Neue an der ökologischen Opposition scheint mir in zwei Aspekten zu liegen. Die unmittelbare Betroffenheit zwingt viele dazu, sich direkt zu engagieren. Selbsttätigkeit ist hier ein Produkt der spezifischen Ursache für Opposition. Zweitens führt das Engagement in ökologischen Fragen die Beteiligten sehr schnell dazu, sich mit den allgemeinen Ursachen der Ökologiemisere zu beschäftigen. Vom Lärmschutz ist es nur ein kurzer Weg, über das Verkehrswesen zu den zentralen Produktions- und Reproduktionsproblemen vorzustoßen. Die Kernkraftproblematik führt ebenso schnell zur Erkenntnis innergesellschaftlicher Strukturen und zur Bedeutung von Exportorientierung. Widerstand gegen Deformationen und Vernachlässigungen im Bildungs- und Ausbildungssektor der angeblichen Überflußgesellschaft öffnen bald den Blick für die bestimmenden gesellschaftlichen Widersprüchlichkeiten. Gerade aber, weil diese Problemfelder so direkten Zugang zu den zentralen Strukturfragen der Industriegesellschaft der Bundesrepublik gewähren und weil dieser Zugang mit konkreten Zusammenhängen gepflastert ist, besteht die Chance, leichter einen Zugang zu alternativen Entwicklungsperspektiven für diese Industriegesellschaft zu bekommen. Die in jüngster Zeit begonnene Kritik der ›Wachstumsideologie‹ und der ›Großtechnologie‹ sind wichtige Voraussetzung für die Entfaltung alternativer politischer Perspektiven.[8] Ebenso wichtig sind Überlegungen über die Möglichkeit von Dezentralisierung auf hohem technischen Niveau, über die Gebrauchswertbindung von Produktion und über demokratische Kooperationsformen, die Planung der Produktion und Kreativität der Arbeit zu verbinden suchen. Freilich existiert gegenwärtig noch keine überzeugende Alternative, aber Ansätze dafür gewinnen Kontur. Somit stellt die neue Welle der Opposition nicht nur eine gewichtige, sondern die zentrale Ergänzung für die bisherige Linke dar. Diese hat deshalb allen Grund, nicht als Lehrmeister, sondern als gleichberechtigter und ebenso Lernender sich in die vielfältigen Aktivitäten einzubringen. Grün und Rot gemeinsam ist deshalb eine, wenn auch behutsam zu praktizierende Möglichkeit und Notwendigkeit geworden.

10. Was können Wahlen für die Grün-Roten im Parlament erbringen?

Hintergrund der Parlamentarismus-Debatte im engeren Sinne sind die Möglichkeiten und Zwänge, die sich für eine grün-rote Wahlpartei ergeben. Im folgenden lasse ich die Kandidaturen einer nur grünen oder einer grünen und einer roten Wahlpartei außer Betracht, da diese gegenwärtig unter dem Wahlgesichtspunkt nur ephemeren Charakter hätten.

Nach der bisherigen Skizze braucht die These keiner weiteren Begründung, daß die sozio-ökonomischen Entwicklungen in der bundesrepublikanischen Gesellschaft die politische Krise des bisherigen Parteiensystems bewirken und eine ökologische Partei ermöglichen, daß jedoch keineswegs das Auftreten einer ökologischen Partei die Ursache für die Änderung des Parteiensystems ist. Ursache und Wirkung dürfen nicht verwechselt werden! Trotzdem kann eine grün-rote Parteikandidatur zu den Bundestagswahlen durch ihre Einwirkungen auf die Wahlergebnisse die Durchsetzung der politischen Krise und die Etablierung neuer politischer Blöcke beeinflussen.

Die von der außerparlamentarischen Opposition in den 60ern entfaltete Kritik des Parlamentarismus hat bis heute nichts an ihrer grundsätzlichen Gültigkeit verloren. Sie soll hier nicht referiert werden. So viel ist nur zu sagen, daß die Entmachtung des Parlaments in der Kontrolle der Regierung und seine Integration in Kanzler- oder Gegenkanzler-Fraktionen sich fortgesetzt haben. Das Parlament ist kaum Tribüne argumentativer Diskussion und Sachklärung, sondern die Fortsetzung des permanenten Wahlkampfes mit anderen Mitteln. Ein Öffentlichkeitseffekt des Parlamentes ist nicht selbstverständlich für alle dort vertretenen Parteien gegeben, sondern ist abhängig von der nachgeschalteten Medienpolitik, die überwiegend konservativ parteiisch ist. Das schließt nicht jegliche Öffentlichkeitswirkung der Parlamentsauseinandersetzungen aus, läßt aber ihre Grenzen erkennen. Die Wirkungsmöglichkeiten im Parlament sollen anhand der möglichen

Ergebnisse und Konstellationen der Bundestagswahl kurz erörtert werden.

Beteiligt sich die grün-rote Opposition an den Wahlen und überspringt sie nicht die 5%-Hürde, so wird Entmutigung bei ihren Unterstützern umso eher einkehren, je mehr vorher die Wahlbeteiligung im Bewußtsein zu der zentralen Aktion erhoben worden ist. Je mehr dagegen die politische Basisarbeit im Vordergrund der Argumentation gestanden hat und die Wahl nur als eines der zusätzlichen taktischen Mittel galt, umso leichter ließe sich Enttäuschung auffangen und basisbezogene Arbeit fort- oder ingangsetzen. Sollte in diesem Falle die sozial-liberale Koalition die Regierung bilden können, wird dies als Niederlage der Grün-Roten und als Zeichen für den politischen Zusammenhalt der sozial-liberalen Basis ausgegeben werden. Sollte die CSU/CDU die Mehrheit der Mandate gewinnen, so wird den Grün-Roten zur Last gelegt werden, Strauß an die Macht gebracht zu haben, auch wenn diese vorrechnen können, daß sie ebenso der CSU/CDU Stimmen abgenommen hätten.

Überspringen die Grün-Roten die 5%-Hürde und können sie Abgeordnete in den Bundestag schicken, so ist ihre Position nur in dem Fall relativ problemlos, wenn die sozial-liberale Koalition die absolute Mehrheit der Mandate erreicht, wie bei den Bremer Landtagswahlen 1979. Dann können die Grün-Roten radikale Opposition betreiben, unangenehme Probleme aufgreifen und versuchen, eine Politik auf der parlamentarischen Ebene zu entwickeln, die sich auf die Linke innerhalb der SPD bezieht. Freilich werden sie keinen großen Einfluß auf die Regierungspolitik ausüben können. In dieser Situation sind sie kurzfristig weder einem starken Zwang zur Anpassung noch zur Instrumentalisierung ihrer Basis für im Parlament verfolgte Ziele ausgesetzt. Ihre offensichtliche parlamentarische Ohnmacht kann durch Agieren auf der offenen Bühne des Parlaments Basisenttäuschung in Grenzen halten.

Sehr viel ungünstiger ist die bei grün-rotem Überspringen der 5%-Hürde recht wahrscheinliche Situation, daß SPD und FDP zusammen nicht die absolute Mehrheit der Mandate, wenn auch mehr als CSU/CDU erhalten, oder wenn sie gar nur mit den Grünen zusammen eine Mehrheit im Bundestag bekommen könnten. Da gegenwärtig wegen der völlig unterschiedlichen Politiken eine Stützung der Sozial-Liberalen durch die Grün-Roten von beiden Seiten fast ausgeschlossen zu sein scheint – die sozial-liberale Koalition würde damit der CSU/CDU Vorschub für die propagandistische Unterminierung ihrer eigenen Basis leisten; die Grün-Roten müßten ihre alternative Politik aufgeben und sich mit Zugeständnissen bei Randproblemen abspeisen lassen – enthält ein solches Wahlergebnis einen starken Zwang zur Bildung einer großen Koalition. Eine große Koalition würde den Übergang vom sozial-liberalen Integrationsmodell zum autoritär-chauvinistischen der CSU/CDU erleichtern und beschleunigen. Sie würde den Mehrheitsblock zur Spaltung der Gesellschaft mit Hilfe der Sozialdemokratie schaffen! Dies träfe voraussichtlich auch dann zu, wenn in der großen Koalition die SPD und vielleicht auch die FDP zerbrechen würden und Teile dieser Parteien sich der grün-roten Opposition anschlössen. Dies würde zwar die Grün-Roten – vielleicht ergänzt durch abgespaltene SPD- und FDP-Teile – stärken und ihnen eine radikale Opposition gegenüber dem Mehrheitsblock erlauben. Der Preis hierfür wäre allerdings hoch, denn durch diese Form des Überganges würde sich eine stabile Mehrheitsfraktion bilden, die auch wichtige Teile der ehemaligen Arbeiterbewegung mit einschlösse (Teile der Sozialdemokratie und vor allem der Gewerkschaften). Die Überschrift zu diesem Ergebnis könnte ›viel Feind viel Ehr‹ lauten. Hinzuzufügen wäre allerdings: geringe Wirkungsmöglichkeiten und rabiate politische Ausgrenzung aus dem großen gewerkschaftlichen und sozialdemokratischen Bereich. Führt der Einzug der Grün-Roten in den Bundestag zu einer großen Koalition oder einer Koalition der Mitte, so müßte rechtes Kalkül sich sogar gegen jegliche Konzession an die Grün-Roten wenden, weil deren Erstarken die Sozialliberalen schwächen würde, ohne daß der Mehrheitsblock dadurch gefährdet würde.

Beteiligt sich wider Erwarten die grün-rote Opposition nicht mit einem Wahlvorschlag an den Bundestagswahlen, so wird ihr dies als Scheitern ausgelegt werden und diejenigen entmutigen, deren Politikverhältnis gerade durch die Fixierung auf Wahlen geprägt ist. Ihre Entmutigung und Desorientierung ließe sich nur dann auffangen, wenn die Nicht-Beteiligung an den Wahlen oder gar eine Aufforderung zur Wahl der SPD als ein wesentlicher Bestandteil einer langfristigen Perspektive erkennbar gemacht werden könnten. Mit einer solchen Entscheidung würde das Interesse der bürgerlichen Öffentlichkeit an der grün-roten Opposition schnell schwinden, da das vorherrschende Politikverständnis weitgehend auf Wahlen und deren Ergebnisse fixiert ist.

11. *Wahlpartei und Basisarbeit*

Die Szenarien der möglichen Wahlergebnisse und -folgen lassen erkennen, wie wenig Perspektive eine schwergewichtig parlamentarische Strategie zur Verhinderung einer autoritär-chauvinistischen Mobilisierung westdeutscher politischer Kultur bietet und welche großen Gefahren sie enthält. Wenn dies so ist, muß der außerparlamentarischen, grün-roten Arbeit eine noch größere Bedeutung zugemessen werden. Es stellt sich deshalb die Frage nach der Auswirkung einer Wahlkandidatur auf die Basisarbeit. Dabei gilt es, die Ambivalenz der Auswirkungen zu zeigen, um strategischer

Diskussion, die hier nicht versucht wird, die aufzunehmenden und oft genug widersprüchlichen Momente zur Verfügung zu stellen.

– Die verschiedenen Wahlkandidaturen der grünen und bunten Gruppierungen haben der ökologischen Opposition eine große zusätzliche Öffentlichkeit, über die durch ihre Aktionen gegen die KKWs erreichte, gebracht. Sie wurde nicht zuletzt durch die Bedrohung von SPD und FDP durch die Kandidaturen bewirkt. Dieses Wettkampfinteresse angesichts polarisierter Kanzlerkandidaturen vermittelt der Öffentlichkeit auch, daß es der ökologischen Opposition um ernstzunehmende Probleme geht. So wird es schwieriger, die oppositionellen Ansätze einfach als sektiererisch zu diffamieren. Das Wahlergebnis allerdings – gleichgültig ob über oder unter 5% – wird den Medien einen entgegengesetzten Akzent ermöglichen: doch nur ein kleiner Teil der Bevölkerung hält die Ökologieprobleme für entscheidend. Ist diese Opposition nicht doch sektiererisch? – so die zu erwartende Polemik. Trotzdem dürfte die Kandidatur für die Bundestagswahl die Ökologie-Problematik als Thema, wenn auch nicht unbedingt in ihren Inhalten, zu einem bundesweiten Fokus der Aufmerksamkeit machen. Langfristige Orientierung an ihr kann die Wahlkandidatur jedoch nicht schaffen. Das könnte nur lokale und regionale Basisarbeit erreichen.

– Eine grün-rote Parteikandidatur wird durch eine weitgehende Fixierung auf Wahlen in der Bevölkerung gefördert. Dies entspricht den bestehenden autoritären Denkstrukturen und dem traditionellen Politikbegriff, der den Staat, dessen Mannschaft zu wählen ist, als den Träger von Politik sieht. Dementsprechend müssen Wahlen als Mittel zur Bestimmung von Politik erscheinen. In dieser Hinsicht hat selbst die Parlamentarismuskritik der Linken nicht viel verändern können. Solche Wahlfixierung ist negativ und positiv zu sehen. Über die Wahlen kann ein relativ großer Teil der Bevölkerung erreicht werden, weil ihr hier ein vertrautes Mittel der Politikgestaltung als erste Möglichkeit von Engagement angeboten wird. Negativ ist dabei die Verstärkung der Fixierung durch grün-rote Wahlbeteiligung an die alte Vorstellung, Politik sei vorrangig nur über staatliche Institutionen zu machen. Positiv an der Wahlfixierung ist wiederum, daß die mit dieser Fixierung verbundenen Motivationen freigesetzt und zugunsten der Grün-Roten wirksam werden können. Andererseits ist dafür ein hoher Preis zu zahlen. Verstellt die Wahlfixierung doch gerade das Primat der Basisarbeit, das konstitutiv für die neue Politik sein muß.

– Werden ökologische Basisgruppen und Bürgerinitiativen zu Parteigängern der grün-roten Wahlpartei, was sicher einem wichtigen Parteiziel der Schaffung eines eigenen Unterbaues entspräche, so träten damit wirksame Isolierungsmechanismen in Kraft. Die anderen Parteien werden nun – und tun dies bereits – die ökologische Opposition unter Gesichtspunkten der Parteizugehörigkeit zu spalten suchen. Die Erfahrung zeigt die Wirksamkeit der Einforderung partei-politischer Loyalität und Abgrenzung, wenn es um die Wahlfrage geht. Der große Vorzug außerparlamentarischer Opposition, in vielen Gruppierungen arbeiten und zur Bewußtseinsbildung beitragen zu können (langer Marsch durch die Gesellschaft), geht verloren.

– Ist nicht eine ökologische Wahlkonkurrenz die Voraussetzung dafür, daß die großen Parteien sich ernsthaft selbst der Ökologie-Problematik im weitesten Sinne annehmen und wird nicht erst hierdurch in ihnen ein Spielraum für ökologische Kräfte geschaffen? Grundsätzliche ökologische Wachstumskritik ist in keiner Weise mit der Politik einer der Bonner Parteien vereinbar. Zugeständnisse sind ausgeschlossen. Der Berliner Parteitag der SPD 1979 hat die harte Linie des Parteivorstandes trotz erheblicher Opposition demonstriert. Konzessionen können allenfalls in Randbereichen erzielt werden. Da bislang die linke SPD die Wachstumspolitik selbst nicht infrage stellt, dient solche Hilfe durch Druck vornehmlich der Taktik sozialdemokratischer oder liberaler Wählerintegration. Freilich können von oben nur taktisch gemeinte Ökologie-Diskussionen auch zur Bewußtseinsbildung beitragen.

– Die Aufstellung einer Wahlkandidatur zwingt Grüne und Rote miteinander ins Gespräch. Die verschiedenen Gründungs- und Programmveranstaltungen zeigen es. Die Wirkungen sind nicht zu unterschätzen, da die programmatischen Aussagen im Wahlkampf zumindest von den Funktionären und Rednern vertreten werden müssen. Fraglich ist allerdings, wie tief solche programmatische Einigung gehen kann, da viele Differenzen bei der Programmausarbeitung verbal überspielt werden müssen. Erfahrungsgemäß bleiben nur abstrakt geeinigte Fraktionen solange nebeneinander bestehen, bis sie durch gemeinsame Erfahrungen und deren Aufarbeitung wie durch persönliche Vertrauensbindungen die tatsächlich bestehenden Differenzen aufgelöst haben. Projekt- und Basisarbeit bleibt also das wichtigste Mittel, um langfristig gemeinsam wirken und überzeugen zu können.

– Die Szenarien der Wahlfolgen zeigen die geringe Wahrscheinlichkeit einer Regierungseinbindung der Grün-Roten, was sie von Anpassungszwängen entlasten, allerdings auch von Einwirkung auf die Regierungspolitik fernhalten würde. Dieser Sachverhalt dürfte die Neigung der Wahlpartei, die Basisbewegung für sich zu instrumentalisieren, vermindern. Trotzdem ist mit der Tendenz des grün-roten Parteiapparates zu rechnen, sich gegenüber der sozialen Bewegung zu verselbständigen. Der Apparat hat aufgrund seiner parlamentarischen Orientierung ein Interesse an der Wahlfixiertheit und wird diese deshalb nicht abbauen helfen. Wahlerfolgen wird er de facto eine Priorität zuerkennen, was wiederum der Instrumentalisierung der Bewegung zugunsten des Wahlparteiapparates Vorschub leistet. Die Spaltungsmöglichkeiten der Basisbewegung, deren einzelne Teile sich in einem oft spannungsreichen Annäherungsprozeß befinden, werden dadurch verstärkt. Dies gilt umso mehr, als die Basisgruppierungen sich oft erst am Beginn ihrer Entwicklung befinden, häufig noch nicht eigene Sicherheit gefunden haben und deshalb nur schwer das Gegengewicht zu einer Wahlpartei bilden können, die sich über sie zu erheben versucht.

Ich will an dieser Stelle das Für und Wider abbrechen. Hier ging es darum, die erwartbaren Ambivalenzen deutlich zu machen, um sie dadurch der Berücksichtigung bei strategischen Überlegungen zur Entfaltung einer vielseitigen und vielschichtigen alternativen Politik verfügbar zu machen.

12. *Gegebenheiten, Voraussetzungen und Schwierigkeiten*

Ich versuche zu resumieren: Eine Werteunsicherheit durch nichtselbständige Durchsetzung der bürgerlichen Gesellschaft und Nicht-Identifizierung mit bürgerlicher Liberalität, durch Nicht-Aufarbeitung von Faschismus, durch die Kritik der außerparlamentarischen Bewegung und schließlich durch das Brüchigwerden der Wohlstandswachstumsklammer, die den wichtigsten Zusammenhalt bildete, kennzeichnet diese Gesellschaft. In einer Situation der Unsicherheit über die ökonomische Entwicklung und über ein zukunftsträchtiges Reproduktionsmodell kann die Labilität gesellschaftlichen Bewußtseins durchaus zu einer erneuten Rückwendung zu den traditionellen Werten autoritärer und chauvinistischer Art führen. Das sozial-liberale Integrationsmodell kann in dieser Situation nur Pragmatismus und Krisenmanagement, aber keine Orientierung liefern. Dabei wird es durch die ökonomische Entwicklung auf dem eingeschlagenen Pfade immer mehr nach rechts gedrängt. Eine Tendenz, die durch die Kanzlerschaft Strauß und die damit verbundene Mobilisierung nach rechts noch verstärkt wird.

Anders als die Sozial-Liberalen kann die CSU/CDU eine Ideologisierung betreiben, die an den autoritären und chauvinistischen traditionsreichen Werten deutschen Bewußtseins anknüpft, und diese positiv bewertend mobilisiert. Diese Ideologie erhält ihre Brisanz aus der Spaltung der Gesellschaft in die Ausgegrenzten und diejenigen, die in den Privilegienbereich noch einbezogen sind. In der CSU-Ideologie verbindet sich die reaktionäre Wendung nach rückwärts mit der Unterstützung der modernsten, konzentriertesten und expansivsten Industriefraktionen. Anvisierte Spaltung der Gesellschaft und autoritär-chauvinistische Mobilisierung stellen langfristig die gegenwärtig größte Bedrohung einer auf Lebensqualität gerichteten gesellschaftlichen Entwicklung dar. Sie zu verhindern, ist deshalb die wichtigste Aufgabe.

Sie kann nicht durch Anti-Straußkampagnen bewältigt werden, sondern nur durch eine neue politische Orientierung, die zwar an das heutige Bewußtsein anknüpfen, aber doch zu radikal anderen, für die Masse der Bevölkerung glaubwürdigen neuen Zielen und Wegen gelangen muß. Hatte die außerparlamentarische Opposition der 60er und 70er Jahre eine weitreichende Kritik der kapitalistischen Produktionsweise und der bürgerlichen Gesellschaft geliefert, so scheinen jetzt aus der Ökologiebewegung heraus Ansätze entwickelbar zu sein, die Antworten auf die Frage nach der Alternative und den Wegen zu ihr in den gemeinsamen Lernprozeß einbringen könnten. Die Entwicklung einer alternativen Politik ist mehr, als nur Modelle aufzuzeichnen. Sie muß vielmehr auch für das Individuum so erkennbar sein und so motivierend wirken, daß es bereit ist, sich für die Durchsetzung dieser Alternative zu engagieren und selbst einen grundsätzlichen Wandel mitzutragen.

Die Durchsetzbarkeit einer emanzipativen alternativen Politik ist keineswegs selbstverständlich. Sie hat mindestens folgende Voraussetzungen:

– Die soziale Isolierung der Linken muß durchbrochen werden. Die Ökologiebewegung und die zahlreichen Bürgerinitiativen bieten dazu einen wichtigen Ansatz, da sie in vielen gesellschaftlichen Schichten wirken. Diese Breite, unbequem oft, weil sie sich nicht einfach vereinheitlichen läßt, muß erhalten und ausgebaut werden. Im politischen und sozialen Lernprozeß darf keinesfalls eine soziale Ausgrenzung stattfinden. Das hieße, in die Falle der CSU/CDU-Ideologie zu laufen.

– Alternative Orientierung muß massenrelevant gegeben werden können. Dies erfordert, schon in seinen eigenen Beziehungen ein Stück Emanzipation vorwegzunehmen, aber es heißt auch, Integrations- und Reproduktionsmodelle und Strategien zu ihrer Durchsetzung zu entwerfen. Die Herausarbeitung auf Lebensqualität gerichteter Konzepte ist nicht die Sache hervorragender Theoretiker, sondern muß, um massenrelevant zu sein und Massenerfahrungen einzubringen, ständiges öffentliches Diskussionsthema grün-roter Opposition sein.

– Die Entfaltung des CSU/CDU-Modells mit seinen hochbrisanten sozialpsychologischen Folgen muß verhindert werden. Ist diese Gesellschaft erst einmal quer zu Klassen nach Privilegierten und Nichtprivilegierten gespalten, wird erst einmal die Lagermentalität der Eingegrenzten entfaltet und kulturell festgetreten, so werden einer alternativen politischen Orientierung viel größere Schwierigkeiten entgegenstehen, als es in der jetzigen Situation gesellschaftlicher Labilität schon der Fall ist.

Vertretung auf parlamentarisch-institutioneller Ebene durch grün-rote Bundestagsabgeordnete kann anscheinend zur Sicherung der genannten Voraussetzungen nur wenig beitragen. Eine parlamentarische Koalition von grün-roten Abgeordneten mit sozial-liberalen ist gegenwärtig höchst unwahrscheinlich und für beide Seiten jeweils aus ihrer Sicht nicht sinnvoll.

Die Grün-Roten können Orientierung nur geben, wenn sie sich auf eine neue Politik beziehen. Dies wiederum ist gegenwärtig für die SPD/FDP indiskutabel. Eine Kooperation zwischen Sozialdemokratie und radikalen Demokraten kann nur das Produkt einer langfristigen politischen Abarbeitung aneinander sein und ist auch dann erst tragfähig. Auch die Ausübung von Druck aufgrund gegebener Mehrheitsverhältnisse erscheint unter den denkbaren Konstellationen sehr beschränkt. Daß ein Parlamentseinzug der Grün-Roten die Tendenz zur Bildung einer großen Koalition stärken wird, scheint sicher. Wahrscheinlich ist allerdings auch, daß, wenn bei grün-roter Wahlbeteiligung eine große Koalition entstünde, oder wenn die SPD in die Opposition geschickt würde, die Abspaltungsneigungen in der Sozialdemokratie sich erhöhten. So sehr sich daraus Grün-Rote Stärkung erhoffen könnten, so sehr bedeutete dies auch einen Rechtsrutsch der in diesen Parteien verbleibenden Kräfte ganz im Sinne der Gesellschaftsspaltung nach dem Unions-Modell. Die Auswirkungen selbst einer erfolgreichen grün-roten Wahlbeteiligung auf die Lösung der wichtigsten Aufgaben alternativer Politik müssen so als wenig hilfreich erscheinen.

Wie schwierig und komplex die zu lösende Aufgabe ist, ergibt sich daraus, daß die grün-rote Opposition sich an der sozial-liberalen Politik in Konfrontation und partieller Kooperation abarbeiten muß, um die an dieser Politik bisher Orientierten für eine Neuorientierung zu gewinnen. Gleichzeitig hat sie die Festschreibung des CSU/CDU-Modells zu verhindern, um die Voraussetzungen für einen eigenen Entfaltungsprozeß zu sichern. Aber gerade eine erfolgreiche Arbeit der Grün-Roten wird dazu führen, daß die herrschenden Klassen der bundesrepublikanischen Gesellschaft immer stärker auf die Durchsetzung des autoritär-chauvinistischen CSU/CDU-Modells drängen werden.

Anmerkungen

1 Ich werde deshalb auch nicht den Text durch Anmerkungen belegen, sondern nur gelegentlich auf weiter ausführende Texte verweisen.

2 S. hierzu die interessante Diskussion über die politische Kultur in unserer Gesellschaft z. B. Brüggemann, Heinz u. a.: *Über den Mangel an politischer Kultur in Deutschland*, Politik 83 (Wagenbach) Berlin 1978; Aufsätze von Ernst Köhler u. a. in *Freibeuter. Vierteljähr. Ztschr. f. Kultur und Politik* (1979) Nr. 1.

3 Dazu sehr eingehend Traube, Klaus: *Wachstum oder Askese? Kritik der Industrialisierung von Bedürfnissen*, Reinbek 1979.

4 Als Einstieg in die Diskussion über kapitalistische Entwicklung können das ›Handbuch 1‹, *Perspektiven des Kapitalismus*, hg. v. Volkhard Brandes, Frankfurt/Köln 1974 (EVA), wie die Handbücher 3 und 4 über *Inflation – Akkumulation und Krise* dieser Reihe dienen. Alle enthalten ausführliche Literaturverweise.

5 Der sicherheitspolitische Kongress der CDU im Januar 1980 hat den Tendenzen zur Ausweitung und Verwendung militärischer Mittel zur Rohstoffsicherung beredten Ausdruck u. a. durch Forderung nach Ausweitung des Aufgabenbereichs der NATO gegeben. Vgl. *Frankfurter Rundschau* v. 12. 1. 1980.

6 Hierzu liegt eine vorzügliche Analyse von Hirsch, Joachim: Das ›Modell Deutschland‹ in der Krise. Zur Entwicklung des politischen Systems in Westdeutschland seit 1966, vor, die leider noch nicht veröffentlicht ist.

7 Sehr informativ über die CSU sind folgende Bücher: Mintzel, A.: *Geschichte der CSU. Ein Überblick*. Opladen 1977. Hierauf stützt sich der Aufsatz *Das Erfolgsrezept der CSU*, in Sozialismus. Beiträge zum wissenschaftlichen Sozialismus, (1979) Nr. 26, S. 3–21. Eisner, Erich: *Das europäische Konzept von Franz Josef Strauß. Die gesamteuropäischen Ordnungsvorstellungen der CSU*, Meisenheim 1975.

8 Vgl. Traube, Klaus: *Müssen wir umschalten? Von den politischen Grenzen der Technik*, Reinbek 1978.

Roland Roth

»Alle Macht geht vom Volke aus ... und kommt nie wieder zurück«?*

Notizen zur politischen Geschichte der Bürgerinitiativen in der Bundesrepublik

»Die Macht der Bürokraten, die Einfallslosigkeit der Politiker, die Selbstherrlichkeit der Parteien sind ins Wanken geraten. Eine neue Kraft hat sich im Lande gebildet, quer durch die Bevölkerung, heterogen und diffus, mit den verschiedenartigsten Zielen, geeint nur durch den gemeinsamen Willen: Wir lassen uns das nicht mehr länger gefallen, wir nehmen jetzt unsere Interessen selbst in die Hand:« Mit solch radikal-demokratischem Schwung präsentiert 1978 ein Handbuch Selbstdarstellungen von 60 Frankfurter Bürgerinitiativen, die lediglich einen exemplarischen Ausschnitt und keineswegs alle Initiativen dieser Stadt umfassen. Abgrenzend gegen grüne, bunte oder sonstige Parteien versteht es sich »als Bestandsaufnahme einer Bewegung, die noch am Anfang steht und doch schon begonnen hat, unser Bewußtsein und unsere Gesellschaft nachhaltig zu verändern«.[1]

Daß die Richtung dieser Bewegung höchst unklar und widersprüchlich ist, belegt ein Blick auf die Frankfurter Beispiele. Die »Initiative gegen das einheitliche Polizeigesetz«, die gegen den drohenden »Polizeistaat« antritt, trifft dort auf die Bürgerinitiative »Mehr Sicherheit«, die ihn im Namen von Law and Order fordert. Eine millionenschwere »Aktionsgemeinschaft Opernhaus« bemüht sich recht erfolgreich und mit breiter Unterstützung der Kommunalparteien um den Wiederaufbau eines elitären Kulturtempels, während die »Initiative Bockenheimer Depot« – wahrscheinlich erfolglos – ein ausgedientes Straßenbahndepot zu einem Bürger- und Kulturzentrum für die sozial schwache und gebeutelte Bevölkerung eines Sanierungsviertels gestalten möchte und ohne Unterstützung der Stadtre-

---

* Eine Weisheit von Gabriel Laub, die vom Verfasser dieses Beitrags mit einem hoffnungsvollen Fragezeichen versehen wurde.

gierung bleibt. Diese konträren Beispiele mögen die Stecknadeln im Heuhaufen sein, denn das Gros der dokumentierten Bürgerinitiativen wehrt sich gegen die Verschlechterung der städtischen Wohn- und Lebensbedingungen, gegen neue Verkehrsstraßen und Stadtautobahnen, gegen Sanierung und Vertreibung von Bewohnern, oder es handelt sich um Initiativen im Sozial- und Erziehungsbereich, die sich z. B. um Jugendzentren und Spielhäuser bemühen, bzw. in alternativen Projekten neue Formen des gemeinsamen Arbeitens und Lebens anstreben. Aktiver Widerstand gegen die Verschlechterung und eine breite Mobilisierung für eine Verbesserung der Lebensbedingungen scheint der progressive gemeinsame Nenner der neuen Initiativkultur, die in der Bundesrepublik erst gut zehn Jahre alt ist. Die herausgepickten Beispiele, die sich um zahlreiche in der Presse reichlich dokumentierte Privilegierten-Initiativen gegen den Bau eines Heims für psychisch Behinderte oder um verkauften Protest (Bergkamen)[2] erweitern ließen, sollten den Blick für den jeweiligen Inhalt der neugefundenen Form bürgerschaftlicher Aktivität schärfen.

Aber die Brisanz des Interesseninhalts der Bürgerinitiativbewegung ist nur eine Ebene, auf der ihr politischer Charakter und ihre Entwicklungsperspektiven zu diskutieren sind. Das radikaldemokratische Glaubensbekenntnis der Handbuch-Herausgeber, ihre Frontstellung gegen Verwaltung, Berufspolitiker und Parteien gibt lediglich einen schmalen Ausschnitt aus dem Selbstverständnis und der Praxis von Bürgerinitiativen gegenüber den etablierten politischen Institutionen wieder, ist wohl eher ein abstrakter gemeinsamer Nenner, der über die wirkliche politische Einbindung der Bürgerinitiativbewegung wenig auszusagen vermag. Zwar läßt sich in nahezu allen entwickelten kapitalistischen Ländern mit Repräsentativverfassungen im letzten Jahrzehnt eine deutliche Zunahme an »nicht-konventionellen« Formen der politischen Beteiligung feststellen[3], ob es sich dabei aber um eine tiefgreifende Krise des westlichen Parlamentarismus, sei es nun in der Variante der »Unregierbarkeit«[4] oder der »stillen Revolution«[5], handelt, oder lediglich um eine zeitgemäße aktivistische Ergänzung von Parteimitgliedschaft und Urnengang, läßt sich sicher nicht auf den ersten Blick sagen. Dazu müssen schon Bewegungsmöglichkeiten und Bewegungsformen der Initiativen genauer betrachtet werden, denn sie treffen ja nicht auf politisches Niemandsland. Die herrschenden politischen Institutionen haben ein festes Netz über die antagonistischen gesellschaftlichen Interessen gespannt, versuchen die Definitionsmacht über das »Politische« zu sichern und die Austragungs- und Verteilungsregeln zu kontrollieren. Bürgerinitiativen sind auf ein Gestrüpp von Umarmungs- und Integrationsversuchen, von parteipolitischer Unterwanderung, Aushöhlung und staatlicher Repression gestoßen, das sie selbst geprägt und verändert hat. Auch Bürgerinitiativen sind nicht der Hort »politischer Unschuld« und

»wahrer Interessen«, aus dem ein stetig wachsender Kraftquell progressiver gesellschaftlicher Veränderung entspringt.

Neben Interessenbasis und politischer Einbindung bzw. Autonomie soll ein dritter Aspekt bei der Betrachtung der Initiativbewegung berücksichtigt werden, ohne den sie auch in ihrer politischen Bedeutung nicht verstanden werden kann. Ihr »unpolitischer«, »vorpolitischer« Charakter ist oft betont und mit entsprechenden Stellungnahmen gegen staatliche Politik belegt worden. Mit den Protestbewegungen der sechziger und den neuen sozialen Bewegungen der siebziger Jahre (Ökologie-, Alternativ- und Frauenbewegung, regionalistische Bewegungen, Jugendbewegung usw.) ist dieses traditionelle, an den politischen Institutionen orientierte Politikverständnis in eine Krise geraten. Basisdemokratie, soziale Experimente und Selbstverwaltung sind Stichworte einer neuen politischen Kultur, deren Organisationsprinzipien gegen Allmacht und Allzuständigkeit staatlicher Institutionen gerichtet sind. Bürgerinitiativen sind meist Grenzgänger dieser beiden feindlichen politischen Kulturen und reichen in beide hinein. Sie verstehen sich sowohl als begrenztes Partizipationsbegehren, das auf eine Ausdehnung von Teilhabemöglichkeiten im politischen Prozeß zielt, wie auch als Versuche zur Befreiung von staatlichen Institutionen und Abgrenzung von staatlicher Politik. Dieses Spannungsverhältnis wird dadurch verschärft, daß sich vor allem in den letzten zwei Jahrzehnten eine weitere staatliche Durchdringung vormals unpolitischer gesellschaftlicher Sphären vollzogen hat, die auf eine umfassende staatliche Regulierung von gesellschaftlichen Konflikten zielt. Politisierung von »oben«, durch den sich entwickelnden »Sicherheitsstaat« (Narr/Hirsch) bzw. »autoritären Etatismus« (Poulantzas) und verstärkte Selbstbestimmungs- und Selbstverwaltungsforderungen von »unten« kennzeichnen die Problemlage alternativer Politik – nicht nur in Bürgerinitiativen. Grundlage dieser widersprüchlichen Politisierung unter der Käseglocke politisch-institutioneller Ultrastabilität scheint eine Krise gesellschaftlicher Integration. Ihr sichtbarster Ausdruck sind Erosionsprozesse in zentralen gesellschaftlichen Institutionen (z. B. Ehe, Familie), die sich – verstärkt durch ökonomische Krisenentwicklungen – in zunehmender Anomie und Marginalisierung niederschlagen. Bürgerinitiativen sollen daher nicht nur als Symptom dieser »pathologischen Stabilität« (Habermas) der gesellschaftlichen Verhältnisse, sondern auch auf ihre Tendenzen und Möglichkeiten zu einer Wiederaneignung des »Gesellschaftlichen« – im Sinne identitätsstiftender, selbstorganisierter und -bestimmter Lebensbereiche – betrachtet werden. Als neue Form der Interessenvertretung, als spitzer Stachel im faulen Fleisch der politischen Institutionen können Bürgerinitiativen Veränderungen staatlicher Politik und im Mechanismus der strukturellen Interessenberücksichtigung auslösen; ob sie die Potenz zur politischen Alternative entfalten können, läßt sich erst durch eine Untersuchung ihres kulturrevolutionären und gegengesellschaftlichen Gehalts und Potentials ergründen.

Entlang dieser Fragestellungen sollen im folgenden einige Elemente aus der Geschichte der Bürgerinitiativbewegung in der Bundesrepublik herausgehoben werden. Dazu einige Vorbemerkungen:

– Trotz einer kaum mehr übersehbaren Fülle von Literatur (Selbstdarstellungen, Berichte in Lokal- und Alternativzeitungen, Fallstudien, einige Repräsentativerhebungen usw.) entziehen sich Bürgerinitiativen strukturell wissenschaftlicher und politischer Verallgemeinerung. Ihre politische und thematische Vielfältigkeit, meist lockere Organisationsstruktur, punktuelle und lokale Orientierung und diskontinuierlicher Charakter ergeben das Bild eines Puzzles, dessen Stücke zudem aus verschiedenen Motiven stammen. Dies verführt dazu, aus einigen zusammenpassenden Teilen ein stimmiges Bild zusammenzusetzen, dem mit dem gleichen Anspruch auf empirische Triftigkeit ein völlig konträres gegenübergestellt werden kann. Eine ähnliche Beliebigkeit zeichnet die theoretischen Interpretationsversuche aus, deren konservative oder klassenkämpferische Meßlatten die Dimensionen des Gegenstands reduzieren oder verfehlen.

– Wenn im folgenden einige Entwicklungsschritte der Bürgerinitiativbewegung aufgezeigt werden, bezeichnen diese einerseits nur ein grobes Raster, das sich aus übergreifenden Entwicklungen des politischen Systems ergibt, die für die einzelne Initiative nur bedingt oder gar nicht wirksam werden mußten. Dies gilt besonders für die facettenreiche und fragmentierte Struktur der kommunalen Ebene, die meist der Ansatzpunkt bürgerschaftlichen Aufbegehrens ist. Andererseits läßt sich eine authentische Geschichte der »Bürgerinitiativbewegung« kaum schreiben, da dies eine Kollektiv- bzw. Organisationsgeschichte voraussetzt, die gerade fehlt. Organisierte Zusammenarbeit jenseits von punktueller und demonstrativer Kooperation (Massendemonstrationen gegen Kernkraftwerke etc.), in regionalen Kooperationsstrukturen (Zusammenschluß der badisch-elsässischen Bürgerinitiativen usw.) oder sektoraler Zusammenarbeit (Verkehrskongreß der Bürgerinitiativen) sind zum einen relativ späte Errungenschaften und zudem keineswegs repräsentativ für die Bürgerinitiativbewegung[6] insgesamt. Gleiches gilt für parteiförmige und andere parlamentarische Versuche aus den Reihen der Umweltinitiativen.

– Der Beitrag sollte daher als bewußt zugespitztes, widersprüchliche Elemente hervorhebendes Diskussionsangebot gelesen werden, das zur Reflexion der eigenen Erfahrungen in und mit Bürgerinitiativen reizen und keineswegs den Leser vorschnell in der Sicherheit einer abgewogenen Einschätzung wiegen will.

Bürgervereine und außerparlamentarische Opposition

An der Wiege der Bürgerinitiativen standen sehr ungleiche Geburtshelfer. Da sind zum einen die Bürgervereine der fünfziger und sechziger Jahre, in denen sich vor allem bildungsbürgerlich geprägte Honoratioren des Mittelstandes zusammentaten, um in einer allgemein entpolitisierten kommunalen Atmosphäre bürgerschaftliche Gemeinschafts- und Sonderinteressen (Sozial- und Kultureinrichtungen usw.) geltend zu machen. Durch Vereine und Stiftungen wurden Forderungen gestellt und Projekte finanziert, die sich an einem wohlverstandenen Gemeininteresse – in Konkurrenz zum Monopolanspruch der Kommunalparteien – zu rechtfertigen hatten, denen aber gerade der Geruch der unmittelbaren Interessiertheit und Betroffenheit nicht anhaften durfte. Aus dieser schwachen bürgerlich-liberalen Tradition entstand auch der Begriff »Bürgerinitiative« als persönliche Initiative des Einzelnen, der seine politische Beteiligung nicht auf die periodische Stimmabgabe bei Wahlen oder die Mitarbeit in einer politischen Partei reduziert. »Die neue Zivilisation kann nicht funktionieren ohne die aktive Beteiligung der breiten Schichten an den Gestaltungsaufgaben in allen Lebensbereichen. Darum müssen wir nach neuen Formen der Dezentralisation in den wirtschaftlichen und gesellschaftlichen Prozessen und nach neuartigen Formen der Gewaltenteilung in der Politik suchen. Das Postulat, mehr Bürgerinitiative freizusetzen, zielt darauf, der bisher primär von oben wirkenden Initiative ein Korrelat gegenüberzustellen in Gestalt von personalen Initiativen, die von unten nach oben wirken.«[7]

Der Übergang von der Honoratioren- zur Bürgerinitiative wäre ohne die Verunsicherungen durch die außerparlamentarischen Protestbewegungen der sechziger Jahre und die mit der ökonomischen Rezession von 1966/67 sichtbar gewordenen Infrastrukturmängel nicht denkbar gewesen. »Vergesellschaftung der Demokratie« im Sinne einer Ausdehnung von Partizipationsangeboten in vormals nicht-politischen Bereichen und Strukturreformen (vor allem im Bereich der materiellen Infrastruktur und des Bildungswesens) waren die Postulate, mit denen die liberal-bürgerlichen Kreise auf die neuen Herausforderungen reagierten. Der massive gesellschaftliche Protest hatte zu einer Infragestellung der sozialen und politischen Beschränktheit der alten Bürgervereine geführt, die sich nun zum Teil zu Kernen neuer Bürgerinitiativen entwickelten. Unmittelbare Betroffenheit von gesellschaftlichen Veränderungen (Stadtsanierung, Mängel in der sozialen Versorgung usw.), eine bewußte Ausdehnung der sozialen Basis und eine Erweiterung des politischen Handlungsspektrums (über eine räsonierende Honoratiorenöffentlichkeit hinaus) waren die wesentlichen Elemente dieses Übergangs. Im Gegensatz zur Provokationspraxis der Studentenbewegung sollten rationale Diskurse im Medium einer wiederbelebten bürgerlichen Öffentlichkeit und ein professionelles Selbstverständnis, das sich in konstruktiven Gegenvorschlägen, Selbsthilfe und alternativen Planungen unter Beteiligung der unmittelbar Betroffenen bewährt, Bürgervereine und -initiativen zu »rationalen Gegenpolen« der Protestbewegung werden lassen. Demokratisierungs- und Reformimpulse sollten in »Reformanstrengungen des langen Atems« umgesetzt werden, wobei der »mündige Bürger« und die »humanisierte Gesellschaft« als Leitbilder galten.

Dieses neue bürgerschaftliche Selbstverständnis konnte zunächst am deutlichsten in der FDP politisch Wurzeln schlagen. In der zweiten Hälfte der fünfziger Jahre konnte sie den Geruch einer Klassenpartei dämpfen und sich von der unmittelbaren Repräsentanz von Kapitalinteressen in Parteispitze und Bundestagsfraktion etwas freier machen. Mehrere Modernisierungsversuche in Richtung »Volkspartei« scheiterten. Mit dem Beginn der Großen Koalition setzte schließlich die Umwandlung zur »modernen« F.D.P. ein, die allmählich den Nationalliberalismus der Mende-Ära durch die Reformorientierung von Scheel, Flach, Dahrendorf u. a. ersetzte. Vermittelt über ihre Jugendorganisation erwies sich dabei die F.D.P. schon aufgrund ihres weitgehend fehlenden Parteiunterbaus als jene Partei, die den Forderungen der Protestbewegung und der Bürgerinitiativen am offensten gegenüberstand. »Demokratisierung« und »Reform« wurden dabei zu Prinzipien *systemfunktionaler Rationalität* umgedeutet, die als Bindemittel für höchst unterschiedliche Interessen angeboten wurde. Relativ offene Parteistrukturen und das systemstabilisierende Reformimage machten die F.D.P. Ende der sechziger und Anfang der siebziger Jahre zum politischen Orientierungspunkt jener »verantwortungsbewußten« Bürgerinitiativen, die aus der Tradition der Bürgervereine entstanden waren. Als »Partei der Bürgerinitiativen« bot sie zudem Stiftungen, Tagungshäuser und Publikationsmöglichkeiten für die Kooperation zwischen den Bürgerinitiativen an. Mit dem Ende der Reformperiode (1972/73), dem Übergang zu staatlicher Krisenpolitik und der interessenpolitischen Rückentwicklung der F.D.P. (Graf Lambsdorff) zerfiel die integrative Patronage über einen Teil der Bürgerinitiativen weitgehend.[8]

In der Darstellung des bürgerlich-liberalen Traditionsstrangs der Bürgerinitiativen konnte schon ein zweiter nicht unerwähnt bleiben. »Bürgerinitiativen, wie wir sie heute kennen, sind eine unmittelbare Folge der Mobilisierungs- und Verunsicherungskampagnen der außerparlamentarischen Opposition und der antiautoritären Bewegung. Sie sind dies schon in ihrer spezifischen Zielsetzung, in dem, was sie politisch thematisieren, auch ohne jede personelle Beziehung zur ›Studentenbewegung‹«.[9] Der antiautoritäre Charakter der außerparlamentarischen Oppositionsbewegung erweiterte gerade in einer Zeit, die durch Große Koalition, Verabschiedung der Notstandsgesetze und Konzepte der »formierten Gesellschaft« politische Artikulation und Protest aufzusaugen und stillzulegen schien, die Möglichkeiten und Chancen politischer Aktion und Beteiligung und konnte mutmachende Schneisen in den konsumgestützten »staatsbürgerlichen Privatismus« der Nachkriegsära schlagen. Die Auswirkungen beschränkten sich jedoch nicht auf mobilisierende, zur Nachahmung anregende und vorübergehend erfolgreiche Demonstrationstechniken und Aktionsformen, die schließlich auch von Bürgerinitiativen aufgegriffen wurden.

Antiautoritär hieß auch anti-staatlich, d. h. Gegnerschaft zu autoritären staatlichen und gesellschaftlichen Institutionen (Anspruch umfassender Demokratisierung aller Lebensbereiche) und radikaler Anspruch auf Selbstbestimmung und Selbstverwaltung. In diesem Milieu gedieh eine Fülle von radikalen kulturrevolutionären Ansätzen, die sich u. a. um neue Formen des Zusammenlebens (Kommunebewegung, Wohngemeinschaften), der Kinder»erziehung« (antiautoritäre Kinderläden, Alternativschulen) und des sozialen Engagements für »Randgruppen« (Kampagne gegen Heimerziehung für Kinder und Jugendliche, gegen geschlossene psychiatrische Anstalten, Knastkampagnen etc.) bemühten. Die radikalsten Versuche blieben zwar auf das Umfeld der anti-autoritären Bewegung beschränkt, ihre Inhalte »säkularisierten« sich jedoch in zahlreichen Protestinitiativen, die durchaus eigenständigen Charakter entwickelten und den Zerfalls- und Traditionalisierungsprozeß eines Teils der Neuen Linken überdauerten. Dieser Zusammenhang zwischen antiautoritäter Bewegung und Bürgerinitiativen wird schon bei einem Blick auf die erste, 1971 erschienene Materialsammlung (vgl. Anm. 9) deutlich: Die Bürgerinitiative »Verändert die Schule-jetzt«, Elterninitiativen für repressionsfreie Erziehung und Eltern-Kind-Gruppen im Stadtrandviertel stehen dort neben Initiativen in sozialen Brennpunkten wie der Kölner Bürgerinitiative Obdachlosigkeit, dem Bürgerverein Märkisches Viertel und den Hausbesetzungen im Frankfurter Westend.

Die zahlreichen und häufig wechselnden politischen Konzeptionen, mit denen sich Linke der Protestbewegung Ende der sechziger und Anfang der siebziger Jahre in den verschiedenen Initiativen engagierten oder sie begründeten, lassen sich hier nicht im einzelnen nachzeichnen. Gemeinsamer Nenner der am lateinamerikanischen Vorbild gewonnenen »Fokustheorie«, des »Marschs durch die Institutionen« oder der »Randgruppenstrategie« war das Ziel der Revolutionierung spätkapitalistischer Gesellschaften. Die Neue Linke begriff »die grundlegende Veränderung dieser Gesellschaft als einen sozialrevolutionären Prozeß, in dem organisierte Selbsttätigkeit der Menschen immer mehr gesellschaftliche Bereiche der Verfügungsgewalt durch privatkapitalistische Verwertungsinteressen und Bürokratien entzieht. Das Ziel einer solchen Praxis kann deshalb nicht darin bestehen, *ein* politisches Herrschaftssystem durch ein *anderes* zu ersetzen, sondern politische Herrschaft selber und dadurch gleichzeitig Politik als eine von den gesellschaftlichen Lebenserscheinungen getrennte Sphäre abzuschaffen.«[10] Mit dem Zerbrechen dieses sozialrevolutionären Konsens und der darauf einen breiten Teil der Neuen Linken erfassenden »proletarischen Wende« wurde auch das Verhältnis zur stärker werdenden Bürgerinitiativbewegung ambivalenter.

Traditionelle Revolutionskonzepte lebten wieder auf. Wo die Partei der Arbeiterklasse und der Betriebskampf in den Mittelpunkt des politischen Horizonts rückten, mußten sich die sozialen Experimente in den eigenen Reihen und die radikale Interessenvertretung in Bürgerinitiativen nun an der neuen proletarischen Elle messen lassen. Als »kleinbürgerlich« und »mittelständisch« geprägte Initiativen im Reproduktionsbereich, fernab vom revolutionären Zentrum im Betrieb, erschienen Bürgerinitiativen nun als privilegierte »Bourgeois-Initiativen«, deren soziale Träger und gesellschaftlicher Ort allenfalls illusionäre Vorstellungen von einer Ausweitung demokratischer Teilhabe und »reformistische« Programme zulassen, ohne Impulse für einen tiefgreifenden gesellschaftlichen Wandel freizusetzen. Widerstandsaktionen von Betroffenen wurden von diesem Teil der Protestbewegung, der sich nun in diversen kommunistischen Gruppen organisierte, erst dann politisch ernstgenommen, wenn sie das Niveau von möglichst militanten »Massen- und Volkskämpfen« – etwa gegen Fahrpreiserhöhungen im öffentlichen Nahverkehr (Rote-Punkt-Aktionen), Verteidigungsschlachten, um die Räumung besetzter Häuser zu verhindern (wie im Frankfurter Häuserkampf), oder Widerstandsaktionen gegen den Ausbau von Truppenübungsplätzen (Nordhorn-Range) und den Bau von Kernkraftanlagen (in Wyhl, Brokdorf und anderswo) – erreichten.

Andere Gruppierungen und Strömungen hielten allerdings durchaus am sozial- und kulturrevolutionären Erbe der Jugend- und Studentenbewegung der sechziger Jahre fest. In spontaneistischen Milieus gediehen weiterhin soziale Experimente mit neuen Formen des Lebens und Arbeitens, deren Impulse in einer breiter werdenden »Alternativ-Scene« auf fruchtbaren Boden fielen. »Nach Interessen organisieren« wurde in den siebziger Jahren zur Programmatik der »undogmatischen Linken«, die sich im Sozialistischen Büro einen organisatorischen Sammelpunkt geschaffen hatte. Auch wenn diese Strömung der westdeutschen Linken nur begrenzt in Bürgerinitiativen mitarbeitete und wirksam wurde, war es ihr doch von ihrem eigenen Politikverständnis her möglich, kooperative Kontakte zu diesen Initiativen aufzunehmen, sich zu beteiligen und von der Weiterentwicklung der Initiativen auch zu lernen.

Reformpolitik und Bürgerinitiativen

Mit einem Programm der »inneren Reformen« und dem Postulat »Mehr Demokratie wagen« übernahm 1969 eine sozialliberale Koalition die Bundesregierung. Neben den integrativen Angeboten einer Partei (vor allem der F.D.P.) schien nun die Regierungspolitik insgesamt den Bürgerinitiativen starken Rückenwind zu geben. Die geplanten Reformen im Bildungs- und Sozialbereich, das zu novellierende Städtebauförderungsgesetz und die versprochene Bodenrechtsreform konnten als konsequente Aufnahme und Weiterentwicklung der von den Betroffeneninitiativen formulierten Forderungen und als Korrektur der deutlich aufgezeigten Mißstände begriffen werden. Die artikulierten bürgerschaftlichen Ansprüche und Interessen sollten als gesellschaftlicher Reformdruck die Notwendigkeit staatlicher Reformpolitik begründen und dadurch über den Horizont punktueller Forderungen hinausführen. Nach dem »nachtotalitären Biedermeier« der Adenauerära und den Tendenzen zu einer an die obrigkeitsstaatliche Tradition der deutschen Geschichte anknüpfenden »autoritären Leistungsgesellschaft« schien mit dem Ende des »CDU-Staats« ein politisches Klima zu entstehen, in dem »Bürgerinitiativen« nicht mehr als Vergehen gegen die neu sich formierende »Volksgemeinschaft« verdammt, sondern als »Impuls« für notwendige gesellschaftliche Veränderungen begrüßt werden. Ihren Forderungen sollte durch die Schaffung von Beteiligungsmöglichkeiten, durch eine Reform des öffentlichen Dienstes und durch auf Partizipation eingestellte Planungsprozesse auch von Seiten der staatlichen Institutionen entgegengekommen werden.

Bürgerinitiativen wurden dabei als willkommene Legitimationsquelle im Sinne einer »reformerischen Massenbasis« angesehen, die letztlich zur zusätzlichen Stabilisierung der bestehenden politischen Entscheidungsstrukturen beitragen. In diesem Sinne äußerte sich z. B. der damalige Generalsekretär der F.D.P.: »Wenn es gelingt, immer mehr Bürger zu solchen Bürgerinitiativen zu bewegen, wobei die Parteien sich durchaus der Forderungen dieser Initiativen annehmen könnten und sollten, dann hätte das zur Folge, daß nicht nur die Planungs- und Entscheidungsprozesse der Politik durchsichtiger und bürgernäher würden, sondern die parlamentarischen Gremien als letzte Entscheidungsinstanz erhielten eine neue und zusätzliche Legitimation.«[11]

Vom linken Flügel der Regierungsparteien und ihren Nachwuchsorganisationen wurden allerdings weitergehende strategische Konzeptionen entwickelt. Die staatliche Reformpolitik konnte und sollte nicht vor den grundlegenden Verhältnissen der kapitalistischen Wirtschafts- und Gesellschaftsordnung halt machen und lediglich deren kosmetische Verbesserung anstreben. »Systemüberwindende Reformen« und »Doppelstrategie« waren die Stichworte einer Konzeption, die staatliche Reformpolitik, Parteiarbeit und Basisaktivitäten zu vermitteln versuchte. »Ein sich verdichtendes Geflecht solcher Bürgerinitiativen könnte im nächsten Jahrzehnt die bewußtseinsmäßige und machtpolitische Basis für Strukturreformen schaffen, insbesondere wenn die Basisinitiativen im Reproduktionsbereich durch entsprechende Initiativen der Gewerkschaften im Produktionsbereich aufgegriffen würden.«[12] In der Doppelstrategie der Jungsozialisten wurde die Mitarbeit in Bürgerinitiativen, deren Vermittlung zur Parteipolitik und damit auch die Veränderung der innerparteilichen Willensbildung (imperatives Mandat), zur politischen »Basisarbeit« mit weitgesteckten systemüberwindenden Hoffnungen: »Die revolutionäre Partei der Zukunft würde sich aus dem Geflecht der Basisgruppen rekrutieren, und die Politiker in den repräsentativen Organen würden nun dadurch tatsächlich regieren, da sie um die kämpferische Kapazität der Basisgruppen wüßten und ihre Maßnahmen zur Ablösung der Herrschaft der Kapitaleigner mit den direkten Aktionen der Basisgruppen koordinieren würden.«[13] Solche weitgesteckten programmatischen Zielsetzungen lösten zu Beginn der siebziger Jahre einen starken Zulauf bei Jungdemokraten und Jungsozialisten aus, die sich nicht mehr lediglich als Nachwuchsorganisation der Mutterpartei in der Einübung ihrer Gepflogenheiten übten, sondern als sozialistischer Flügel durch die aktive Mitarbeit in Bürgerinitiativen Einfluß auf die Zielsetzungen und Entscheidungsstrukturen der Partei gewinnen wollten.

Sowohl die reformerische wie auch die reformistische Variante der Einbindung von Bürgerinitiativen in den politischen Prozeß – die konkret in einem sehr konflikträchtigen Verhältnis zueinander stehen mußten – blamierten sich letztlich vor den Ergebnissen einer Regierungspraxis, die weder liberalen noch radikalen Erwartungen nachkam. Dies lag nicht nur an den mageren Ergebnissen der Reformphase bis 1972/73, die zu Ende ging, bevor mehr als Halbreformen in die Welt gesetzt worden waren. Auf die Ursachen des raschen Scheiterns der sozialliberalen Reformpolitik, die sich auf eine technokratisch gesteuerte Umverteilung ökonomischer Zuwachsraten stützen wollte, soll hier nur im Zusammenhang mit gesellschaftlichen Initiativgruppen eingegangen werden.

Ausschlaggebend für den restriktiven Charakter der reformpolitischen Einbindungsversuche von Bürgerinitiativen war vor allem die technokratische Reduzierung von Reformen auf staatliche Planung, die zur Sicherung ihrer eigenen Rationalität nur ein instrumentelles bzw. taktisches Verhältnis zu den gesellschaftlichen Initiativgruppen entwickeln konnte. Der Versuch, Initiativgruppen auf die Funktionsweise staatlicher Reformpolitik einzuschränken, zeigte sich auf verschiedenen Ebenen:

– *Selbsthilfeansätze* wurden nicht breit gefördert, blieben auf Ausnahmen beschränkt oder wurden in staatliche Regie übernommen – mit zweifelhaftem Schicksal für die inhaltlichen Zielvorstellungen der Projekte. Diese Entwicklung läßt sich an vielen durch die Protestbewegung initiierten experimentellen Ansätzen im Sozial- und Erziehungsbereich aufzeigen (von den Kinderläden bis zu den selbstverwalteten Jugendzentren).

– *Radikale Initiativen*, die sich nicht an die politischen Spielregeln hielten, wurden – wenn irgend möglich – auf einmalige, symbolische Dimensionen zurückgedrängt, um Nachahmer abzuschrecken. So wurden die ersten Frankfurter Hausbesetzungen von den Reformern als Initiative begrüßt, die auf die Notwendigkeit eines neuen Bodenrechts aufmerksam mache, allerdings als Form radikaler Selbsthilfe von wohnungslosen Emigranten, Studenten und kinderreichen Familien keine Schule machen dürfe.

– *Unmittelbare Betroffenheit* und daraus resultierende konkrete Forderungen galt es in längerfristige Orientierungen umzudeuten, die sich an die Veränderungskapazitäten staatlicher Politik anpassen. Der Widerstand von Betroffenen im nie zum Sanierungsgebiet erklärten Frankfurter Westend traf – konfrontiert mit dem von privaten Bauträgern ausgehenden Veränderungsdruck – auf die Zeitstruktur eines politischen Apparats, der in Legislaturperioden, mehrjährigen Gesetzgebungsverfahren, innerparteilichen Meinungsbildungsprozessen usw. mißt.

– Schließlich galt es, auf die *bestehenden politischen Beteiligungsformen* (besonders die politischen Parteien) als einzig dauerhafte, aussichtsreiche und legitime Einflußmöglichkeiten zu orientieren und schon deshalb den Erfolg von Bürgerinitiativen sachlich und zeitlich zu begrenzen. Als spontane Protestformen sollten sie längerfristig in das Engagement in den politischen Parteien münden.

Bürgerinitiativen waren damit in der Reformphase der ersten sozialliberalen Koalitionsregierung einer ähnlichen Strategie ausgesetzt, wie sie die Planungsbürokratien gegenüber Parteien und Gewerkschaften praktizierten: eine »paradoxe Mobilisierung«, d. h. Mobilisierung nicht etwa für konkrete Veränderungen, sondern zugunsten einer staatlichen Politik, die diese Veränderungen in Aussicht stellt«. Das Scheitern dieser staatlichen Reformpolitik »verstärkt Dispositionen zur ›Selbsthilfe‹, zu delegitimatorischen Konflikten also, die Ausschnitte der gesellschaftlichen Interessenauseinandersetzung ›entstaatlichen‹«. Auch wenn diese Konsequenzen aus dem Scheitern der staatlichen Reformpolitik der frühen siebziger Jahre nicht im Detail belegbar sind und lediglich aus einzelnen Fallstudien gefolgert wurden, spricht die Weiterentwicklung der Bürgerinitiativbewegung in der Bundesrepublik für Offes Hypothese, »daß die Wähler und Bürger sich von den Bindungen eines mehr oder weniger zuversichtlichen Reformvertrauens emanzipieren und für Methoden der Interessendurchsetzung zugänglich werden, welche die Zuständigkeit staatlicher Politik für ihre Interessen negiert«[14].

Für die Ausdehnung von Bürgerinitiativen als Politikform dürften jedoch weniger die Erfahrungen mit gescheiterten Reformen bedeutsam geworden sein. Vielmehr begünstigte die politische Aufbruchstimmung der Reformphase selbst – unabhängig von ihren staatlichen Umsetzungsergebnissen – die Ausbreitung solcher konkreten Interessenvertretung in Form von Initiativen:

– Mit dem Programm der »inneren Reformen« wurde die Thematisierung von sozialen und bildungspolitischen Mißständen in der politischen Arena prinzipiell zugelassen, weitergehende soziale Experimente in diesen Bereichen toleriert. Damit hatten auch jene gesellschaftlichen Gruppen offizielle partizipatorische Ermutigung erfahren, die traditionell von aktiven Formen der politischen Beteiligung durch niedriges Bildungsniveau und niedrigen sozialen Status ausgeschlossen sind. Im Rückblick fällt die große Zahl von Initiativen in marginalisierten sozialen Bereichen auf, auch wenn sicherlich viele dieser Initiativen nicht ohne professionelle Unterstützung (von Sozialarbeitern bis zu Doppelstrategen) möglich gewesen wären.

– Reformpolitik ließ zudem ein breiteres Spektrum an gesellschaftlichen Themen als *politische* prinzipiell zu und brachte damit eine Verschiebung der traditionellen Grenzziehungen zwischen privat, öffentlich und politisch. Die Privatisierung von gesellschaftlichen Problemlagen wich einem diffusen »Sozialstaatsbewußtsein«, das mit einem gestiegenen Anspruchsniveau an staatlicher Daseinsvorsorge einherging. Damit veränderte sich allerdings auch das Verhältnis zwischen »Privaten«. Mietstreiks, Hausbesetzungen und Protestaktionen gegen mangelnde Infrastruktureinrichtungen in Trabantensiedlungen dokumentieren diese Entprivatisierung gerade da, wo nicht unmittelbar staatliche Institutionen beteiligt waren.

– Bei aller Widersprüchlichkeit der Reformpolitik in ihrer technokratischen Beschränktheit und den Integrationsbemühungen der Regierungsparteien ist für diese erste Ausbreitungsphase der Bürgerinitiativen wohl entscheidend, daß die Reformparteien nicht offensiv *gegen* Bürgerinitiativen mobilisieren konnten und wollten. Dies blieb zunächst die Domäne von Unionspolitikern, die mit dem Hinweis auf den Erhalt des Parteienmonopols bei einer Unterstützung von Initiativgruppen einen »Zauberlehrling-Effekt« befürchteten.

– Auch die Anfang der siebziger Jahre infolge des Ansturms von Bürgerinitiativen auf kommunaler Ebenen eingerichteten Beteiligungsformen (Bürgerforen, Novellierung des Städtebauförderungsgesetzes, schließlich Ortsbeiräte und Bezirksvertretungen in Großstädten usw.) blieben in ihrer Wirkung ambivalent, auch wenn ihr Zuschnitt oft deutlich restriktive Züge von Scheinbeteiligungen erkennen ließ. Allein ihre Einrichtung legitimierte das »Anliegen« der Bürgerinitiativen. Gerade in zugespitzten Konfliktsituationen war die integrierende Wirkung solcher Beteiligungsgremien nur gering, während ihre restriktiven Grundzüge Anstöße zu weitergehenden Lernprozessen bei den Betroffenen ausgelöst und die Notwendigkeit nichtkonventioneller Protestformen bestätigt haben dürften.

Bürgerinitiativen im »Modell Deutschland«

Mit dem Einsetzen der tiefgreifenden ökonomischen Krise von 1974/75 veränderten sich bis zum Ende des Jahrzehnts die ökonomischen und politischen Rahmenbedingungen für die Weiterentwicklung der Bürgerinitiativbewegung einschneidend. Während die kurze Reformphase – trotz gegenteiliger Zielsetzungen – durch ihre politische Verlaufsform (Weckung von Ansprüchen an den Staat, Ausweitung des Beteiligungsangebots, Stärkung des »Sozialstaatsbewußtseins«, Enttäuschung von weitgesteckten Reformerwartungen) zu einer Stärkung von Bürgerinitiativen – als Form der politischen Interessenvertretung – wie auch durch ihr inhaltliches Reformprofil (»Lebensqualität«, »innere Reformen«, Umweltschutz usw.) zu einer Legitimierung ihrer konkreten Zielsetzungen beigetragen hat, bläst mit der neuen staatlichen Krisenpolitik den Bürgerinitiativen der Wind ins Gesicht. Einige Dimensionen dieses radikalen Szenenwechsels, der – wie die Straußkandidatur für die Bundestagswahlen und die Übernahme der Unionswahlparole von 1969 durch die Sozialdemokratie im Wahljahr 1980 (»Sicherheit für die . . . Jahre«) anzeigen – keinesfalls seine endgültige Gestalt gefunden hat, sollen im folgenden kurz benannt werden.

Auf staatlicher Ebene schlägt die ökonomische Krise zunächst in Form einer Sparpolitik (austerity-Programme) durch, die neben einer Rationierung und Rationalisierung im Bereich des öffentlichen Dienstes (Einstellungsstop, Rationalisierungen im Verwaltungsbereich) vor allem auf ein »Abspecken« der Sozialleistungen zielt. Konzessionsspielräume gegenüber materiellen Forderungen und für kompensatorische Leistungen im Reproduktionsbereich, auf die sich ein Großteil der Forderungen von Bürgerinitiativen, aber auch das Gros der Reformversprechen konzentriert, schrumpfen zusammen. Warnungen vor »übersteigerten Anspruchshaltungen« gegenüber dem Staat, wie sie auch aus sozialliberalen Reihen schon seit 1972 kommen, erhalten mit dem Blick auf die staatliche Finanzkrise Verbotscharakter. Zuschüsse für Selbsthilfe-Projekte werden gestrichen, soziale Modelle bleiben punktuell und werden nicht in breitem Umfang umgesetzt, während die Maschen des »sozialen Netzes« ausgeweitet werden. Die Qualität staatlicher Dienstleistungen wird teils herabgesetzt, teils steigen die Kosten für die Benutzer.

Die im Sozialbereich eingesparten Mittel werden vor allem in Form von staatlichen Konjunkturprogrammen (Investitionsbeihilfen, Programm

»Zukunftsinvestitionen« usw.) eingesetzt. Bedeutete die ökonomische Krise in einigen Problembereichen zunächst einen nachlassenden »Veränderungsdruck«, der Bürgerinitiativen vorübergehende Erfolge bescherte (z. B. stagnierte zeitweilig die Umstrukturierung von innerstädtischen Wohngebieten zu Standorten des tertiären Sektors, Industrieansiedlungen schoben sich ebenso hinaus wie Sanierungs- und Modernisierungsprojekte), so verschärfte der Zuschnitt der staatlichen Krisenbekämpfung bald wieder den Druck auf verschiedene Sphären des Reproduktionsbereichs. Ein erheblicher Teil der staatlichen Mittel floß in den Bausektor, wobei kurzfristige beschäftigungspolitische Effekte und das Ziel positiver Wachstumsraten frühere reformpolitische Zielsetzungen konterkarierten. Wieder dominieren auf den Individualverkehr zugeschnittene Straßenbauprojekte, Flächensanierungen werden wieder in Angriff genommen, Altbaumodernisierungsprogramme mit eingebautem Vertreibungseffekt für sozial schwache Mieter gefördert; der landschaftszersiedelnde Eigenheimbau wird erneut angekurbelt, während der soziale Wohnungsbau zurückgeht; Umweltschutzbestimmungen werden gelockert, um Investitions»barrieren« wegzuräumen. Dieser Negativkatalog ließe sich um einiges verlängern. Er macht deutlich, daß diese Konjunkturprogramme bei einem Teil der Bevölkerung zu einer deutlichen Verschlechterung ihrer Lebensbedingungen geführt haben, wobei sich die negativen Effekte – wie immer – am unteren Ende der sozialen Skala und den sog. sozialen Problemgruppen verdichtet haben dürften.

Staatliche Investitionsbeihilfen unterstützten auch den »notwendigen Strukturwandel unserer Wirtschaft«, d. h. Rationalisierungen, Arbeitslosigkeit, größere Arbeitshetze, dequalifizierte Tätigkeiten usw. Verstärkte physische und psychische Belastungen am Arbeitsplatz, Zunahme der Zwangsmobilität durch die Lage auf dem Arbeitsmarkt und restriktiv modellierte Bestimmungen des Arbeitsförderungsgesetzes sind weitere Ausprägungen der Krisennormalität. Sie hat die Schere zwischen den sich zuspitzenden Arbeitsbedingungen und den gesteigerten individuellen Reproduktions- und Rekreationsbedürfnissen auf der einen Seite und den negativen Veränderungen der Lebensbedingungen außerhalb der Sphäre der gesellschaftlichen Arbeit auf der anderen Seite weiter auseinandergetrieben.

Diese krisenhaft angewachsene Bedeutung der Reproduktionssphäre – nicht nur als Ort der Reproduktion der Arbeitskraft, sondern auch als Anlagesphäre des Kapitals im Sinne einer Ausweitung des tertiären Sektors und der industriellen Produktion – ist wohl die wesentliche Ursache dafür, daß Bürgerinitiativen nicht als »verwöhnte Kinder« einer kurzen Reformperiode von der politischen Bühne verschwunden sind, sondern in den letzten Jahren eher zugenommen haben.

Dabei haben sich die politischen Auseinandersetzungen um die Lebensbedingungen drastisch verschärft. Konnten Bürgerinitiativen noch zu Beginn der siebziger Jahre in vielen Fällen auf eine wechselseitige Blockierung der politischen Parteien und eine desinteressierte Neutralität der Gewerkschaften rechnen, so steht ihnen heute dort, wo es um die Verhinderung von größeren industriellen oder infrastrukturellen Projekten geht, eine neue mächtige Wachstumskoalition von Industrie, Parteien, staatlichen Instanzen und Gewerkschaftsvertretern gegenüber, die mit dem Argument der Schaffung bzw. Erhaltung von Arbeitsplätzen den unmittelbar Betroffenen eine Verschlechterung ihrer konkreten Lebensbedingungen und in ländlichen Bereichen eine Infragestellung der bäuerlichen Existenzgrundlage abverlangt. Das Ausspielen von Arbeitsplätzen gegen Lebensbedingungen hat die Wirkungsmöglichkeiten von Bürgerinitiativen entscheidend verändert, auch wenn sich die hochgesteckten Hoffnungen auf die Mobilisierung der »größten Bürgerinitiative« – die Gewerkschaften – (so Bundeskanzler Schmidt) nicht restlos erfüllt haben dürften:

»Sie kämpfen gegen Atomkraftwerke und neue Müllverbrennungsanlagen, gegen den Kohleabbau unter der Haardt und gegen den jeweils neuesten Standort für eine Aluminiumschmelze. Sie haben sich inzwischen zu zwei konkurrierenden Bundesverbänden zusammengetan und schicken den Bundestagskandidaten inquisitorische Fragebögen: die Umweltschützer. Sie sind heute zumeist keine spontanen Bürgerinitiativen mehr, sondern handeln nach dem Motto des Bundes Natur- und Umweltschutz: ›Projektweise Bürgerinitiativen an die Front schicken‹. Das Ganze ist, um es geradeheraus zu sagen, zu einer Landplage geworden. Freilich, wenn profitgierige Unternehmer oder reaktionäre Politiker dieses konstatierten oder gar Widerspruch einlegten, dann wurde ihnen unter allgemeinem Beifall und freundlicher Assistenz der Gerichte eins draufgegeben. Jetzt aber meldet sich ein Gegner aus anderem Holze zu Wort, dem das Treiben offenkundig allmählich über die Hutschnur geht: die Gewerkschaften. Die Sorge über die Arbeitsplätze läßt grüßen, spät zwar, aber dafür auch gleich umgesetzt in eine Gegenreaktion. Ein Zusammenstoß, den Einsichtige seit langem haben kommen sehen. Wenn eine Voraussage erlaubt ist: der organisierte Umweltschutz-Klamauk hat seine besten Zeiten hinter sich. Denn der neue Gegner, der da antritt, versteht keinen Spaß.« (F. K. Fromme in *FAZ* vom 7. 9. 1976)

Nun ist der »neue Gegner« durch Krisenerfahrungen und dauerhafte Massenarbeitslosigkeit selbst angeschlagen, und die widersprüchlichen Interessen stehen quer zu den Mitgliedern, die ja nur in ihrem arbeitsbezogenen Ausschnitt organisiert werden. Die innergewerkschaftliche Diskussion und entsprechende Bemühungen in den Bürgerinitiativen bieten längerfristig die Chance, daß die Mobilisierung der Gewerkschaften für die Atompolitik nicht als Lehrstück Schule macht. Dafür gibt es einige bescheidene inhaltliche Ansätze:

– »Qualitatives Wachstum«, »Lebensqualität«, Umweltschutz und

Kommunalpolitik waren Anfang der siebziger Jahre auch Themen einer gewerkschaftlichen Reformdiskussion, die sich über den beschränkten Bereich der betrieblichen Interessenvertretung hinauswagte. Auch wenn die Gewerkschaften keine eigenständigen Handlungsstrategien in diesen Bereichen entwickelten, ist es für sie auch unter Krisenbedingungen nur begrenzt möglich, die politische Relevanz dieser nun vor allem von Bürgerinitiativen artikulierten Interessen dauerhaft beiseite zu schieben. Ähnliches gilt für die Reformparteien der frühen siebziger Jahre, die solche nun verwaisten Themen zumindest ihren linken Minderheiten überlassen müssen.

– Betriebliche Rationalisierungsstrategien, flankierende staatliche Programme (Investitionsbeihilfen), Betriebsstillegungen und Schadstoffindustrien mit minimalem Personalaufwand machen das Arbeitsplatzargument fragwürdig und rücken Strategien zur Umverteilung der vorhandenen gesellschaftlichen Arbeit ins Blickfeld der gewerkschaftlichen Diskussion (Reduzierung der Lebens-, Jahres- und Wochenarbeitszeit).

– Neue Technologien, Arbeitsintensivierung und zunehmende psychische und physische Belastungen haben den Zusammenhang zwischen Umweltbelastungen durch spezifische Technologien und die »Umweltbelastungen« am Arbeitsplatz brisanter werden lassen. Technologiekritik im Bereich von Schadstoffindustrien und besonders im Zusammenhang mit Kernenergie findet nach einer Fülle von Umweltkatastrophen auch bei den Beschäftigten stärkere Resonanz. Aber auch Charakter und Qualität der Arbeit (Was wird wie und wozu produziert?) geraten damit stärker in die Diskussion.

Dies sind freilich eher Merkposten einer noch zu führenden Auseinandersetzung. Denn die Krisenerfahrungen legen zunächst eine interessenpolitische Konzentration der Gewerkschaften auf die Erhaltung der Arbeitsplätze nahe und weiterreichende politische Vorstellungen sind innerorganisatorisch bislang nur schwach vertreten (Aktionskreis Leben als ein wichtiger Fokus).

Mit dem Ende der Reformära hat sich gegen die Bürgerinitiativen eine weitere Frontlinie verstärkt, die prinzipiell gegen diese Form der Interessenvertretung gerichtet ist, wenn sie politisch, d. h. mit Anspruch auf Berücksichtigung und Durchsetzung genutzt wird. Bis weit ins Lager der sozialliberalen Koalition hinein versuchen die Parteien, ihr durch die Bürgerinitiativen verunsichertes Politikmonopol wieder durchzusetzen.

Die stramme Rechte spricht ungehemmt von »Initiativ-Kriminalität« und »Gruppendiktatur«, gegen die die politische Führung der Parteien zurückgewonnen werden muß[15]. Die politische »Mitte« verbannt Bürgerinitiativen ins politische Vorfeld, wo sie sich am vorparlamentarischen Informationsprozeß beteiligen können, ohne daß ihnen jedoch Einflußmöglichkeiten (etwa durch die Einführung von Verbands- und Popularklagemöglichkeiten) garantiert werden sollen. Bürgerinitiativen sind in diesem Zusammenhang ein Anlaß, die staatlichen Werbestrategien (kommunale Presse- und Informationsämter sind wie Pilze aus dem Boden geschossen) zu verfeinern, den politischen Stil von Kommunalparlamentariern und Verwaltungsspitzen zu kultivieren (»Allein, es scheint so, daß den Bürgerinitiativen von den Verwaltungen überdurchschnittlich viel Zugeständnisse gemacht werden.«) und das Selbstbewußtsein der Repräsentanten des Gemeinwohls aufzupolieren (»Nimmt erst die politische Vertretungskörperschaft ihre maßgebende Rolle auch gegenüber der Verwaltung ein, so werden die Abgeordneten als Dialogpartner und legitime Einflußträger ernst genommen, und damit werden Formen wie Bürgerinitiativen weitgehend überflüssig werden.«[16]) Auf sozialdemokratischer Seite wird das Repräsentativ-Argument »gelegenheits-materialistisch« erweitert. Volkswirtschaftliche Verantwortungslosigkeit (»Investitionsstaus« durch Einsprüche von Initiativen) und Privilegienvertretung (Mittelschichtvertreter dominieren in Bürgerinitiativen) sind dabei die schwersten Kaliber. Die Doppelstrategie ist längst durch die parteiliche »Vertrauensarbeit« abgelöst.

Ob dies alles die Integrationskraft der Parteien gestärkt hat, ist mehr als zweifelhaft, denn das Parteileben an der »Basis« hat sich nicht belebt, sondern ist in den letzten Jahren weiter ausgetrocknet. So ist es auch nicht das Wiedererstarken des Parlamentarismus und des Parteiensystems, das die politische Seite des »Modell Deutschland« prägt, sondern im Gegenteil seine weitere Rückbildung. Mit dem Ende der Reformära verstärkte sich die Tendenz zu einer autoritären staatlichen Bewältigung der aufkommenden sozialen Konflikte. Das drastisch veränderte politische Klima wird aus der Gegenüberstellung von folgenden Zitaten von Willy Brandt aus den Jahren 1969 und 1977 eingefangen:

»Wir wollen mehr Demokratie wagen ... Wir stehen nicht am Ende unserer Demokratie, wir fangen erst richtig an.« (Regierungserklärung vom 28. 10. 1969)

»Ich habe vor einigen Jahren davon gesprochen, daß es wichtig sei, mehr Demokratie zu wagen ... Die Entwicklung der letzten Zeit hat mir gezeigt, daß es nicht damit getan ist, ein neues Wagnis zu fordern. Heute wird von uns verlangt, daß wir überhaupt Demokratie wagen.« (Rede anläßlich der Eröffnung des »Karl-Marx-Hauses« in Trier am 29. 5. 1977)

Die siebziger Jahre waren nicht nur durch verstärktes bürgerschaftliches Selbstbewußtsein in Bürgerinitiativen u. ä. gekennzeichnet, sondern weitaus stärker durch die Einschränkung von Bürgerfreiheiten und den Ausbau staatlicher Gewaltapparate geprägt. Die Tendenzen zur »Durchstaatlichung« und zum »Sicherheitsstaat«[17] drohen dabei eine der zentralen Voraussetzungen für die Weiterentwicklung der Bürgerinitiativbewegung zu untergraben, denn sie beruht auf der mehr oder weniger unbeschränkten Ausübung von Bürgerrechten und rechtsstaatlichen Garantien des politischen Engagements und der freien politischen Betätigung. Radikalenerlasse, Berufsverbote, Lauschangriffe der Geheimdienste, Zensur im Medienbereich, Verfassungsfeinde, Todesschuß, Stärkung der vordemokratischen Traditionen des Berufsbeamtentums, Einschränkung von Verteidiger- und Verteidigungsrechten sind einige Stichworte aus den Diskussionen um die »innere Sicherheit« der Bundesrepublik, die auf ein Klima von politischer Einschüchterung und Angst hindeuten [18].

Auch wenn die verschiedenen Neuerungen des Sicherheitsstaats durch Terrorismusbekämpfung und Radikalenabwehr legitimiert wurden, zielen sie doch gegen jede Form nichtkonventioneller politischer Betätigung. Daher ist auch die Geschichte der Bürgerinitiativbewegung von Auseinandersetzung mit dem staatlichen Präventions- und Gewaltapparat durchzogen. Gemeint sind dabei nicht in erster Linie spektakuläre »bürgerkriegsähnliche« Auseinandersetzungen von Nordhorn-Range bis Grohnde. Prägender dürften jene alltäglichen Erfahrungen sein, wo Bürgerinitiativversammlungen bespitzelt, Autokennzeichen notiert, Demonstrationsteilnehmer fotografiert, das Tragen von Anti-Kernkraft-Plaketten verboten oder Straßenfeste, Kinderinitiativen und Informationsstände zum Objekt von Polizeieinsätzen wurden. Wo Bürgerinitiativen zu demonstrativen Aktionsformen greifen (von Bauplatzbesetzungen, vorübergehenden Blockierungen des Verkehrs bis zu nicht-genehmigten Demonstrationen), machen sie ähnliche Erfahrungen wie die Protestbewegung der sechziger Jahre und werden zu Objekten der innerstaatlichen Feinderklärung. Präventive und demonstrative Großeinsätze der Polizei wie in Kalkar oder Ohu (1977) haben Massendemonstrationen zu den Orten umstrittener Kernkraftbauten nahezu unmöglich gemacht und damit das Demonstrationsrecht selbst ausgehöhlt. Die Einschränkung bürgerlicher Freiheitsrechte und die Durchstaatlichung gesellschaftlicher Bereiche, die früher eher Randzonen staatlicher Aktivitäten waren (Städtebau, Gesundheitswesen, Umweltschutz, kommunale Einrichtungen usw.), haben einerseits die Konflikte in diesen Phären drastisch politisiert. Andererseits wurden damit die Beteiligungsbarrieren und persönlichen Risiken der politischen Betätigung erhöht.

Bürgerinitiativen 1980 – Ein Beispiel und einige Vermutungen

Fast lautlose Lärmgegner
Der große Krach blieb aus, als gestern vormittag etwa vierzig meist jugendliche Mitglieder der »Arbeitsgemeinschaft Frankfurter Bürgerinitiativen« zu einer De-

monstration vor dem Wohnhaus des Oberbürgermeisters am Nansenring antraten. Die Autobahngegner, die gegen den Bau der Ostumgehung protestierten, wollten ursprünglich per Tonband und Lautsprecher mitgeschnittene Autobahngeräusche in die Wohngegend tragen. In einer Erklärung hieß es: »Die Herren Wallmann und Karry haben keine Autobahn vor der Tür und nicht pausenlos Verkehr. Sie wollen ihre Ruhe haben – aber die lassen wir ihnen nicht!« Nachdem die Lärmgegner jedoch von einem Hauptkommissar belehrt wurden, ihre Demonstration sei nicht ordnungsgemäß 48 Stunden vor Bekanntgabe bei der Ordnungsbehörde angemeldet worden, ließen sie die Lautsprecher ausgeschaltet. Oberbürgermeister Wallmann bot Zigaretten an und stellte sich der Diskussion. Sein Hauptargument: »Über diese Stadt können nicht immer jene entscheiden, die unmittelbar betroffen sind.« Er verteidigte den Ausbau der Autobahnen und betonte, es handele sich um äußerst schwierige planerische Konzepte, die auch für die wirtschaftliche Zukunft Frankfurts von hoher Bedeutung seien. Gegen den Einwand einiger Mitglieder der Bürgerinitiativen, bei einem in Zukunft denkbaren Benzinpreis von zwei Mark pro Liter sei der Ausbau des Autobahnnetzes sinnlos, sagte Wallmann: »Ich muß davon ausgehen, was wahrscheinlich ist. Alles spricht dafür, daß der Kraftfahrzeugbestand auch in Zukunft hoch bleiben wird.« Nach etwa 45 Minuten war die Diskussion beendet, und die Lärmgegner zogen geräuschlos ab. Konsequenterweise nutzten die meisten von ihnen dabei die Mittel des öffentlichen Nahtransports.
(FAZ vom 21. 1. 1980)

Dieses harmlos und bieder wirkende Beispiel regt zu einigen Vermutungen über Situation und Perspektiven der Bürgerinitiativbewegung an:

– Nur 40 Leute bei der Demonstration einer »Arbeitsgemeinschaft Frankfurter Bürgerinitiativen«? Ohne auf die konkrete Situation dieser Initiative eingehen zu wollen, spiegelt sich darin möglicherweise eine Tendenz, die in der bisher gründlichsten empirischen Untersuchung zu Umweltinitiativen festgehalten ist. In der Entwicklung der Bürgerinitiativen läßt sich eine zunehmende Formalisierung feststellen. Mitgliedschaften werden eingeführt, mit dem Erfolg, daß die Zahl der Aktiven relativ klein bleibt, während die Zahl der passiven Mitglieder ansteigt[19]. Andererseits wird damit die politische Arbeit auf Dauer gestellt, die Zielsetzungen verallgemeinern sich und werden längerfristig. Dabei bilden sich die Betroffeneninitiativen zu Vereinen um, verlieren an Mobilisierungskraft und entwickeln dafür die »Nähe« des Vereinslebens.

– Ist sie nicht schrecklich, diese Bravheit? Läßt sich diese Gruppe doch glatt ihren lautstarken Protest verbieten. Ist für Protestaktionen doch (wieder) die Genehmigung des Ordnungsamtes nötig? Die 68er-Generation dürfte kaum Verständnis haben – oder doch? Vielleicht ist der Hauptkommissar weder alleine noch zufällig da, und kürzlich hatte doch der Schuldezernent dieser Stadt lästige Schülerfragen durch einen Polizeieinsatz beantwortet. Oder fehlt den jugendlichen Demonstranten nur die Zivilcourage – und wenn ja, warum?

– Neben der Erklärung und den Motorengeräuschen führt die Gruppe noch ein Transparent mit: »Was Du nicht willst, das man Dir tu', das füg' auch keinem andern zu!« Ist das nicht der Gipfel des Unmittelbarkeits- und Betroffenheitsfetischismus, die »neue Sensibilität« in der Politik. Der Oberbürgermeister wird als Mensch angesprochen, nicht in seinen Funktionen als Durchführungsorgan des Bundesverkehrswegeplans, oder als Sachwalter des Kapitals, der Automobilindustrie, der in Frankfurt ansässigen Konzerne usw.
– Betroffenheit statt politische Agitation und Aufklärung? Heißt dies nicht, der Dialogstrategie der aufgeklärten politischen Repräsentanten auf den Leim gehen. Eine Strategie, von der nur der Händedruck und die angebotene Zigarette bleibt, weil zu ihr die Härte in der Sache gehört: »Über diese Stadt können nicht immer jene entscheiden, die unmittelbar betroffen sind.«
– Erschütternd und einschüchternd wirkt das Selbstbewußtsein des politischen Repräsentanten. Nicht im geringsten angekränkelt von Legitimationsproblemen oder Selbstzweifeln – auch die Zukunft ist für ihn nur eine Verlängerung der Gegenwart. Die Zukunftsängste der Autobahngegner finden keinen Nachhall, ihre Betroffenheit ist kein Argument. Was bewirkt diese Erfahrung – Resignation oder Nachdenken oder Radikalisierung?

Es gibt noch einige weitere Problembereiche, die in dem Aktionsbericht nicht auftauchen, aber zum aktuellen Erscheinungsbild der Bürgerinitiativen – unter den Bedingungen des »Modell Deutschland« und möglicher härterer Varianten – gehören und abschließend thesenhaft aufgeführt werden:
– Die beschriebenen politischen und ökonomischen Rahmenbedingungen des »Modell Deutschland« haben in den Bürgerinitiativen Ansätze zu einer Erweiterung des sozialen Spektrums der Mitglieder und Interessen objektiv erschwert oder rückgängig gemacht. Ökonomischer Druck und politische Einschüchterung, verstärkte Angst und das Wiedererstarken autoritärer Orientierungen dürften bei Arbeitern und den spezifischen Opfern der Krisenpolitik (ausländische Arbeiter, Frauen, Jugendliche, Behinderte und Kranke) die Beteiligungsschwellen drastisch heraufgesetzt haben.
– Der Überhang von Mittelschichtsinteressen wird durch die in der zweiten Hälfte der siebziger Jahre einsetzende ideologische Dominanz der Ökologieproblematik – als gemeinsamen Bezugspunkt der meisten Bürgerinitiativen – verdeckt und zugleich belegt. Die Umweltproblematik berührt zwar im Grunde alle gesellschaftlichen Gruppen und Interessen in irgendeiner Form. Diese hohe Konsensfähigkeit verdeckt aber darunter liegende massive Interessenunterschiede und Zielkonflikte, die in der Konfrontation von Arbeitsplatz- und Umweltschutzinteressen meist nach einer Seite hin radikalisiert werden. Daß diese Auseinandersetzungen kaum ge-

führt werden, deutet auf die geringe Repräsentanz von Arbeitern in Umweltinitiativen.

– Bürgerinitiativen befanden sich in der Bundesrepublik höchstens in Ausnahmefällen im Stande der »politischen Unschuld«, denn sie waren von Anbeginn meist keine punktuellen Privatinitiativen in gesellschaftlichen Randbereichen, sondern agieren in zentralen gesellschaftlichen Konfliktzonen. Sicherlich gibt es sie als spontane Protestform von Betroffenen, die ihre unmittelbaren Interessen artikulieren. Aber sie treffen dabei meist sehr rasch auf ein politisch brisantes und strukturiertes Terrain, das zu einer Verallgemeinerung der Interessenartikulation nötigt. Damit stehen Bürgerinitiativen Parteien und anderen politischen Gruppierungen als »Arbeitsfeld« offen. In der ersten Hälfte der siebziger Jahre dominierten in den Bürgerinitiativen vor allem sozialliberale Orientierungen (reformerischen und reformistischen Zuschnitts), undogmatische und linksradikale Strömungen, aber auch DKP-Mitglieder engagierten sich in Bürgerinitiativen. In der Mitte der siebziger Jahre traten die Kommunistischen Gruppen aus der »proletarischen Wende« der Studentenbewegung hinzu, zunächst mit der Militanz fordernden Perspektive der »Volkskämpfe«, später eher auf der Ebene von Wahllisten. Das heißt keineswegs, daß Bürgerinitiativen jeweils zur Beute einer politischen Gruppierung wurden. Sie waren meist dann erfolgreich, wenn sie eine parteipolitische Vereinnahmung verhindern konnten.

– Die jüngsten Wahlbeteiligungen und Parteigründungsversuche kommen zwar eher vom Rande der Bürgerinitiativbewegung, die selbst an ihrem Prinzip der Überparteilichkeit festhält. Die Stärke und Resonanz solcher grün-bunten Formierungsprozesse verdeutlicht aber eine Schwäche der westdeutschen Bürgerinitiativen. Sie haben es nur in bescheidenen Ansätzen vermocht, sich als soziale und politische Bewegung zu konstituieren. Es fehlt noch in vielen Bereichen ein eigenes übergreifendes Kommunikationsnetz und eine experimentelle, gegenkulturelle Scene, die ihr auch gegenüber der politischen Bühne eine gewisse Eigenständigkeit verleihen könnte. Es sind jedoch gerade jene in den letzten zehn Jahren entwickelten Ansätze von meist lokaler Gegenöffentlichkeit (von den Stadt- und Alternativzeitungen, Kultur- und Kommunikationszentren bis zur Volkshochschule Wyhler Wald), regionaler Kooperation, problembezogener Zusammenarbeit und gegenseitiger Unterstützung (von den Tagungen der Verkehrs- und Sanierungsinitiativen bis zum Bundesverband der Bürgerinitiativen Umweltschutz), deren Weiterentwicklung wichtige Impulse für neue politische Organisationsformen und Inhalte einer umfassenden gesellschaftlichen Alternative hervorbringen kann.

Anmerkungen

1 Vorspann zu I. Damian-Hesser/M. Damian (Hg.), *Handbuch: Bürgerinitiativen in Frankfurt*, Frankfurt 1978, S. 2.

2 Bergkamen steht für das bisher spektakulärste Beispiel einer Bürgerinitiative, die sich ihre Einsprüche gegen ein geplantes Kohlekraftwerk vom Betreiber abkaufen ließ. Nach Protesten der Stadtregierung bestätigten die Gerichte die Rechtmäßigkeit dieses Tauschhandels.

3 M. Kaase, *Legitimitätskrise in westlichen demokratischen Industriegesellschaften: Mythos oder Realität?* in: H. Klages/P. Kmieciak (Hg.), *Wertwandel und gesellschaftlicher Wandel*, Frankfurt/New York 1979, S. 328 ff.

4 »Unregierbarkeit« ist das Stichwort, unter dem seit 1974 konservative Krisentheorien (Hennis, Kaltenbrunner als prominente BRD-Vertreter dieser internationalen Strömung) eine gewisse Blüte erleben. Eine meist durch sozialdemokratische Regierungen produzierte *Anspruchsinflation* der Bürger an den Staat und korrespondierende *Steuerungsdefizite* des Staatsapparats werden dabei als wesentliche Krisenursachen benannt. Eine kritische Übersicht bietet C. Offe, *»Unregierbarkeit«. Zur Renaissance konservativer Krisentheorien*, in: J. Habermas (Hg.), Stichworte zur »Geistigen Situation der Zeit«, 1. Band, Frankfurt 1979, S. 294 ff.

5 »Stille Revolution« ist der Begriff, unter dem im Anschluß an Arbeiten von R. Inglehart ein tiefgreifender allmählicher Wertwandel in entwickelten westlichen Gesellschaften konstatiert wird (von materialistischen zu postmaterialistischen Prioritäten), die auch das politische Parteiengefüge nachhaltig verändern könnten. Grüne und andere Protestparteien werden als Vorboten dieser Entwicklung betrachtet. Zum aktuellen Diskussionsstand vgl. H. Klages/P. Kmieciak, *Wertwandel* ... (Anm. 3) und D. Murphy u. a., *Protest. Grüne, Bunte und Steuerrebellen*, Reinbek bei Hamburg 1979.

6 Wenn in diesem Beitrag von »Bewegung« die Rede ist, dann eher aus terminologischer Verlegenheit. Bürgerinitiativen sind dabei eine Ausprägung »neuer sozialer Bewegungen« (Touraine) und wahrscheinlich nicht nach dem historisierenden oder psychologisierenden Muster sinnvoll zu analysieren, das im Rahmen der politischen Soziologie (Smelser u. a.) entwickelt wurde.

7 U. v. Pufendorf, *Über die notwendige Humanisierung der Demokratie*, in: »Bürgerinitiative«, Offene Welt, Heft 97/98, Juni 1968, S. 233 f.

8 Zur Entwicklung der FDP vgl. T. Schiller, *Wird die F.D.P. eine Partei?* in: W. D. Narr (Hg.), *Auf dem Weg zum Einparteienstaat*, Opladen 1977, S. 122 ff.

9 H. Grossmann, Nachwort: »Bürgerinitiativen sind Initiativen der Basis«, in: ders. (Hg.), *Bürgerinitiativen – Schritte zur Veränderung?* Frankfurt 1971, S. 167.

10 O. Negt, *Die Neue Linke und die Institutionen* (1969), in: ders., *Politik als Protest*, Frankfurt 1971, S. 174.

11 K. H. Flach, *Die Parteien zu Bürgerinitiativen – Konkurrenz belebt das Geschäft*, in: Deutsches Allgemeines Sonntagsblatt v. 4. 6. 1972 (zitiert nach Ebert, |Anm. 12], S. 11).

12 T. Ebert, *Mit Bürgerinitiativen zur antikapitalistischen Strukturreform? Ursprung und Zukunft eines basisdemokratischen Prozesses*, in: gewaltfreie aktion 12/1972, S. 11.

13 T. Ebert, *Basisgruppen im revolutionären Prozeß*, in: H. Bussiek (Hg.), *Wege zur veränderten Gesellschaft. Politische Strategien*, Frankfurt 1971, S. 147.

14 C. Offe, *Berufsbildungsreform. Eine Fallstudie über Reformpolitik*, Frankfurt 1975, 314 und 316.

15 So Isensee in: K. H. Biedenkopf/R. v. Voss (Hg.), *Staatsführung, Verbandsmacht und innere Souveränität*, Stuttgart 1977, S. 135 und S. 142.

16 W. R. Kux, *Bürgerinitiativen in der Kommunalpolitik*, Eichholzbrief 2/1978, S. 22 u. 24.

17 s. W. D. Narr (Hg.), *Wir Bürger als Sicherheitsrisiko*, Reinbek 1977 und J. Hirsch, *Der Sicherheitsstaat. Strukturelle Veränderungen der Herrschaftsapparatur in den entwickelten kapitalistischen Gesellschaften*, Ms. 1979.

18 P. Koch/R. Oltmanns, *SOS. Freiheit in Deutschland*. Hamburg 1978, und die 4 Bände zu den Untersuchungen und Ergebnissen des 3. Internationalen Russell-Tribunals »Zur Situation der Menschenrechte in der Bundesrepublik Deutschland«, Berlin 1978/1979 (Rotbuch Verlag).

19 W. Andritzky/U. Wahl-Terlinden, *Mitwirkung von Bürgerinitiativen an der Umweltpolitik*, Berlin 1978, S. 114 ff.

Herbert Kitschelt
Parlamentarismus und ökologische Opposition[1]

Die heutige Debatte um die Entwicklung und Parlamentarisierung der »Grünen Bewegung« sollte im Lichte der Bedingungen gesehen werden, unter denen diese politische Kraft in den vergangenen Jahren Einfluß gewinnen konnte. Es ist kaum umstritten, daß die politische Mobilisation um die Ökologiefrage zentral mit der Entwicklung der Opposition gegen Kernkraftwerke historisch verbunden ist. Kernkraft ist ein Symbol für Hypertechnologien, die in unkalkulierbarer Weise die natürliche und soziale Umwelt gefährden. Sie ist Ausdruck für Tendenzen sozialer Zentralisierung und der Mißachtung möglicher irreversibler Folgeprobleme für Natur und Gesellschaft die in ihren Risikopotentialen begründet ist. Kernenergie zeigt des weiteren, daß das quantitative wirtschaftliche Wachstum, die Entfaltung der Produktivkräfte in immer unerhörteren Größenordnungen, sich in der Zerstörung sozialer Lebensqualität rächt. Soweit einige kritische Argumente gegen die Kernenergie, die in der Anti-Kernenergiebewegung entwickelt wurden, deren Methodik aber auch auf andere gesellschaftliche Einrichtungen im Spätkapitalismus von der Ökologiebewegung angewandt worden ist.

Um die Bedingungen und Folgen einer Parlamentarisierung der Ökologiebewegung einschätzen zu können, ist es entscheidend, den sozialen Kontext zu beleuchten, in dem sich die Kritik der Kernenergie entfalten konnte. Ich werde deshalb zunächst eine Skizze der verschiedenen Momente und Entwicklungsphasen des Kernenergiekonflikts anbieten. Es wird sich dabei zeigen, daß in solchen politischen Mobilisationsformen eine fundamentale Spannung zwischen *politischer Themaorientierung* und *politischer Generalisierung* besteht. Der Kernenergiekonflikt ist dabei nur ein *exemplarischer Fall* für soziale und sachliche Heterogenität, die die Ökologiebewegung politisch durchwirkt.

Im zweiten Abschnitt wende ich mich dann der Frage zu, wie sich dieses Dilemma artikuliert, wenn sich die Anti-Kernenergiebewegung als »Grüne Partei« im Rahmen der traditionellen parlamentarischen Politikform einzurichten sucht. Einigen theoretischen Vermutungen folgt dann im dritten

Abschnitt eine kurze Rückschau auf die Erfolge und Mißerfolge bisheriger Grüner Listen, um gewissermaßen eine Verbindung zwischen Theorie und Empirie herzustellen.

Selbstverständlich ist es fragwürdig, beim gegenwärtig noch sehr vorläufigen Stand der Ökologiekontroverse definitive Urteile über die Bedeutung verschiedener politischer Schachzüge auf dem Feld parlamentarischer Parteikontroversen zu fällen und die Aussichten Grüner Partei(en) ein für allemal abzuurteilen. Dennoch soll der letzte Abschnitt einige Alternativen erläutern, die, unter der Annahme, daß die parteiförmige Konstituierung des Konflikts die Ökologiebewegung eher schwächt als politisch stärkt, zumindest testbare Vorschläge enthalten, einige der aus der Formierung Grüner Parteien entstehenden Probleme zu umgehen.

1. *Kernenergiekonflikt und ökologische Oppositionskoalition*

Es wäre falsch, die Entwicklung von Widerstand gegen Kernenergie aus einer einzigen Motivationslage oder mit einem einzigen gesellschaftlichen Konfliktinhalt zu erklären. Vielmehr haben verschiedene Kräfte und Problemlagen dazu beigetragen, den Kernenergiekonflikt ganz vorn auf der politischen Tagesordnung rangieren zu lassen.[2]

Im wesentlichen lassen sich drei Gruppen unterscheiden, die zu verschiedenen Zeitpunkten, mit verschiedenen Interessen und Strategien in den Konflikt eingegriffen haben. Die Intensivierung des Konflikts läßt sich dann auch als die Kumulation dieser miteinander koalierenden Interessen beschreiben. Politische Koalitionen sind jedoch auf Kompromisse gebaut und beinhalten schon dadurch den Keim des Zerfalls, wenn ein oder mehrere Partner die Bedingungen der Kompromißfähigkeit eines anderen verletzt. Diese Situation wird relevant, wenn wir uns der Generalisierung der Bewegung und ihrer Transformation auf das Feld der Parteipolitik zuwenden werden.

Kernenergiekritik war zunächst in der Bundesrepublik und allen anderen kapitalistischen Ländern ein Problem gesellschaftlicher Gruppen, die über eine relativ hohe Bildung verfügen, ihre wesentlichen unmittelbaren materiellen Bedürfnisse gedeckt haben und eine weitgehend ungefährdete soziale Position im gesellschaftlichen Klassensystem einnehmen. Wie Inglehart[3] in verschiedenen vergleichenden Studien zur Entwicklung von gesellschaftlichen Werten und politischem Bewußtsein in der entwickelten kapitalistischen Welt gezeigt hat, bildet sich bei solchen Gruppen der »neuen Mittelschichten« ein »post-materialistisches« gesellschaftliches Bewußtsein heraus, welches gesellschaftlich-politische Bedürfnisse auf der Basis der erreichten Position im Gesellschaftssystem in eine neue Präferenzordnung bringt. Forderungen nach politischer Autonomie und Partizipation, geglückten sozialen Beziehungen, Naturerfahrung und psychischer sowohl als auch physischer Gesundheit charakterisieren diese Präferenzordnung. Nicht bloß Probleme, die unmittelbar den sozialen Status bedrohen, sondern auch ein breiter Bereich von Faktoren, die die individuelle und gesellschaftliche »Lebensqualität« berühren, werden als Anlässe politischer Mobilisierung wahrgenommen. Nicht die *quantitative* Verfügung über Tauschwerte, sondern der *qualitative* Genuß von Gebrauchswerten i. w. S. stehen hier im Mittelpunkt der Bedürfnisansprüche. Die traditionelle Annahme, daß ersteres *Voraussetzung* für letzteres sei, wird dabei kritisiert, ja sogar eine Umkehrung der Verhältnisse wahrgenommen: Es wird der Skandal politisiert, daß die quantitative Steigerung der Tauschwertproduktion gesellschaftliche Lebensqualität vermindert.

Die Form der politischen Mobilisierung hat sich dabei meist in Bürgerinitiativen – jenseits der etablierten Formen politischer Partizipation in Parteien – vollzogen. Themen wie Bildung, Stadtplanung, Verkehr, Ökologie und soziale Leistungen stehen im Zentrum solcher zweckorientierten Organisationen. Im Gegensatz zu deren Themen sind die Parteien mehr auf allgemein-ideologische Fragen mit symbolischer Außenwirkung (»Freiheit oder Sozialismus«) und Fragen der Integrität des kapitalistischen Marktes (Inflation, Investition, Arbeitslosigkeit) spezialisiert. Während politische Parteien von Gebrauchswerten abstrahieren und sich an den Regulativen der Tauschwertökonomie orientieren, haben die neuen politischen Organisationen der Bürgerinitiativen die Gebrauchswertaspekte gesellschaftlicher Produktion, Distribution und politischer Entscheidungen betont.

Die Grenzen beider Organisationsformen und politischer Mobilisationstypen besteht jedoch darin, daß sie die *wechselseitige Bedingtheit* von Tausch- und Gebrauchswert und der Subordination von Gebrauchswerten in einer tauschwert-orientierten Ökonomie und Politik vernachlässigt haben. Dies wird für die *Bewertung* der Entwicklungschancen alternativer ökologischer Organisationsmodelle Bedeutung gewinnen.

»Post-materialistische« Gruppen des neuen Mittelstandes haben sich in der Kritik der Kernenergie vornehmlich auf die Gebrauchswertseite konzentriert. Die erste Runde des Kernenergiekonflikts in der BRD ist gekennzeichnet durch eine Wiederholung der amerikanischen Debatte um die thermische Umweltverschmutzung durch Kühlwasser von Kernkraftwerken, die Effekte von Niedrigstrahlendosen und die Gefahrenpotentiale von Großunfällen in Kernkraftwerken. Diese rein naturwissenschaftlich-technische Kritik stellt noch nicht die politischen Bedingungen und Durchsetzungsformen der Kernenergie in Frage.

Der Kernenergiekonflikt als rein ökologisch-naturwissenschaftliches Phänomen herrschte in der Bundesrepublik zwischen 1971 und 1974 vor. Die Mobilisation von Kernkraftgegnern war zumeist sehr begrenzt. Die Organisationsformen des Widerstandes beschränkten sich auf die lokale Ebene. Auch die politischen Einflußmittel waren vergleichsweise harmlos und unergiebig: Einspruchslisten, Diskussionen bei Erörterungsterminen und Gerichtsverfahren. Staatliche Instanzen wie etwa Genehmigungsbehörden oder die einschlägig befaßten Bundesministerien nahmen die Kritik kaum Ernst. Symbolische Beschwichtigungsmittel und Herunterspielen des Konfliktpotentials wurden als adäquate politische Antworten angesehen. Kein einziges Kernkraftwerksprojekt lief in die Gefahr, politisch undurchführbar zu werden.

Diese Situation änderte sich schlagartig mit den Auseinandersetzungen von Wyhl und später Brokdorf. In dieser zweiten Phase des Kernenergiekonflikts trat eine neue Gruppe ins Zentrum des Widerstandes gegen Kernenergie. Die Landbevölkerung am Oberrhein und an der Unterelbe sah durch großtechnische Projekte wie Kernkraftwerke, Chemiekombinate und Aluminiumhütten und der damit einhergehenden Degradation der natürlichen Umwelt ihre Existenz als kleine, einfache landwirtschaftliche Warenproduzenten bedroht.

Das neue soziale Konfliktpotential weist damit eine ganz andere Orientierung als die »post-materiellen« Ökologiegruppen auf. Natur ist hier ein ökonomischer Faktor, dessen Veränderungen die sozialen Reproduktionsbedingungen berührt. Solche Gruppen wenden sich zugleich gegen eine kapitalistische Erschließung ihrer Lebensräume und greifen dabei auf vorkapitalistische, traditionale Wertbestände zurück, die an die Wertschätzung sozialer Stabilität, unmittelbarer sozialer Beziehungen und eine Ablehnung kapitalistischer Entfremdung anknüpfen.

Die Organisationsformen und -inhalte des Kernenergiekonflikts änderten sich mit der Mobilisierung in der zweiten Phase 1974–1976, als zum ersten Male eine breite Massenmobilisierung gegen Kernenergie erfolgte. Die Betroffenen organisieren sich in regionalen, nicht bloß lokalen Netzen von Bürgerinitiativen. Sie betrachten den Kernenergiekonflikt als eine Frage der regionalen Infrastrukturplanung, in der ihre soziale Reproduktionsbasis unterminiert wird. Sie vertrauen nicht auf die legitimen »Verfahren« politischen Protests, sondern wenden sich gegen die Kernenergie und andere industrielle Projekte mit direkten, gewaltfreien Aktionen. Der Konflikt ist nicht so sehr durch eine prinzipielle Ablehnung der Kernenergie als durch die Effekte der Kernenergie auf die Landwirtschaft bestimmt (Auswirkungen von Kühltürmen und radioaktiver Wasserverseuchung auf die Qualität agrarischer Produkte).

Die Antwort staatlicher Instanzen auf diese massive Bedrohung kapitalistischer Industriepolitik stützte sich unmittelbar auf die politischen Zwangsapparate. Gewaltsame Reaktionen des Staates in Wyhl und Brokdorf hatten jedoch paradoxe Konsequenzen, insofern sie die Legitimität staatlicher Aktionen gegen gewaltlose Demonstranten in Frage stellten. In der Folge der heftigen Auseinandersetzungen zwischen Demonstranten und Polizei stellte sich deshalb eine *Paralyse der Kernenergiepolitik* im politischen System ein. Das Konfliktniveau war nun zu hoch, um durch »weiche« Durchsetzungsmethoden den Widerstand der Bürgerinitiativen zu brechen. »Harte« Zwangsmethoden andererseits erwiesen sich als Gefahr für die Legitimität der politischen Institutionen überhaupt.

Mit der Konfliktintensivierung trat auch eine dritte Gruppe auf den Plan, die bisher Bürgerinitiativen und ihre Konfliktformen und -inhalte als »reformistisch« ablehnte. Gruppen der Neuen Linken sahen hier eine Chance, zum ersten Male seit der Studentenbewegung Ende der sechziger Jahre eine außerparlamentarische Bewegung mit Massenbasis zu unterstützen. Der Einfluß radikaler politischer Gruppen der Neuen Linken, die sich vornehmlich aus einem jugendlichen und im Ausbildungssektor befindlichen Potential rekrutieren und damit auch eine politisierte Teilgruppe »postmaterialistischer« Gruppen darstellen, hatte jedoch von Anfang an widersprüchliche Konsequenzen.

Mehrere Momente müssen hier unterschieden werden. Schon in Wyhl versuchten dogmatische Gruppen der kommunistischen Linken die Bewegung für ihre Interessen zu instrumentalisieren. Ähnliche Erscheinungen waren Ende 1976 in Brokdorf zu beobachten, wo schließlich zum ersten Male eine Spaltung der Anti-Kernenergiekoalition um die Frage der politischen Gewalt im Konfliktprozeß Anfang 1977 auftrat (Demonstrationen zu den Kernkraftwerken Brokdorf und Grohnde). Dies heißt nicht, daß die Linke insgesamt destruktiv auf die Anti-Kernenergiebewegung gewirkt habe. Vielmehr ergab sich gerade bei undogmatischen Gruppen eine wechselseitige Befruchtung mit dem konkreten Ökologieprotest, insofern die gesellschaftspolitische Relevanz der Naturzerstörung und Produktivkraftentfaltung für sozialistische Theorie und Praxis stärker ins Bewußtsein trat. Schließlich gruppierten auch verschiedene Strömungen der Alternativbewegung(en), die nicht-kapitalistische Selbstorganisation in Produktion und Konsumtion zu verwirklichen suchen, ihre politischen Aktivitäten um die neue Bewegung. Zentral ist der Sachverhalt, daß mit diesen Gruppen eine *fundamentale Politisierung* der Kernenergie im Spannungsfeld zwischen kapitalistischen und sozialistischen Alternativen in den konkreten Kernenergiekonflikt hineingetragen wurde.

Das Eindringen »ideologischer« Fragestellungen und die Debatten über alternative politische Kampfformen gegen Kernkraftwerke zeigen, daß nicht erst die Frage der Parteigründung, sondern schon vorgelagerte Fragen der politischen Strategie und Organisation eine heterogene politische Koalition leicht ins Wanken bringen. Vier Grenzen politischer Handlungsfähigkeit der Anti-Kernenergiebewegung 1976/77 sollen dabei besonders hervorgehoben werden.[4]

1. Die Koalition beruht auf dem *Prinzip der Gewaltlosigkeit*. Sobald dieses Prinzip durchbrochen wird, fallen Teile der Bewegung ab.
2. Die Koalition einigt sich auf *operationale Ziele*. Sprecher der Bürgerinitiativen haben kein Recht, allgemeinverbindliche Positionen für andere als die explizit beschlossenen politischen Schritte kundzutun.
3. Insbesondere »*ideologische Fragen*« der Gesellschaftsorganisation, der politischen Stoßrichtung (Kapitalismus oder Sozialismus) und politische Organisationsempfehlungen (etwa für bestimmte Parteien) werden explizit aus dem Katalog der konsensfähigen Probleme ausgeschlossen.
4. Die Bewegung beruht auf dezentraler Organisation nach *Prinzipien der direkten Demokratie*. Hierarchische Entscheidungsmuster sind ausgeschlossen. Schon in Wyhl zeigte sich, daß solche Organisationsformen träge sind, wenn schnell und flexibel Entscheidungen getroffen werden müssen. Allerdings sind solche Entscheidungsmodi essentiell für den Bestand der Koalition.

Die Grenzen der politischen Organisation in Bürgerinitiativen kann damit auch so *als internes Dilemma* formuliert werden: Um *sozial* eine möglichst breite Mobilisierung und Koalition zu garantieren, muß das *zeitliche* und *sachliche* Entscheidungsfeld des Bündnisses so weit als möglich beschränkt werden.

Die zeitliche und sachliche Selbstbeschränkung begrenzt jedoch das *Machtpotential* der Bewegung in einem politischem System, welches seine Stabilität in Bürokratien und Parteien gerade auf zeitliche und sachliche *Generalisierung* baut. Das Dilemma der Anti-Kernkraftbewegung besteht dann darin, daß sie – als thematisch und zeitlich begrenzte – auch nur einen beschränkten politischen Aktionsradius hat, zugleich jedoch daß sie – als thematisch und zeitlich *generalisierte* – den Zusammenhalt ihrer sozialen und politischen Basis riskiert. *Die Entwicklung der Anti-Kernenergiebewegung seit Ende 1976 und insbesondere die Entwicklung von Grünen Parteien können in diesem Lichte interpretiert werden.*

Die Frage ist dann auch: Wie ist eine Generalisierung des ökologischen Konflikts in sachlicher und zeitlicher Hinsicht möglich, ohne die soziale Basis der Opposition zu spalten? Stellt die Transformation des ökologischen Konflikts in die Form der *politischen Partei* ein sinnvolles Mittel dar, um diese Kontingenz zu garantieren?

2. Politische Generalisierung des Ökologieprotests und Parteiendemokratie

Ehe ich mich der Antwort der Anti-Kernenergiebewegung auf dieses Dilemma zuwende, möchte ich einige allgemeine Bemerkungen über die Funktionsweise moderner parlamentarischer Systeme voranstellen. Diese Argumente können in der Tradition der linken Parlamentarismuskritik gesehen werden.

Mit der immer konkreteren Durchdringung von Politik und Ökonomie in staatsinterventionistischen kapitalistischen Gesellschaften ist die Rolle von Parteien und Parlamenten neu bestimmt worden. Viele politische Entscheidungsbereiche sind aus dem Parlament ausgelagert oder (wohl in den meisten Fällen) gleich im außerparlamentarischen Raum in direkten Beziehungen zwischen politischen Bürokratien und ihren Klienten institutionalisiert worden. In den meisten politischen Entscheidungsbereichen haben Parlamente keine politische Innovations- und materielle Entscheidungsfunktion (mehr). Allein schon die Komplexität vieler politischer Entscheidungen machen ein Parlament und die in ihm vertretenen Parteien, welche kaum über eigene politische Bürokratien verfügen und eine realtiv geringe Kontinuität der personellen Repräsentanz aufweisen, unfähig, Politiken aktiv zu lenken. Die Auslagerung ganzer Politikbereiche aus dem parlamentarischen Prozeß auf der »Bühne« des Politischen in die Tiefe der Regierungsapparate erlaubt zugleich eine erhebliche Senkung des Konfliktniveaus der Politik, da Entscheidungsprozesse der Öffentlichkeit entzogen und *entpolitisiert* werden. Diese Ausgrenzung politischer Interessenaustragung von der Öffentlichkeit ist besonders in den für Umwelt- und Kernenergiepolitik so zentralen Feldern der Forschungs- und Technologiepolitik und der (regionalen) Infrastrukturpolitik eklatant.

Unter solchen Bedingungen bleibt bei Parteien und Parlament zumeist nur eine symbolische politische Funktion. Auf einem generalisierten Niveau wird die Legitimität politischer Institutionen in Wahlen bestätigt. Parlamente wenden sich damit in einem zweifachen Sinne von Gebrauchswertaspekten politischer Entscheidungen ab. Erstens werden Gebrauchswerte als Gegenstand der Politik überflüssig, weil Parteien in modernen kapitalistischen Politischen Systemen auf das *zweckabstrakte* Ziel der *Stimmenmaximierung* angelegt sind. Politische Programme werden dabei als kontingent behandelt und fallweise für Wahlstrategien genutzt.

Zweitens stellen Parteien symbolisch-ideologische Differenzen zur Schau, die von ihren konkreten Politiken abgetrennt werden können. Symbolisch werden gesellschaftliche Fundamentalfragen (etwa nach kapitalistischen oder sozialistischen Produktionsverhältnissen) angesprochen und durch Reduktion auf marginale Differenzen (etwa in der Interpretation des Programms der »sozialen Marktwirtschaft«) neutralisiert. Trotzdem ist es zentral für Parteien und ihre Aggregationsformen, solche ideologischen Dimensionen beizubehalten *und zugleich* zu neutralisieren. Das Bewußtsein, daß politische Alternativen immer im Horizont gesellschaftlicher »Verfassungsfragen« diskutiert werden können, in welchen die gesellschaftlichen Produktionsverhältnisse thematisiert werden, konnte bisher nicht ganz unterdrückt werden. In diesem Sinne spielen in einer auf der Synthesis durch Tauschwerte basierenden Gesellschaft wirtschaftspolitische Verteilungsfragen (Inflation, Arbeitslosigkeit, Steuerlastverteilung) eine wichtige Rolle im Diskurs der Parteien: Gesellschaftliche Verfassungsfragen werden auf Verteilungsfragen im *Rahmen der Tauschwertökonomie* reduziert.

Stellen wir nach diesem notwendigerweise hier bloß impressionistischen Argument die Logik der Organisation im Kernenergiekonflikt der Logik der Parteipolitik gegenüber. Auf drei Dimensionen ergeben sich hier polare Gegensätze. Die Bewegung gegen Kernenergie betont die gesellschaftliche Gebrauchswertseite, sie sucht nach der Maximierung von Unterstützung für ein politisches Thema. Gesellschaftliche Verfassungsfragen werden dabei um des Erhalts der politischen Koalition willen meist ausgeblendet. Die Logik der Parteien betont dagegen die Tauschwertorientierung politischen Handelns, die Maximierung von Stimmen, nicht von Untersützung für eine bestimmte Politik, und den ideologisch-symbolischen Einschluß von gesellschaftlichen Verfassungsfragen.

Beide Logiken – die der etablierten Politik als auch die der ökologischen Antipolitik – sperren sich weitgehend gegen eine Reflexion der *Vermittlung* von Tausch- und Gebrauchswert in kapitalistischen Gesellschaften. In je ihrer Vereinseitigung erkennen sie nicht, daß die Abstraktion von Gebrauchswerten (»Lebensqualität« etc.) in der Politik und ihre Subordination unter Strategien, Politik konsistent zu den Bedingungen einer auf Tauschwert basierenden Vergesellschaftung zu gestalten, zwei Seiten *derselben* Medaille sind. Während die etablierte Politik in Bürokratie und Parlamenten sich auf den Standpunkt der Tauschwertlogik stellt, erklärt die Ökologiebewegung zumeist eine einfache Negation dieser Logik, ohne die Abstraktion der Politik von Gebrauchswerten aus der Tauschwertlogik rekonstruieren zu können. Eine solche Vermittlung würde zur Thematisierung der gesellschaftlichen Verfassungsfrage in der Ökologiebewegung zwingen: politische Ökonomie und politische Ökologie bedingen sich wechselseitig.

Es ist angesichts des fundamentalen Gegensatzes zwischen der etablierten politischen Logik und der Logik des Ökologiekonflikts kein Wunder, daß die traditionellen Parteien so lange als möglich, d. h. bis zur Bedrohung der Legitimität des politischen Systems im Zuge der gewaltsamen Auseinandersetzungen von Brokdorf, sich aus dem Kernenergiekonflikt herauszuhalten versuchten. In dem Augenblick jedoch, in dem sie gezwungen wurden, Stellung zu beziehen, *suchten sie den Kernenergiekonflikt gemäß ihrer eigenen Logik umzudefinieren:* Wer über die meisten Wahlstimmen verfügt, verfügt legitimerweise über eine Entscheidung zur Kernenergie. Wer gegen Kernenergie ist, gefährdet eine auf Tauschwert beruhende Ökonomie (Arbeitsplätze werden vernichtet, Investitionen gelähmt) und stellt sich außerhalb der Verfassung einer marktwirtschaftlichen Ordnung.

In dem Augenblick, in dem sich die Anti-Kernenergie- und Ökologiebewegung *als Partei* konstituiert, hat sie sich notwendig diesem Diskurs zu stellen. Sie muß ihre Legitimität *auch* an Wahlstimmen messen lassen. Sie muß sich thematisch generalisieren und die ganze Palette des politischen Entscheidungsspektrums in ihre Programmatik einbeziehen. Dabei wird sie nicht daran vorbeikommen, zentral die gesellschaftliche Verfassungsfrage anzusprechen.

Damit tritt neben das oben eingeführte *interne Dilemma* der Anti-Kernenergiebewegung ein *externes*, wenn ihre Akteure eine Selbsttransformation der Bewegung auf das Feld der Parteikonkurrenz wagen: Kann die »Gebrauchswertorientierung« und das heißt auch: die *Orientierung an spezifischen politischen Themen*, nicht der Stimmenmaximierung, beibehalten werden, wenn die Bewegung sich in der traditionellen bürgerlichen Politikform als »Partei« konstituiert? Kann also die Kraft des Ökologiekonflikts noch *verstärkt werden*, wenn die Ökologiebewegung sich als Partei einrichtet?

Ich möchte hier argumentieren, daß *beide Dilemmata*, d. h. sowohl der internen Konsistenz als auch der externen Stabilität der Ziele, nur angegriffen werden können, wenn die *politische Verfassungsfrage*, oder: die Interpretation politischer Themen im Horizont einer kapitalistischen Gesellschaft oder einer sozialistischen Umgestaltung, befriedigend gelöst wird. Die politische Verfassungsfrage war jedoch bisher in grünen Parteigründungsversuchen entweder ausgeklammert worden oder offen kontrovers. Diese Situation erklärt einen Großteil der Schwierigkeiten bisheriger grüner Wahllisten. Bevor ich mit der theoretischen Analyse dieses Problems fortfahre, wende ich mich deshalb der Empirie grüner Wahlbündnisse 1977 bis 1979 zu.

3. *Einige Beobachtungen zum bisherigen Prozeß grüner Parlamentarisierung*

Wahlanalysen zum Abschneiden Grüner Listen, welche Rönsch (1978)[5] an Hand erster lokaler Wahlbeteiligungen von Ökologiegruppen vornahm, weisen auf zwei verschiedene soziale Wählergruppen hin, die sich von der neuen Wahlalternative angesprochen fühlen. Das hierbei entwickelte Erklärungsschema bietet sich auch für spätere Wahlverläufe mit grüner Beteiligung als Interpretationshilfe an.

Die erste Gruppe kann dabei grob als »progressive«, »radikale« oder »Protestmotivation« gekennzeichnet werden. Sie wiegt in städtischen Gebieten vor. Wähler werden hier für Grüne Listen mobilisiert, die schon vorher Parteien jenseits des etablierten Blocks (CDU/CSU, FDP, SPD) bevorzugten oder gar nicht wählten. Es dürfte plausibel sein, diese Gruppen mit dem politisierten radikalen Potential zu identifizieren, welches in der dritten Phase des Kernenergiekonflikts zunehmend ins Konfliktgeschehen eingriff.

Die zweite Wählergruppe Grüner Listen beruht dagegen vornehmlich auf einer »traditionalen« Motivationslage. Sie herrscht in ländlichen Gebieten vor. Wähler werden hier weniger aus dem Protestlager als dem konservativer oder liberaler Parteien rekrutiert. Einige Hinweise sprechen deshalb dafür, diese Gruppen mit dem eher konservativen, zweckgerichteten und pragmatischen Protest der Landbevölkerung gegen die infrastrukturelle Erschließung ihrer Lebens- und Arbeitsräume zu identifizieren.

Unter dem Gesichtspunkt der Verfassungsfrage ergibt sich damit die eigentümliche Lage, daß konservative Gruppen, die sich an einer einfachen Tauschgesellschaft oder allenfalls kleinkapitalistischen Produktionsverhältnissen orientieren, und zugleich politisch radikale, kapitalismuskritische Kräfte in Grünen Alternativlisten zusammenfließen. Solange durch die räumliche Desaggregation von Lokalwahlen diese Wählergruppen und ihre Repräsentanten in den Grünen Listen voneinander segmentiert sind, lassen sich Konflikte zwischen ihnen vermeiden. In dem Augenblick jedoch, in dem *beide* Potentiale von ein und derselben politischen Organisation angesprochen werden sollen, reproduzieren sich die fundamental konträren gesellschaftspolitischen Ordnungsvorstellungen dieser Flügel *innerhalb* der grünen Parlamentarisierung.

Bevor ich mich Beispielen für diesen Prozeß zuwende, ist es auch zentral zu erfassen, welches ökologische Protestpotential zwar im Kernenergiekonflikt sich artikulierte, jedoch aus der Parlamentarisierung der Bewegung von vorneherein *ausstieg*. Der BBU als Repräsentant der eher »gemäßigten« Kräfte der Anti-Kernenergieopposition ist schon frühzeitig auf Distanz zu Parteigründungsversuchen gegangen und hat diese Position bis heute beibehalten. Auch große Teile der undogmatischen Linken und der alternativen Spontanbewegungen mit teilweise anarchistischer Couleur haben sich von Parteigründungsversuchen abgewandt. Schließlich sind auch Teile der Landbevölkerung nicht für Alternativparteien zu gewinnen gewesen, wie die Differenz von Bevölkerungswiderstand gegen Kernenergie (etwa gemessen an lokalen Abstimmungen über Kernkraftprojekte) und den dann für Grüne Listen abgegebenen Stimmen belegen.

Die *Generalisierung* des Ökologiekonflikts in der Konstitution von Wahlvereinigungen und unter Bedingungen eines potentiell explosiven Konflikts um gesellschaftliche Verfassungsfragen *innerhalb* der ökologischen Bewegung führt damit schon zu einer *Ausgrenzung* erheblicher ökologischer Protestgruppen aus der neuen Politikform des Konflikts. Charakteristischerweise schafft dies die Voraussetzung für eine Situation, daß gerade solche Elemente in der Ökologiebewegung, die schon von ihrer politischen Entwicklung traditionellen Vorstellungen über politische Mobilisierung besonders nahestehen, in den ökologischen Parteiformationen leicht Oberwasser gewinnen. Hierzu gehören etwa auf der Linken der Kommunistische Bund (KB) und auf der Rechten eine Vielzahl von in den traditionellen politischen Parteien abgewirtschafteten Karrierepolitikern. Wie ich unten argumentieren werde, zielen damit die Kräfte, die zu ökologischen Parteiformationen sich am stärksten hingezogen fühlen, gerade an der *fundamentalen politischen Substanz*, die sich im Ökologiekonflikt und anderen außerparlamentarischen Oppositionsformen der Gegenwart artikuliert, am ehesten vorbei: der Forderung nach gesellschaftlicher Dezentralisierung und Aufhebung der vorherrschenden Gebrauchswert-abstrakten ökonomischen und politischen Verkehrsformen.

Die Erfolgs*bedingungen* und *Grenzen* bisheriger grüner Parlamentarisierung – in der Konsequenz von konträren Auffassungen über die gesellschaftliche Verfassungsfrage und die mangelnde Vermittlung von politischer Ökonomie und politischer Ökologie – können tentativ in drei Hypothesen zusammengefaßt werden. Den drei Hypothesen liegt der allgemeinere Gedanke zugrunde, daß Grüne Listen umso eher erfolgreich sind, je leichter sie sich auf *eine spezifische* Addressatengruppe einstellen können. Mit dieser *Segmentierung* können sie sowohl eine Diskussion der gesellschaftlichen Verfassungsfrage als *interne* Parteikontroverse vermeiden, als auch durch eine geschlossene Außendarstellung ihre Wahlausbeute maximieren.

1. Grüne oder Bunte Listen mit »radikaler« politischer Stoßrichtung dürften in urbanen Gebieten die größten Erfolgsaussichten aufweisen.
2. Grüne Listen mit eher »traditionaler« und »gut-bürgerlicher« Orientierung versprechen Erfolg auf dem Lande in solchen Gebieten, die von Ökologiekonflikten besonders betroffen sind.
3. Je geringer das *Aggregationsniveau* der Wahlentscheidung, umso eher wird eine Segmentierung des Wählerpotentials möglich. Regionalwahlen bieten mehr Aussichten als Landtagswahlen. Landtagswahlen ihrerseits dürften ökologischen Listen einen größeren Manövrierraum erlauben als eine Bundestagswahl.

Vor diesem Hintergrund lohnt sich ein Blick auf Wahlen mit grüner Beteiligung in den Jahren 1978 und 1979.

Im Falle Hamburgs (Juni 1978) erreichte eine »Bunte Liste«, in der sich alternative Gruppen auch über die Ökologiebewegung hinaus, bis hin zu linken politischen Quasi-Parteien, zusammengetan hatten, etwa 3,5%. Darüber hinaus konnte eine Grüne Liste mit eher bürgerlichen Parolen rund 1% verbuchen. In Hamburg überwog also das linke gesellschaftliche Protestpotential im Vergleich zu einer bloß pragmatischen umweltpolitischen Aussage der Grünen Liste. Der mögliche gesellschaftliche »Verfassungskonflikt« zwischen den beiden Flügeln der alternativen Parlamentarisierung ist hier durch *Segmentierung* oder Spaltung der Listen externalisiert worden. Trotzdem konnte dies interne Konflikte der »Bunten« Liste, die sich selbst noch einmal aus einem Konglomerat verschiedenster ökologischer und anderer Protestgruppen zusammensetzte, nach den Wahlen nicht verhindern.

Auch in den verschiedenen Kommunalwahlen und der Bremer Bürgerschaftswahl im Herbst 1979, in denen zum ersten Male grüne und bunte Parlamentarier auf breiterer Front gekürt wurden, dürfte die »progressive« Motivationslage ausschlaggebend für die Wahlergebnisse gewesen sein. Der Ökologiekonflikt deckt dabei nur ein *Teilspektrum* der Wähler dieser neuen Parteien ab, da viele andere projekt- und themaorientierte politische Protestgruppen, aber auch Quasi-parteien der Linken an den »Bunten« Wahllisten beteiligt sind.

Wie auch in den anderen Landtagswahlen ist es radikalen Bunten Listen oder mehr konservativen Grünen Listen nicht gelungen, in Stammwählerbereiche der Sozialdemokratie besonders in der Arbeiterschaft einzubrechen. Die Arbeiterklasse sieht sich gegenwärtig mehr in korporativen Politikformen vertreten und richtet sich nach der gesellschaftlichen Tauschlogik, von der die Chancen des Verkaufs der Ware Arbeitskraft unmittelbar abhängig sind. Gerade in Zeiten ökonomischer Krisen ist es am schwersten, Lohnarbeiter für Gebrauchswertforderungen zu mobilisieren, die als mögliche Gefährdung ihrer Arbeitsplatzsicherheit wahrgenommen werden.

Im Falle Niedersachsens (Juni 1978) trat zwar im Unterschied zu Hamburg nach langen Auseinandersetzungen nur *eine* Grüne Liste zur Wahl an und konnte 3,9% der Wähler mobilisieren, jedoch lassen sich auch hier die unterschiedlichen Flügel der Partei schon an den Wahlkreisergebnissen ablesen. In urbanen Wahlkreisen und in solchen ländlichen Wahlkreisen, in denen Atomprojekte zum einen oder anderen Zeitpunkt auf der Tagesordnung standen, konnte die Grüne Liste überdurchschnittliche Erfolge verzeichnen. Dies mag zumindest als Indikator für die verschiedenen Motivationslagen akzeptiert werden.

In keiner der anderen Landtagswahlen (Hessen, Bayern, Schleswig-Holstein, Rheinland-Pfalz) konnten Grüne oder Bunte Listen an die Erfolge in Hamburg und Niedersachsen anknüpfen. Objektive Faktoren wie der Mangel an Konfliktstoff (etwa Kernkraftwerksprojekten) oder linkem Protestpotential, aber auch strategische Probleme der grünen Bewegung, interne Konflikte über prinzipielle Differenzen zur politischen Stoßrichtung und gesellschaftlichen Verfassungsfrage zu externalisieren und Schaden von der Wahlausbeute bei potentiellen Wählergruppen abzuwenden, trugen zu diesen Mißerfolgen bei (bes. in Hessen). Die schnelle Zersplitterung der grünen Parteienlandschaft ließ die neue Alternative auch dann unattraktiv werden, wenn grün oder bunt orientierte keine grundsätzlichen Bedenken gegen eine Transformation des Ökologiekonflikts in parlamentarische Formen sahen.

Genau parallel zu solchen Problemen grüner Parlamentarisierung sind die jüngsten Versuche zu sehen, die verschiedenen grünen Kräfte in einer einzigen Partei bundesweit zusammenzufassen. Auch hier dominieren erneut Gruppen auf der Rechten und Linken, die von ihrer Vergangenheit her der bürgerlichen Politikform nahestehen und gerade Neuansätzen dezentraler post-kapitalistischer politischer Programmatiken unfreundlich gesinnt sind. Die gesellschaftliche Verfassungsfrage führte schon auf dem Karlsruher Gründungsparteitag der »Grünen« im Januar 1980 zu Gegensätzen, die sich in der Bildung einer linken »Fraktion« zuspitzten, ehe noch die Partei gegründet war. Besonders die »Lagermentalität« des KB-konzertierten linken Blocks zeigt nicht nur die Zentralität der Verfassungsfrage, sondern auch die immer noch traditionalistischen Politikvorstellungen gewisser linker Gruppierungen.

Die bisherige Entwicklung grüner Parlamentarisierung erlaubt deshalb folgende Schlußfolgerung. Solange die gesellschaftliche Verfassungsfrage in der Ökologiebewegung nicht gelöst ist, ist eine wirksame *generalisierte* politische Mobilisierung (ob in der Form von Parteien oder anders kann dabei noch offen bleiben) nicht zu erwarten. Grüne Parteien kommen gar nicht erst dazu, ihre Existenz dadurch zu legitimieren, daß sie objektiv eine Bedrohung des traditionellen Parteienkartells darstellen. Ihre eigenen gegenwärtigen Existenzbedingungen stören eine solche Rolle systematisch. Angesichts des gegenwärtigen Zustandes, und das heißt: der politisch-ideologischen Heterogenität der grünen Bewegung, ist deshalb die nachgeordnete Frage müßig, ob grüne Parteien vom politischen System »vereinnahmt« werden können oder nicht. Die gegenwärtigen politischen Chancen und Bedingungen grüner Politik verhindern vielmehr, daß diese These überhaupt nur getestet werden kann.

In gewissem Sinne können die etablierten Parteien sich nur wünschen, daß die grüne Bewegung sich auf ihr Feld begibt, auch wenn dies kurzfristig unbequem sein mag. Selbst das, was als relativer »Erfolg« einer grünen Partei bewertet wird, könnte sich schnell als Bumerang erweisen: Wenn eine Ökologiepartei ins Parlament einziehen würde, könnte sie nur auf den Teil der Ökologiebewegung setzen, der den internen Widersprüchen der Partei zur Zeit tolerant oder teilnahmslos gegenübersteht. Viele parlamentarische Entscheidungsthemen werden dennoch die Grünen zwingen, zu Verfassungsfragen Stellung zu beziehen und damit ihre interne Zersplitterung zu offenbaren. Die etablierten Parteien würden also erstens unter allen Bedingungen ein ganz deutliches Übergewicht behalten. In einem solchen Fall könnte eine anti-ökologische Politik (etwa eine rapide Expansion der Kernenergie) sehr gut von einer konservativen oder sozialliberalen Regierung legitimiert werden, da ihre Gegner parlamentarisch zu einer kleinen Minderheit partikularisiert würden. Zweitens könnten die traditionellen Parteien das Parlament als Tribüne benutzen, die Inkonsistenzen der Grünen Partei öffentlich vorzuführen und die ganze Ökologiebewegung und -debatte effektiv stören.

Hinzu tritt ein weiteres. In der politischen Soziologie wird zwischen qualitativ unterschiedlichen Formen politischer Beteiligung unterschieden. Bloße Wahlbeteiligung rangiert dabei vergleichsweise niedrig, während direkter politischer Aktivierung um bestimmte Themen (etwa in Organisationen, Demonstrationen usw.) ein hoher politischer Intensitätsgrad zugesprochen wird. Gerade zu einer Zeit, in der der Ökologiekonflikt sich noch nicht als starke politische Tradition verankert hat, könnte eine Parlamentarisierung der grünen Bewegung das Aktivitätsniveau und damit die mobilisierbare Massenbasis in konkreten Konflikten senken und damit die Machtbasis der Bewegung schmälern. Dies ist umso wahrscheinlicher, als die Vielzahl politischer Entscheidungsfragen in Parlamenten, die dortige Vertretung der Ökologiebewegung fast unvermeidbar in die Diskussion ihrer fundamentalen internen Differenzen hinsichtlich der gesellschaftlichen Verfassungsfrage treiben wird, und die Außendarstellung solcher Konflikte auch die Aktionsfähigkeit des außerparlamentarischen Arms der Bewegung lähmen könnte.

Vor dem Hintergrund dieser Interpretationsmuster hat sich der Kernenergie- und Ökologiekonflikt in der Bundesrepublik in bisher zwei Zyklen abgespielt. Jeder Zyklus begann mit einer starken Themaorientierung, leitete dann zu einer politischen Generalisierung über, um schließlich als Folge von deren innerem Widerspruch in eine Phase der relativen Apathie zurückzufallen. Der erste Zyklus erlebte seinen Aufstieg in der Periode der direkten Aktionen von Wyhl und Brokdorf und erfuhr seine Generalisierung und »Ideologisierung« in den bundesweiten Demonstrationen des Jahres 1977 und der Gründung erster grüner Parteiinitiativen. Die internen Probleme solcher Formationen markierten dann auch den Abschwung der

Ökologiebewegung im Jahre 1978, in dem das Phänomen der themabezogenen Massendemonstration, welches sich vorher als so machtvolle Protestform erwiesen hatte, ganz verschwand.

Der zweite Zyklus setzte mit den sich intensivierenden Vorbereitungen zur Entscheidung über die Wiederaufarbeitungsanlage und Atommülldeponie in Gorleben ein und wurde durch den Unfall im Three Mile Island Kernkraftwerk in den USA verstärkt. Massendemonstrationen (Hannover, April 1979; Bonn, Herbst 1979) auf nationalem Niveau kennzeichnen den neuen Aufschwung, der allerdings kaum in projektorientierten Aktionen verankert war.[6] Erneut folgte ein Parlamentarisierungsschub im Herbst 1979, der zu der Zeit, in der dieser Text geschrieben wurde, erhebliche Anzeichen des inneren Zerfalls der Ökologieopposition hervorbrachte. Von der Lage der Dinge Mitte Februar 1980 würden die hier vorgestellten Hypothesen und ihre empirische Begründung ein schlechtes Abschneiden der Grünen Partei bei den Landtagswahlen des Frühjahrs in Baden-Württemberg und dann in Nordrhein-Westfalen voraussagen. Sollte sich diese Voraussage als falsch erweisen, muß dies als Defizit der Theorie zur Last gelegt werden. Die politischen Konsequenzen der Theorie, die ich nun im letzten Abschnitt zu bestimmen suche, wären dann neu zu überdenken.

4. *Handlungsbedingungen und Chancen der Ökologiebewegung*

Sofern die bisherige Analyse als stichhaltig akzeptiert wird, würde die Konstituierung des Ökologiekonflikts als Partei im parlamentarischen Konkurrenzsystem gegenwärtig nichts anderes bedeuten, als ein abstraktes Organisationsstatut und Handlungslogik über eine in sich selbst fragmentierte Bewegung mit unterschiedlichen politischen Vorstellungen und Praxisansätzen zu stülpen.

Die Lage wird noch komplexer, wenn man bedenkt, daß die Anti-Kernenergiebewegung zwar den Katalysator der neuen außerparlamentarischen Opposition darstellt, aber keineswegs mit allen ihren Erscheinungsformen identifiziert werden kann. Besonders das ganze Spektrum alternativer Selbstorganisationsversuche in Produktion, Politik und Konsumtion, mit dem Joachim Hirsch sich an anderer Stelle in diesem Band beschäftigt, wäre hier mitzubedenken. Die damit noch vielschichtiger werdende Problematik der Parteigründung kann dabei teilweise schon an der Liste der partizipierenden Gruppen in den bunten Wahlvereinigungen abgelesen werden.

Allerdings wäre es auch vorschnell, aus den Handlungsgrenzen einer ökologischen Parlamentarisierung zu folgern, man solle sich ganz in lokale Basisarbeit vertiefen und die breiteren gesellschaftlichen Dimensionen des Ökologiekonflikts und eines politischen Einflusses der Ökologiebewegung verdrängen. Ein lokaler Partikularismus läuft allzu leicht in die Gefahr, politische Programmatiken auszuklammern, die notwendig die gesellschaftliche Transformation im ganzen betreffen, wie dies in der »Verfassungsfrage« nach kapitalistischen oder sozialistischen Produktionsverhältnissen impliziert ist.

Eine parteiförmige Orientierung des Ökologiekonflikts bleibt unter gegenwärtigen Bedingungen *leer*, eine bloß lokale Konfliktstrategie und vereinzelte Alternativprojekte bleiben politisch *blind*. Die Wichtigkeit der Parteidiskussion zum gegenwärtigen Zeitpunkt besteht darin, die Frage nach der Generalisierung der politischen Ökologiebewegung *gestellt* zu haben, aber voreilig beantworten zu wollen.

Um zur Formulierung des Dilemmas am Ende des ersten Abschnitts zurückzukommen: Es müssen neue Organisationsformen und politische Theorien entwickelt werden, die es erlauben, die Ökologiebewegung zeitlich und sachlich so zu generalisieren, daß auch ihre sozialen Subjekte den Schritt zu einer neuen politisch qualitativ folgereicheren Mobilisation zurücklegen können. Lokalismus und Parteistrategie sind nur zwei Seiten derselben Medaille, daß die Vermittlung zwischen Tauschwertlogik und Gebrauchswertabstraktion in der kapitalistischen Gesellschaft nicht theoretisch und organisatorisch-politisch aufgearbeitet wird. Nur wenn politische Ökonomie und politische Theorie einerseits, in der die Funktionsweise einer kapitalistischen Marktökonomie und der ihr historisch heute korrespondierenden Organisation des Politischen analysiert wird, mit einer Kritik der politischen Ökologie andererseits verbunden werden können, ist eine adäquate Bestimmung des politischen Standorts einer sich entwickelnden Ökologiebewegung möglich.

Selbstverständlich kann dieses Postulat in einem kurzen Essay nicht eingelöst werden. Ich beschränke mich deshalb auf die Frage, worin *ein* gemeinsames Substrat der neuen außerparlamentarischen politischen Strategie gesehen werden kann und wie dieses zur Entwicklung einiger theoretischer und organisatorisch-praktischer Vorschläge dienen kann.

Die neue außerparlamentarische Oppositionsbewegung in ihren verschiedensten Spielarten scheint auf die *gemeinsame Erfahrung einer Ablehnung der korporativen Gesellschaft* zu fußen. Das spätkapitalistische Marktsystem benötigt zu seiner Integration ein immer aufwendigeres System politischer Vermittlungsleistungen. In diesem Prozeß greifen kapitalistische Märkte und bürokratische Entscheidungen immer tiefer in die psychische und Naturbasis der gegenwärtigen Gesellschaftsformation ein.

Dabei entsteht eine doppelte Schere: Zum einen schaffen Märkte und Organisationen ein hybrides System, in dem mehr Entscheidungskontingenzen wirken, als *sowohl* durch die gesellschaftliche Synthese des Marktes *als auch* politische Entscheidungsrationalität in Organisationen verarbeitet und koordiniert werden können.

Zum anderen bilden bestimmte soziale Gruppen neue Bedürfnisstrukturen heraus, die sich nicht mehr in der Logik des Tauschwertkalküls einfangen lassen und auf nicht-materielle, qualitative, sich an Gebrauchswerten bemessende Bedürfnisbefriedigung richten. Spätkapitalistische Systeme sehen sich damit einer zweifachen Bedrohung ausgesetzt. Nicht nur wird es immer schwerer, auch nur den gesellschaftlichen Tauschmechanismus störungsfrei zu halten, sondern dieser Mechanismus selbst und seine politische Zielfunktion (bes. wirtschaftliches »Wachstum«, d. h. Kapitalakkumulation) werden durch rivalisierende politische Ansprüche bedroht.[7] *Korporatismus* stellt in diesem Kontext eine politische Organisationsform dar, um die Freiheitsgrade für Entscheidungen und Ansprüche, die so sehr zur »Überlastung« der Politik beitragen, durch Bürokratisierung und Zentralisierung autoritär einzufangen. Parlamente und Parteien bilden in diesem System – sozusagen als Honoratiorenverbände ohne eingespielte Routinen, Fachwissen, Arbeitsteilung und Sanktionsmittel gegenüber mächtigen gesellschaftlichen Gruppen – relativ veraltete Formen politischer Steuerung. In wichtigen gesellschaftlichen Bereichen gewinnen deshalb quasi-korporative Entscheidungsmuster zwischen staatlichen Exekutivorganen und Interessenverbänden besonders des institutionalisierten Klassengegensatzes (Unternehmervereinigungen und Gewerkschaften) an Bedeutung. Zweifellos unterliegt auch die korporative Form gesellschaftlicher Integration inneren Inkonsistenzen und Spannungen. Jedoch soll die Rationalität solcher Arrangements betont werden: Sie zielen auf eine *gesellschaftliche Zentralisierung von Entscheidungskompetenzen* durch die Stärkung von Großorganisationen ab.

Meine starke Behauptung besteht nun darin, außerparlamentarische gesellschaftliche Alternativbewegung(en) als ein Spektrum von Praxisangeboten zu verstehen, die, ausgerüstet mit neuen Bedürfnisansprüchen, implizit oder explizit politisch die Zentralisierung der Gesellschaft in Frage stellen. Sie bedrohen die auf Akkumulation angelegte gesellschaftliche Tauschwertlogik *objektiv* etwa durch eine Verhinderung großer Investitionsvorhaben (wie zum Beispiel Kernkraftwerke, Chemiekombinate) oder von infrastrukturellen Vorleistungen für solche Investitionen (wie etwa Verkehrseinrichtungen). Die neue gesellschaftliche Fundamentalopposition artikuliert sich damit als *Programm gesellschaftlicher Dezentralisierung*, in der politisch-ökonomische Entscheidungsformen als Verweigerung der Befriedigung nicht-materieller Bedürfnisse angegriffen werden.

Dieser »Kern« eines geteilten gesellschaftlichen Sinns der Fundamentalopposition bedeutet jedoch nicht, daß gesellschaftliche Dezentralisierung auf ein gemeinsames Politikverständnis und Gesellschaftsprogramm der Oppositionsgruppen aufbauen könnte. Wie schon die Anti-Kernenergiebewegung zeigt, handelt es sich vielmehr um ein sehr fragmentiertes Feld von Versuchsprojekten, die weder praktisch noch theoretisch zu weiteren Horizonten vorstoßen. In die Debatte über die Heterogenität der Praxisansätze muß an dieser Stelle auch die gesellschaftliche »Verfassungsfrage« einbezogen werden. Denn es ist keineswegs so, daß die Forderung nach Dezentralisierung schon eine eindeutige Lösung für die Verfassungsfrage vorgäbe: Vielmehr finden wir ein Spektrum von Alternativvorstellungen, die von einer Rückkehr zu einem *klein*kapitalistischen Marktsystem[8] über die Entwicklung dezentraler sozialistischer Produktionsformen bis hin zu anarchistischen Assoziationsvorstellungen reichen.

Vor diesem Hintergrund ergibt sich die Frage: Wie kann der Prozeß zu einer bewußteren Diskussion der gesellschaftlichen Verfassungsfrage in Angriff genommen werden, ohne daß die diesbezügliche Heterogenität der Ökologiebewegung das politische Aktivitätsniveau der Bewegung lähmt? Für eine nicht-dogmatische Linke, die an der Überwindung traditioneller Ordnungsprinzipien sozialistischer Theorie und Politik (Glaube an die »fortschrittliche« Funktion der Produktivkraftentwicklung; Sozialismus als zentrale Planwirtschaft) und an einer Verknüpfung von politischer Ökonomie und politischer Ökologie interessiert ist, läßt sich die Frage konkretisieren: Wie ist eine politische Theorie und politische Praxis einer auf dezentrale sozialistische Gesellschaftsverhältnisse orientierten Bewegung möglich, ohne der Unterstützung von Gruppen mit anderer impliziter oder expliziter Verfassungsprogrammatik verlustig zu gehen, solange deren Aktivitäten mit einer dezentralen sozialistischen Strategie vereinbar sind? Vier Postulate mögen dabei als (Teil)vorschläge für die Diskussion dieser Fragestellung fungieren. Sie sind unter dem gemeinsamen Gesichtspunkt zu lesen, den politischen Kampf, die Lösung der gesellschaftlichen Verfassungsfrage für die Orientierung der Ökologiebewegung und die politische Organisation *schrittweise* zu generalisieren und nicht in einem »Sprung« die Bewegung als Partei zu konstituieren. Die theoretische und politisch-praktische Bedeutung der Dezentralisierung impliziert eine klare Ablehnung von »Stellvertreterpolitiken«, wie sie von solchen Gruppen der Rechten und Linken in der Parteidebatte gepflegt werden, die Politik nach dem Modell der »Lagermentalität« betreiben wollen.

Erstens ergibt sich aus den dargelegten Dilemmata politischer Organisation gerade bei einer dezentral orientierten Bewegung die Forderung, *Aktivitätsbereiche und Organisation von unten nach oben aufzubauen*, nicht anders herum. Eine vordringliche Aufgabe könnte dabei die regionale Verknüpfung von Alternativprojekten, ökologischen und anderen Konfliktobjekten und -gruppen sein. Der besonders am Beispiel der Bürgerinitiativbewegung vielbeklagte Vereinzelung der Initiativen und Kämpfe könnte damit entgegengesteuert werden. Ansätze zu solchen regionalen Netzwerken liegen etwa in den Bündnissen der Bürgerinitiativen am Oberrhein oder am Unterelbraum vor. Auch theoretische Arbeit an einer dezentralen sozialistischen Alternativkonzeption, die mit vielen Dogmen des etablierten Marxismus brechen muß, kann politisch zunächst nur in *Segmenten* dieser Netzwerke wirken und kann nicht »von oben« durch eine Partei einer heterogenen Mitgliedschaft aufoktroyiert werden.

Zweitens muß der *Kampf um Projekte und Themen* Vorrang vor »abstrakteren« Formen der Politisierung haben. Bei thematischer Spezifikation besteht eine größere Chance zu Bündnissen zwischen verschiedenen Gruppen. Der Einfluß auf lokale politische Institutionen wird dadurch wesentlich verstärkt. Auch wenn moderne kapitalistische Gesellschaften sich auf dem Pfad zu einer gesellschaftlichen Zentralisierung bewegen, herrscht dennoch in vielen politischen Fragen ein mehrgliedriges föderatives Verflechtungssystem von Entscheidungen vor. Gerade die »zentrifugalen« Tendenzen solcher föderaler Systeme können durch die Organisation von Widerstand gegen zentralstaatliche Programme auf lokaler und regionaler Ebene in den dortigen Selbstverwaltungsgremien ausgenutzt werden. Dies heißt, daß Widerstand in den Institutionen des politischen Systems besser nicht von oben (national) und von außen (in den Parlamenten, anstelle der Bürokratie) ansetzen sollte, sondern von unten und von innen in den lokalen und regionalen Selbstverwaltungen. Föderale Systeme sind verletzlich, wenn nur eine von mehreren Entscheidungsebenen sich den anderen widersetzt. Gerade eine solche Situation muß von der lokalen Basis aus geprobt werden. Da die kommunale politische Organisation im Verhältnis zu Bundes- und Landesbürokratien relativ schwach ist, muß auch der Kampf für mehr Rechte auf der kommunalen Ebene mitberücksichtigt werden.

Drittens wird es wichtig, *bereichsspezifische Alternativprogramme* (etwa im Energie-, Verkehrs-, Stadtplanungsbereich) der staatlichen Politik entgegenzustellen und in politische Aktion umzusetzen. Solche dezentralen Bereichspolitisierungen sollten zwar von den lokalen und regionalen Organisationsnetzen getragen werden, zugleich jedoch als nationale »Kampagne« breiteren politischen Druck ausüben können. Ein Vorbild hierfür wäre etwa die Anti-Repressionskampagne und das Russell-Tribunal über politische Rechte in der BRD. Mit solchen Kampagnen wird eine qualitativ neue Stufe der politischen Generalisierung erreicht, die durch ein nationales organisatorisches Rückgrat abgestützt werden muß, jedoch keineswegs die Rigidität von Parteiorganisation erfordert.

Im Bereich der Energiepolitik, auf den die Anti-Kernenergiebewegung sachlich abzielt, ist es etwa symptomatisch, daß zwar in der BRD viel abstrakt politisiert wurde in den vergangenen Jahren, jedoch keine breite Diskussion um mögliche gesellschaftspolitische und energietechnologische Alternativen geführt wurde, die auch in konkrete Aktionen auf lokalem

Niveau umzusetzen gewesen wären. In den USA finden wir eine umgekehrte Vereinseitigung derart, daß die Anti-Kernenergiebewegung zwar vehement neue dezentrale Energietechnologien fordert (d. h. etwa aktive und passive Sonnenenergie), jedoch sich politischer Stellungnahmen, die in solche Teilprogramme die gesellschaftliche Verfassungsfrage einbeziehen, weitgehend enthält.

Die bereichsspezifische Politisierung stellt damit ein neues politisches Aggregationsniveau gegenüber bloß lokalen und regionalen Netzen dar. Durch eine bereichsspezifische Präsentation sozialistisch-dezentraler Forderungen könnte es vielleicht auch möglich werden, breitere Gruppen der Lohnabhängigen und Gewerkschaftler, die sich bislang eher korporativen Gesellschaftsvorstellungen verpflichtet fühlten, für Alternativziele zu gewinnen, und ein »Selbstinteresse« der Lohnarbeiter an qualitativen Politikforderungen erfahrbar zu machen, welches nicht unmittelbar als konfligierend mit ihrem Interesse am Verkauf ihrer Arbeitskraft wahrgenommen wird.

Endlich darf viertens nicht die produktive Kraft des *bloßen Neinsagens* unterschätzt werden. Negativkoalitionen sind viel leichter zu einigen als Koalitionen um ein positives Programm. Negative Politik darf nicht zu leicht als »defizitäre« Politik abgelehnt werden, besonders, solange kaum Aussichten bestehen, bestimmte staatliche Politiken anders zu verhindern. Wenn schon keine Einigung der Alternativopposition auf Programmaspekte möglich ist, zwingt ein auf starke Mobilisation gestütztes Neinsagen die Staatsapparate zunächst dazu, nach anderen, weniger konfliktträchtigen Politikalternativen Ausschau zu halten.

An diesem Punkt läßt sich ein Problem der Demokratietheorie diskutieren, welches Claus Offe in diesem Band aufgegriffen hat. Minderheiten entfalten ein Widerstandsrecht, sich der Verletzung elementarer Interessen entgegenzusetzen. In einem fragmentierten und hochkomplizierten kapitalistischen Gesellschaftssystem besteht die Strategie staatlicher Eingriffe, gerade im infrastrukturellen Bereich, darin, die Interessen von Bevölkerungssegmenten anzutasten, die immer nur eine Minderheit im Vergleich zur Gesamtbevölkerung darstellen. Erst wenn man alle Eingriffe zusammennähme (Industrieansiedlung, Verkehrseinrichtungen, Stadtsanierung usw.), würde sich zeigen, daß eine Mehrheit Opfer staatlicher Eingriffe in ihre »Lebensqualität« zum Zwecke der Erhaltung des Tauschprinzips wird. Solange dieser *Zusammenhang* nicht von den Betroffenen systematisch erfahren wird und die Politik durch ihre punktuellen Eingriffe auch Möglichkeiten zur Verknüpfung solcher Problemlagen desorganisiert, muß das Widerstandsrecht als demokratische Protestform von »Minderheiten« betrachtet werden.

Formell korrekte »Mehrheitsentscheidungen« – sei es in Parlamenten oder in Volksabstimmungen – können deshalb nur unter gewissen Bedingungen als letztinstanzliche Form demokratischer Willensbildung betrachtet werden. Gerade die Kernenergie gibt in verschiedenen Ländern Beispiele, daß Volksabstimmungen dazu ausgenutzt wurden, die von der Kernenergie besonders Betroffenen und Beunruhigten als Minderheiten auszuweisen. Die Definition von Minderheiten ist oft ein Artefakt der Politik selbst, welches aus der Fragmentierung politischer Entscheidungen folgt. Politik stellt Minderheiten *her*, um Entscheidungen durchzusetzen: Der differierende *Betroffenheitsgrad* von Gruppen etwa durch Industrieprojekte wird von der Politik ausgenutzt. Infrastrukturplanung kann dann als »Verteilungsproblem« angesehen werden, in dem »*Mehrheiten*« auf Kosten von »*Minderheiten*« ihre Wohlfahrt erhöhen.

Ökologieopposition und eine dezentrale sozialistische Strategie sehen sich programmatisch und politisch-organisatorisch oft in der schwierigen Situation, Fragen gesellschaftlicher Entwicklung, die vom dominanten politischen System als »mehrheitsfähig« gegen Minderheiten ausgespielt werden, im politischen Prozeß *umzudefinieren* und zu zeigen, daß eine systematische Inkongruenz zwischen Mehrheits*regel* und Entscheidungs*inhalten* besteht.

In der klassischen bürgerlichen Politik und in der ihr korrespondierenden Form genereller konditionaler staatlicher Handlungsprogramme (allgemeiner Gesetze) beschränkten sich die politisch entscheidungsfähigen Themen auf die gesellschaftliche *Zirkulations*sphäre (Eigentum, Regeln des Tauschverkehrs, in diesem Kontext Definition staatsbürgerlicher Rechte und Pflichten), in der nur allgemeine Rechtssubjekte, nicht dagegen sozialstrukturell definierte Personengruppen erwähnt werden. In dem Augenblick, in dem die Politisierung der *Produktions*sphäre fortschreitet und Gebrauchswertfragen als differenzierte Belastung verschiedener gesellschaftlicher Teilgruppen in staatlichen Entscheidungen thematisiert werden, greift das einfache Mehrheitsprinzip ebensowenig wie die allgemeine Gesetzesform.

Nicht mehr allgemeine Tauschsubjekte und Staatsbürger, sondern bestimmte Gruppen mit konkreten Bedürfnissen werden zum Agent und Adressat von Politik, freilich in dem Tauschprinzip subordinierter Weise: Gesetzesform und Mehrheitsprinzip sind rhetorische Legitimationsmittel, Fragen gesellschaftlicher Gebrauchswertallokation und »Lebensqualität« in Fragen zu transformieren, die nach einer dem Tauschwertprinzip abgezogenen politischen Logik behandelt werden. Denn das Mehrheitsprinzip ist nur *formell* entscheidungswirksam, da Entscheidungen nur von Bürokratien unter Zwängen getroffen werden, sanktionsmächtige Interessen der Wirtschaft ins Kalkül einzubeziehen; während »Mehrheiten« einer Politik teilnahmslos gegenüberstehen, werden die unmittelbar *betroffenen Min-*

derheiten mit einem Verweis auf formale Demokratieprinzipien abgespeist, hinter denen sich doch ganz andere Entscheidungsstrukturen verbergen.

Diese »Arbeitsteilung« zwischen formaler Entscheidungslegitimation in kapitalistischen Gesellschaften, die Parlamentarismus institutionalisiert haben, und realem Entscheidungsort und -prinzip macht es für eine auf die Vermittlung von politischer Ökonomie und politischer Ökologie abzielende Opposition besonders schwierig, organisatorische und programmatische Strategien zu wählen. Gerade in einer Zeit, in der die Fixierung auf Wahlen in weiten Bevölkerungskreisen ungebrochen ist und eine Einsicht in die *Grenzen* der Demokratie durch einen bloß formalen Entscheidungsmechanismus gegenwärtig nicht politisch handlungswirksam wird, wäre es fatal, wenn sich die politische Organisation einer auf ein fundamental anderes Politikverständnis abzielenden Opposition gerade der politischen Logik unterwirft, die ihre zentralen Interessen verstümmelt.

Der Demokratiebegriff der herrschenden Politik ist ein formaler Verfahrensbegriff. Der Demokratiebegriff der Ökologiebewegung, auch über die Divergenzen in der Verfassungsfrage hinaus, ein substantieller, auf Lebenschancen und -freiheiten abzielender. Und dort, wo die herrschende Politik selbst den Schein des Mehrheitsprinzips durchbricht, wie im Korporatismus, befindet sich die neue Opposition im polaren Gegensatz zu den etablierten Kräften: Zentralisierung versus gesellschaftliche Dezentralisierung.

Der Prozeß, dem gegenwärtigen politischen und ökonomischen System ein neues Demokratiekonzept aufzuzwingen, kann nur schrittweise und langsam vollzogen werden, und Erfolge sind keineswegs verbrieft. In der gegenwärtigen Lage bei interner Heterogenität der Ökologiebewegung, einer Ungelöstheit der gesellschaftlichen Verfassungsfrage für ihre politische Strategie und Organisation, der Schwäche und Fragmentierung ihrer verschiedenen konkreten Konfliktfronten und der in der Bevölkerung weitgehend akzeptierten Überzeugungskraft des parlamentarischen Entscheidungstypus als Inbegriff von Demokratie liegt es nahe, die Risiken einer politischen Parlamentarisierung der Ökologiebewegung höher einzuschätzen als ihren Nutzen für die Sache.

Diese normative Empfehlung sucht sich der besonders in der linken Parlamentarismusdiskussion so beliebten Prinzipienreiterei zu enthalten und keineswegs zu entscheiden, ob ein parlamentarischer »Arm« der Bewegung ein für allemal durchs »System« korrumpiert wird und deshalb abzulehnen ist. Im Gegensatz zu Michels' »ehernem Gesetz«, daß Parlamentarisierung notwendig zur Akkomodation an die herrschenden Verhältnisse führe, ist es eher sinnvoll, die Funktion und Wirkungskraft einer bürgerlich-demokratischen Politikform *im Kontext* einer historisch-kontingenten Situation zu analysieren. Sofern die gegenwärtigen Randbedingungen sich ändern, ist es nicht auszuschließen, daß eine Teilparlamentarisierung der Bewegung möglich und wirkungsvoll ist.

Es ist deshalb hier versucht worden, einige der heute wirksamen Kontingenzen zu berücksichtigen und dann das Verhältnis zwischen Ökologieopposition und etablierter Politikform zu bestimmen. Sofern das *interne* Dilemma der Bewegung durch differenzierte theoretische, organisatorische und strategische Entwicklungsmuster des Ökologiekonflikts aufgefangen werden kann, mag auch das *externe* Dilemma der Parlamentarisierung in neuem Lichte angegangen werden – sofern eine parlamentarische Strategie dann überhaupt noch als politisch wirkungsvoll wahrgenommen wird.

Anmerkungen

1 Dieser Beitrag wurde sozusagen in letzter Minute für den vorliegenden Sammelband verfaßt. Da ich seit einiger Zeit geographisch weit entfernt vom Geschehen in der Bundesrepublik bin, also nicht unmittelbar am politischen Geschehen teilhabe, bleiben manche Beobachtungen auf ungeprüfte Sekundärinformationen gestützt. Ich bedaure es auch, mir eine Reihe von Beiträgen zur Problematik der Grünen Liste(n) nicht mehr verschafft haben zu können.

2 Vergleiche meine ausführliche Fallstudie *Kernenergiepolitik – Arena eines gesellschaftlichen Konflikts*, Frankfurt/Main (Campus) 1980.

3 Ronald Inglehart, *The Silent Revolution – Changing Values and Political Styles Among Western Publics*, Princeton N. J. 1977. Allerdings läßt Inglehart eine Verknüpfung seiner Thesen zum Wertwandel mit der ökonomischen und politischen Realität spätkapitalistischer Gesellschaften weitgehend vermissen.

4 Vergleiche für eine ähnliche Analyse von Spannungen in der Anti-Kernkraftbewegung der USA: Steven E. Barkan, *Strategic, Tactical and Organizational Dilemmas of the Protest Movement Against Nuclear Energy*, in Social Problems, Vol. 27 (1979) No. 1: 19–37.

5 vgl. H. D. Rönsch, *Grüne Listen – Vorläufer oder Katalysatoren einer neuen Protestpartei? Zum Problem von »postindustriellen« Konfliktpotentialen*, in: O. Rammstedt (Hg.), *Bürgerinitiativen und gesellschaftliche Großgruppen*, Villingen 1979.

6 Z. B. hätte es sich angeboten, Großdemonstrationen gegen das immer noch im Bau befindliche Kernkraftwerk Mühlheim-Kärlich zu organisieren. Dieses Werk folgt dem gleichen technischen Konzept wie Three Mile Island und wird von der gleichen Industriegruppe hergestellt.

7 Diese Erklärungsskizze sucht – im Gegensatz etwa zu Habermas Theorie der

Identitätskrisen (Legitimations- und Motivationskrise) – *ohne* starke anthropologische Annahmen über in Sprache verankerte moralische Normprinzipien oder eine Theorie der Persönlichkeitsidentität auszukommen, um die abschüssige Bahn ahistorischer und individualistischer Erklärungen zu vermeiden.

8 Ein typisches Beispiel für diese Position sind etwa die Schriften von Amory Lovins (bes. *Soft Energy Paths*, Cambridge/Mass. 1977).

Joachim Hirsch
Alternativbewegung – eine politische Alternative?

»Der Begriff »ALTERNATIVBEWEGUNG« ist eine inhaltsloser Modebegriff.
Er entspricht dem zwanghaften Drang linker Theoretiker, alles das, was sich tut, zu katalogisieren, in Schablonen zu pressen, – sicher notwendig, um sich auf der so entstandenen Ebene von Abstraktion in altbewährter Manier »auseinandersetzen« zu können.

Einer solchen »Auseinandersetzung« geht es oft mehr um individuelle Imagepflege und intellektuelle Profilierung als um die Entwicklung neuer politischer Ansätze, einer auf die Auseinandersetzung folgenden gemeinsamen politischen Praxis.

So fällt kaum auf, daß unter dem Begriff »Alternativbewegung« völlig verschiedene und zum Teil sich gegenseitig ausschließende Gruppen, Projekte, Ansätze zusammengefaßt werden. Eine inhaltliche Auseinandersetzung, die Folgen haben könnte, wird durch den Gebrauch dieses Begriffs nicht gefördert, sondern erschwert und teilweise unmöglich gemacht.

Einer ganzen Menge ernstzunehmender Gruppen und Projekte stinkt es seit langem ganz gewaltig, mit Landfreaks, Körnerfressern, Mystikern und von irgendwelchen Gurus geführten Gruppen unter einem Sammelbegriff »geführt« zu werden, so als hätte dies alles im Prinzip die gleiche Qualität und Richtung. Uns stinkt besonders, wenn dies von Linken kommt, die es besser wissen könnten, weil das Eine ihren Ansprüchen, Phantasien, Bedürfnissen (kurz: ihrem Bewußtsein) entsprechen müßte, während das Andere damit kaum was zu tun haben kann. Und diesen Genossen vor allem möchten wir sagen (und damit dies leidige Thema hoffentlich endgültig zum Abschluß bringen): wer in der linken Veranstaltungs- und Medienlandschaft umherirrt und sich über »ALTERNATIVBEWEGUNG« ausläßt, der zeigt – so klug er immer daherredet – zumindest das Eine: daß er nicht viel weiß über das, wovon er spricht.« (Aus einem Flugblatt der Arbeiterselbsthilfe Oberursel und der Schäfereigenossenschaft Finkhof)

Angesichts dieses sicher nicht unberechtigten Statements verschlägt's dem »linken Theoretiker« erst einmal die Schreibe. In der Tat: Was berechtigt einen, sich über Aktivitäten auszulassen, in denen man selber nicht drinsteht und mit denen man eher punktuell praktisch etwas zu tun hat? Möglicherweise das, was gerade die Arbeiterselbsthilfe immer wieder betont, nämlich der Anspruch, sich nicht abzuschotten oder ausgrenzen zu lassen, in die Gesellschaft hineinzuwirken, zu kritisieren, Anregungen zu geben. Dies schließt so oder so auch Stellungnahme und Kritik »von außen« ein. Und dies gilt nicht zuletzt und gerade dann, wenn man in einer ganzen Reihe der in letzter Zeit entstandenen »alternativen« Ansätze eine gesellschaftlich und politisch produktive und weiterführende Entwicklung sieht.

Daß das, was gemeinhin in die Schublade »Alternativbewegung« gesteckt wird, von Formen und Zielvorstellungen her außerordentlich vielgestaltig ist, daß sich die Projekte oft kaum vergleichen, geschweige denn auf einen Nenner bringen lassen, ist klar. Dennoch: so ganz säuberliche Unterscheidungen zwischen gesellschaftlich emanzipatorischen, »politischen« Ansätzen und apolitisch-subkultureller Folklore lassen sich nun doch nicht treffen. Dazu ziehen sich zu viel Widersprüche und Ambivalenzen mehr oder weniger durch alle Projekte hindurch. Und auf eben diese muß man sich einlassen. Deshalb soll trotz der berechtigten Einwände gegen diese Etikettierung zunächst doch einmal von »der« Alternativbewegung gesprochen werden, nicht im Sinne einer festlegenden Definition, sondern als Bezeichnung für Praxisansätze, die in bestimmter Weise auf objektive Entwicklungen dieser Gesellschaft reagieren: durch veränderte Formen des Arbeitens, Zusammenlebens und Handelns außerhalb der vorgegebenen Institutionen und Verhaltensmuster. Der Versuch, gesellschaftliche Veränderungen unmittelbar praktisch zu machen, zu experimentieren, Anstöße zu geben, grundlegende Kritik zu üben und sich dabei mit den herrschenden Verhältnissen zu konfrontieren, bewußt nicht mehr im Trott der Normalisierungsgesellschaft mitzulaufen, macht die Alternativbewegung zu einer politischen.

Wie gesagt ist das, was man gemeinhin etwas locker als »Alternativbewegung« zu bezeichnen pflegt, kaum auf einen gemeinsamen Nenner zu bringen: zu disparat sind die Erscheinungsformen, Ansätze, die gesellschaftlichen Bereiche und Probleme, auf die sie sich bezieht. Sie reicht von Kinderläden und freien Schulen über Wohngemeinschaftsprojekte, Versuche mit handwerklichen und landwirtschaftlichen Formen »alternativer« Produktion, Läden, Kneipen, Selbsthilfeprojekten von und mit Kriminalisierten und Marginalisierten, Medieninitiativen (Alternativzeitungen, Film- und Videogruppen) Theatergruppen bis hin zur Frauenbewegung, zur Ökobewegung und den Ansätzen von Arbeiterselbstverwaltung in der industriellen Produktion. Entsprechend heterogen sind ihre soziale Zusammensetzung, ihre Probleme und Perspektiven.[1] Daneben gibt es Versuche, veränderte Arbeits- und Beziehungsstrukturen innerhalb der bestehenden Institutionen zu verwirklichen (z. B. die Glocksee-Schule in Hannover oder das inzwischen liquidierte KITA-Projekt in Frankfurt). Ganz grob kann man unterscheiden zwischen i.e.S. »alternativ-« oder »gegenökonomischen« Ansätzen genossenschaftlich-selbstverwalteter Produktion und solchen, die eher im Kultur- und Reproduktionsbereich angesiedelt sind, doch sind die Grenzen fließend. In gewissem Sinne kann man auch zwischen der Alternativbewegung i.e.S., wo es um die konkrete Realisierung neuer Formen des Arbeitens und Zusammenlebens geht und den ebenso vielfältigen Basisbewegungen unterscheiden, deren Ziel die Beeinflussung/Verhinderung staatlich/kommunaler oder industrieller Strategien und Maßnahmen, also eher »außengerichtet« ist[2] (»Bürgerinitiativen«). Doch auch hier sind Abgrenzungen schwierig und die Zusammenhänge eng: der Kampf gegen den § 218 und die Einrichtung von Frauenhäusern, Anti-AKW-Bewegung und praktische Beschäftigung mit veränderten Technologien oder Versuche mit neuen Formen des Wohnens und Zusammenlebens und Kampf gegen Bodenspekulation und Stadtzerstörung lassen sich kaum trennen, bedingen sich gegenseitig.

Materialien

Eine Darstellung der vielfältigen Projekte würde zahllose Seiten füllen und dabei doch nicht Vollständigkeit erreichen. Verallgemeinernde Kategorisierungen würden – wie gesagt – das eher verdecken, von dem die Rede ist. Deshalb soll es dabei bleiben, einige herausgegriffene Projekt-»Selbstdarstellungen« zu zitieren – ohne Anspruch auf Beispielhaftigkeit oder gar »Repräsentativität«. Dies als Anschauungsmaterial und unter Verzicht auf eine Kommentierung.

Arbeiterselbsthilfe Oberursel (ASH)

Die ASH wurde 1975 als »Arbeitslosenselbsthilfe« von zehn Leuten gegründet. Mit einem »Startkapital« von DM 150.–. Sie zählt heute 24 Mitglieder. Zuerst hat man »organisierte Schwarzarbeit« gemacht (Malerarbeiten, Entrümpelungen usw.). Über vielerlei ökonomische Krisen und juristische Fallstricke hinweg hat sich die Gruppe inzwischen recht gut ökonomisch stabilisiert und »legalisiert«. Sie macht Renovierung sowie An-und Verkauf alter Möbel, Entrümpelungen, KfZ-Reparaturen, betreibt eine Druckerei und eine Teestube – letztere auch, um mit den »Kunden« zwecks gegenseitigen Kennenlernens ins Gespräch zu kommen. Daneben gibt es ein Kommunikations- und Tagungszentrum für Seminare, Filmabende, Diskussionen usw. In der Planung befindet sich die Erweiterung des Arbeitsbereichs um einen An-und Verkauf von Gebrauchtfahrzeugen, eine Töpferei und eine »Volksküche« für billiges Essen. Eine im Ausbau befindliche »Politisch-offensive Verkaufsorganisation« (POVO) soll den Vertrieb von Produkten selbstverwalteter Betriebe auf eine sichere Basis stellen, nicht zuletzt, um einem möglichen Boykott beim Bezug von Waren und bei der Verteilung entgegentreten zu können. Die POVO soll zugleich der Kommunikation zwischen den selbstverwalteten Betrieben und der Öffentlichkeitsarbeit dienen. Zu diesem Zweck organisiert die ASH auch Kongresse und Treffen von Selbsthilfegruppen und gibt eine Zeitung heraus (*Wir wollen's anders* bzw. *basis*). 1979 wurde eine leerstehende Fabrik gekauft und unter erheblichen Kosten renoviert.

»Alle Entscheidungen über betriebliche und außerbetriebliche Belange – soweit sie die ganze Gruppe betreffen – werden bei uns in der gemeinsamen Diskussion getroffen. Diese Diskussion entwickelt sich täglich während der Arbeit, in den Arbeitspausen, im Gemeinschaftsraum, beim gemeinsamen Frühstück oder Abendessen und setzt sich nach dem Abendessen fort bis in die Nächte. Das Frühstück wie auch das Abendessen organisiert der Gemeinschaftsdienst. Es gibt zur Zeit sechs verschiedene Arbeiten, zu denen sich jeder einteilen kann . . .

Zum Prozeß der Verteilung der anstehenden Arbeit: Grundprinzip ist die Freiwilligkeit. Zwang wird nur soweit angewandt, wie er erforderlich ist, d. h. immer nur an solchen Punkten, wo sonst der reibungslose Ablauf nicht gewährleistet wäre. Der einzige Punkt hierbei ist seit Monaten der Gemeinschaftsdienst, der nach einfachem Rotationsprinzip nach dem Alphabet geregelt ist. Für alle anderen Arbeiten erfolgt abends nach dem Abendessen die Arbeitsbesprechung. Dabei wird wieder zunächst gefragt: wer will diese oder jene Arbeit übernehmen? und meistens sind dann innerhalb von fünf Minuten alle anstehenden Arbeiten verteilt. Wenn sich niemand gleich freiwillig meldet, dann ist der wesentliche Unterschied nur der, daß die Arbeitsbesprechung 5 Minuten länger dauert, bis sich alle einer Arbeit zugeordnet haben. Am Schluß siegt immer die Selbstdisziplin . . . Es gibt an keinem Punkt des Arbeitsablaufs wie auch an keinem Punkt des täglichen Lebens Kommandos oder Befehle. Es gibt manchmal Unmut und Agressionen – da, wo der eine meint, eine Sache hätte so oder so angegangen werden müssen und nicht anders. Aber diese Konflikte werden ein oder zwei Tage spätestens, meist schon in der Situation direkt per Diskussion geklärt.

Wir sind der Meinung, mit diesem Betrieb, der wie oben beschrieben täglich abläuft, allerdings eine echte Alternative zu jedem vergleichbaren kapitalistischen Betrieb darzustellen . . .

Es gibt eine gemeinsame Ökonomie: die Einkünfte aus allen Einzelunternehmungen fließen in eine gemeinsame Kasse, aus der zunächst alle festen Kosten getragen werden. Vom Rest wird eine gemeinsame Investitionsrücklage gebildet . . . und die Lebenshaltung der gesamten Gruppe bestritten. Was übrig bleibt, steht dem privaten Konsum zur Verfügung, könnte z. B. nach Personen auf die einzelnen Wohngemeinschaften aufgeteilt werden oder wie auch immer . . .

Es ist in der Tat ein Unterschied, morgens in aller Herrgottsfrühe vom Wecker unerbittlich aus dem Schlaf gerissen zu werden oder aber von einem Gruppenmitglied geweckt zu werden – wenn nötig auch zweimal, und dies erst um neun Uhr. Es ist weiter ein Unterschied, während des Tages irgendwelche Befehle irgendwelcher Meister oder Vorarbeiter zu befolgen, immer wieder dieselben Arbeiten, immer in Angst, was falsch zu machen oder aus sonst einem Grund rauszufliegen, oder aber gleichberechtigt mit anderen den Tag über zu arbeiten, selbst zu entscheiden, wie schnell und wie lange, zwischen mindestens sechs Arbeiten auswählen zu können . . .

Wir halten den Nachweis, daß es möglich ist, selbstverwaltet zu arbeiten und zu leben, an und für sich schon für ein Politikum. Wohlgemerkt: den Nachweis, nicht die Tatsache alleine. Wenn irgendwo in Deutschland ein paar Leute hingehen und für sich was aufbauen, weil sie sich dufte verstehen, und sich darüberhinaus abschirmen gegen alle möglichen positiven und negativen Einflüsse von außen, dann würden wir dies klar als unpolitisches und gesellschaftlich nicht relevantes Verhalten bezeichnen. Diese Gruppe wäre für uns und unsere Arbeit kein interessanter Partner. D. h. wir stellen an uns den Anspruch von Öffentlichkeitsarbeit oder – wenn man so will – Agitation.

Wir wollen das, was wir für uns positiv erleben, möglichst vielen anderen vermitteln, so daß die ähnliches machen und also ähnliches positiv erleben können. Nur wenn sich Selbstverwaltung überall durchgesetzt hat, kann sie ein relevantes gesellschaftliches Prinzip werden. Sie wird sich aber in dem Maß verstärkt durchsetzen, in dem ständig neue Gruppen auf dieser Ebene anfangen nach außen zu gehen. Notwendig ist erstens die Verbreitung von Betrieben wie dem unsrigen, zweitens die Selbstveröffentlichung aller dieser Betriebe. Diese Überlegung bildet in etwa die Grundlage für unsere politischen Initiativen ...«
(Aus: ASH-Entstehung, hrg. von der ASH).

Schäfereigenossenschaft Finkhof: Ein Interview

S: Wiggensbach liegt im Allgäu bei Kempten und ist recht klein. Der Hof liegt auch noch etwas außerhalb, relativ ab vom Schuß, aber eigentlich sind wir nicht total abgeschieden, weil wir jeden Tag in die Stadt kommen. Wir haben im Moment 500 Schafe ... Wir haben Wolle von den Schafen, die wir bearbeiten und die Wolle, die verkaufen wir. Unsere Arbeit gliedert sich in drei große Bereiche: zum einen ist das die Landwirtschaft. Dazu gehören die Schafe und auch die Heugewinnung im Sommer. Dann gibts die Wollverarbeitung, d. h. Wolle scheren, waschen und spinnen ... Und dann haben wir noch den Selbstversorgungsbereich. Dazu gehört ein Garten, der das Gemüse usw. bringt – ... 'ne Kuh, Schweine, Hühner und Enten. Im Moment ist unsere Arbeit so eingeteilt. Es geht erstmal nicht, daß jeder alles macht, da z. B. das Umgehen mit den Schafen Kenntnisse erfordert, die wir nicht so schnell untereinander vermitteln können. Genauso ist das in der Spinnerei. Wir haben uns schon aufgegliedert in die drei Arbeitsbereiche, sodaß z. B. jetzt 4 Leute in der Spinnerei hauptsächlich arbeiten und alles lernen, das heißt aber nicht, daß andere nicht dabei helfen können, wenn's notwendig ist ...
W: Und was haltet Ihr von einem Rotationsprinzip in den Arbeitsbereichen?
S: Ja, obwohl's wahrscheinlich noch ne Zeitlang dauert, möchten wir schon ... wechseln können. Ich z. B. hab nämlich keine Lust auf Jahre in der Spinnerei zu stehen, weils auch ne ziemlich mechanische Fabrikarbeit ist. Ich hab aber andererseits keine Lust, etwas nur halb zu machen. Ich möcht das schon richtig können, um auch neue Sachen ausprobieren zu können, überhaupt um mich reinzuvertiefen.
W: Entstehen bei Euch durch die Spezialisierung und die damit verbundenen Informationsvorsprünge irgendwelche hierarchischen Strukturen?
S: Strukturen entstehen schon, aber es liegt an uns, wie sie entstehen ... Weißt,

irgendwo ist das auch dadurch ausgeglichen, daß wir quasi zwei Gruppen haben, Schäfer und Spinner, und daß die Schäfer eigentlich keinen Einfluß darauf haben, was in der Spinnerei passiert und umgekehrt genauso. Es ist zwar schon ein gegenseitiger Einblick in die Arbeit da, weil wir auch zusammen darüber reden, was alles gemacht werden muß, aber an einem gewissen Punkt, z. B. technische Details, hörts dann auf. Wenn dann 'ne Entscheidung ansteht, die uns alle angeht, z. B. Ausbau vom Stall oder sowas, dann müssen auch alle mitreden können. Bei solchen Gelegenheiten muß auch viel erklärt werden, was so speziell in den Bereichen passiert. Da kann zwar immer nur der wichtigste Teil aller Informationen grob vermittelt werden, aber wir sind ja hier, um's anders zu machen wie's normal in der Gesellschaft abläuft . . . .

Ich glaub auch nicht, daß ein Betrieb nur laufen kann, wenn jeder alle Arbeiten machen kann. Dann könnte man ja auch nur Arbeiten ausführen, die soundsoviel Leut gleich können, aber könnt nie eine Arbeit machen, die komplizierter ist. Es ist deswegen genauso wichtig, daß Sachen gemeinsam entschieden werden können, wo der Einzelne das Wissen hat, und wo man durch Fragen halt den Durchblick schiebt.

W: Was fangt Ihr mit Eurer Selbstverwaltung an, geht Ihr nach außen und wie?

S: Wir sind so ziemlich einer Meinung, daß wir als selbstverwalteter Betrieb nach außen treten . . . Was wir den Leuten vermitteln wollen, ist die Wichtigkeit von dem, was wir machen. Und was das verändern kann, daß wir in ihrem System von Politik und Gesellschaft auch einen Stellenwert bekommen und net irgendwie eine Randgruppe, die das macht, darstellen, und alles schön und gut . . . Wir wollen ihnen sagen: wir schaffen ohne Boß, wir schaffen zusammen und können selbst bestimmen, was wir machen und das nicht nur während der Arbeit, sondern immer, weil wir halt auch zusammen leben. Die Entscheidung, was die dann machen, das müssen sie ganz allein treffen. Also nicht, daß wir das Bewußtsein ändern, das müssen die selbst tun. Wir können ihnen nur zeigen, wo's hinführen kann.

(Aus: *Wir wollen's anders. Zeitung für Selbstverwaltung*, Nr. 5).

Netzwerk Selbsthilfe

Der Netzwerk Selbsthilfe e.V. wurde 1978 in Westberlin gegründet und umfaßt inzwischen mehr als 3500 Mitglieder. Regionale Netzwerke in verschiedenen Teilen der BRD, so in Frankfurt, Kassel und Hannover sind im Aufbau. Insgesamt gibt es 27 regionale Initiativen.

»Der Netzwerk Selbsthilfe e.V. in Berlin hat die Aufgabe, selbstorganisierte Projekte – und besonders von Arbeitslosigkeit oder Berufsverbot Betroffene, die solche Projekte (mit-) machen – durch Vermittlung von Geld, Personen, Kontakten und Informationen zu unterstützen. Bei diesen Projekten handelt es sich z. B. um Handwerkskollektive arbeitsloser Jugendlicher, um Frauenprojekte, Ökoprojekte, gruppenübergreifende politische Komitees, Rechtshilfefälle, pädagogische, therapeutische und künstlerische Gruppen, soweit sie selbstverwaltet sind. Konkret bestehen zwei Aufgaben:

1. Seit November 1978 wird ein Fonds zur finanziellen Unterstützung solcher Projekte aufgebaut. Jeder, der Geld gibt (mtl. Beiträge DM 5,– bis DM 30,– oder

mehr) hat ein Votum, für welche Art von Projekten sein Geld verwendet werden soll. Zugeteilt wird das Geld den Projekten, die Geld beantragen, durch einen gewählten Beirat . . .

2. Es werden direkt (d. h. ohne zentralen Topf) »Patenschaften« und »finanzielle Solidargemeinschaften« zwischen Personen und Projekten vermittelt, und es wird in diesem Zusammenhang ein Vermittlungs- und Informationsbüro aufgebaut. Dieser Teil steckt momentan noch in den Anfängen.

Wenn ein Projekt aus dem Netzwerk-Fonds unterstützt werden möchte, muß es eine Reihe grundlegender Kriterien erfüllen:
– demokratische Selbstverwaltung, insbesondere gleichberechtigte Teilnahme an den Entscheidungen;
– mehr oder minder modellhafte Entwicklung und Erprobung alternativer Arbeits- und Lebensformen;
– Ausschluß von privatem Profit und intern ausgeglichene Einkommensstruktur (in der Regel gleicher Lohn für alle, wobei es natürlich notwendige Ausnahmen geben kann);
– Zusammenarbeit mit ähnlichen Projekten nach dem Prinzip »Kooperation vor Konkurrenz«;
– personelle und organisatorische Kontinuität und Stabilität;
– wirtschaftliche Eigentragfähigkeit – wobei bei pädagogischen, therapeutischen u. ä. Projekten berücksichtigt wird, daß sie dies nur selten erreichen können . . .

Seit »Netzwerk« . . . aus der Taufe gehoben wurde, haben 30 Projekte einen Antrag auf Unterstützung gestellt. Acht davon wurden auf einer Beiratssitzung bereits diskutiert, sechs wurden (auf ein halbes Jahr) bewilligt: das 2. Frauenhaus in Berlin erhält zwei Stellen, womit diesem Projekt geholfen wird, sich gegen staatsbürokratische Eingriffe aufgrund des § 72 BSHG zu wehren; die BI Düppel gegen die Bebauung eines Naturgebietes durch US-Militär bekommt einen Prozeßkostenzuschuß, da sich die Beteiligten an diesem Öko-Projekt privat untragbar hoch verschulden mußten; einem Malerkollektiv wird die Steuerberatung, Buchhaltung und Einführung in die Buchhaltung durch ein Steuerberatungskollektiv sowie eine Anzeigenserie zwecks Meistersuche bezahlt; dem Jugenddorf in der Berliner Betonwüste Märkisches Viertel werden einige ABM-Stellen vorfinanziert; der therapeutische Verein Kreuzberg und die (antipsychiatrische) Therapeutische Tagesstätte Wedding erhalten Zuschüsse zu Miete, Personal und Anschaffung von Gerät. Alle diese Unterstützungen aus dem Netzwerk-Fonds belaufen sich auf mtl. rund DM 11 000.–.« (Aus: Josef Huber, *Zwischen Sozialstaat und Supermarkt*, in: ›links‹ Nr. 109, April 1979).

Und zuguterletzt: »alternativer« Konsum

»Wir haben Fahrräder aus dem Keller geholt, instandgesetzt und benutzen sie. Besonders schön waren die Sommerferien mit dem Rad. Das Auto benutzen wir, wo möglich, zu mehreren. Um Abgase zu vermeiden, Benzin zu sparen und den Motor zu schonen, machen wir das Baur-Zündsystem bekannt . . . Wir haben ausgezeichnete Erfahrungen mit dieser Erfindung.

Wir essen morgens gekeimtes oder mit der Kaffeemühle gemahlenes Getreide, mittags rohe Gemüsesalate, abends ein Brot, für dessen Herstellung wir unserem Bäcker eine Schrotmühle besorgt haben ... Wir achten darauf, mit der Sonne aufzustehen und schlafenzugehen, um elektrisches Licht zu sparen. Wir benutzen es nur in Zimmern, in denen wir uns aufhalten. Eingebaute Doppelfenster helfen Heizung zu sparen. ... Bei der Essensvorbereitung kann viel Energie gespart werden: in einem unserer Haushalte wird der Herd nur noch zum Tee- und (hin und wieder) Pellkartoffelkochen benutzt ...

Kleidung: Für Herren ist es recht einfach, aber auch bei Damen möglich: von den Sommertagen abgesehen, sind Pulli und lange Hosen eine Kleidung, die der Mode kaum unterworfen ist und abwechslungsreich gestaltet werden kann, vor allem, wenn man seinen Schmuck selber macht (schöne Freizeitbeschäftigung).

Die Toilettenspülung braucht nur selten am Tag benutzt zu werden. Für kleine Verrichtungen genügt das Abfallwasser aus der Küche, das in einem Eimer gesammelt wird und auf der Toilette bereitsteht. Toilettenpapier ergibt sich aus der Verpackung der täglichen Einkäufe. Seife ist fast überflüssig geworden, seitdem eine Ferienerfahrung gezeigt hat, wie gut man die Hände mit feinem Sand waschen kann ... Für unsere Kochwäsche haben wir eine Waschform mit Mitteln gefunden, die abbaubar sind ... Da Papierherstellung das Wasser sehr belastet, sparen wir im kleinen bei Schreibpapier (kann ein Privatbrief nicht auf einem Blatt geschrieben werden, das auf einer Seite bedruckt ist? Oft hat auch diese Seite Informationswert) und Briefumschläge (Drucksachenumschläge können mit neuer Anschrift wiederverwendet werden) ....«

(Leserbrief aus: *Wir wollen's anders*, Nr. 2).

Gegenökonomie oder Nischenkultur?

»Alternative« Bewegungen gibt es nicht erst seit den sechziger Jahren. Sie sind fast so alt wie die bürgerliche Gesellschaft selbst. Ihr historisches Spektrum reicht von den frühen genossenschaftlichen Versuchen innerhalb der Arbeiterbewegung (die in Deutschland im Vergleich mit den angelsächsischen Ländern eher schwächlich waren) über die Wandervogel-, Lebensform- und Jugendbewegung im ausgehenden 19. und beginnenden 20. Jahrhundert bis hin zum KPD-nahen Münzenberg-Konzern in der Weimarer Republik.[3] Gleichwohl: trotz vielfältiger historischer Parallelitäten und Analogien sind es spezifische gesellschaftliche und politische Entwicklungen, welche Erscheinungsweisen, Existenz und Perspektiven der »Alternativen« heute prägen. Ihr Wiederaufleben ist auch ein Produkt der Erfahrungen der Studentenbewegung, der in ihr entwickelten Politikbegriffe und Emanzipationsvorstellungen, aber auch ihres Niedergangs, ihres Scheiterns und Zerfalls. Zugleich sind sie Reaktion auf die vielfältigen Krisenerscheinungen, welche die entwickelten kapitalistischen Gesellschaften produzieren: die Zerstörung der Natur und der Städte, Arbeitslosigkeit und unerträgliche Arbeitsbedingungen, Dequalifizierung, den sinnlos-irrwitzigen Zirkel des »Konsumerismus«, politische Repression und die Konformitätszwänge einer sich immer mehr perfektionierenden »Normalisierungsgesellschaft«. In widerspruchsvoller Weise auf den Krisenzusammenhang der bestehenden Gesellschaft bezogen, vermischen sich in der Alternativbewegung Momente von Resignation, Anpassung und Flucht mit Versuchen zur Herstellung neuer Produktions- und Lebenszusammenhänge als Momente einer bewußten gesellschaftlich-politischen Praxis.

Auf sehr allgemeiner Ebene ist jedenfalls den sich politisch verstehenden alternativen Projekten gemeinsam, daß sie versuchen, »ein neues Strukturierungsprinzip sozialer Befreiung im kollektiven Experiment zu testen«,[4] was heißt, daß der unmittelbare Lebenszusammenhang der beteiligten Individuen im Zentrum steht, die »Geographie des revolutionären Plans« nicht mehr nur auf die Außenwelt beschränkt wird, Politisierungsprozesse sich durch die Dialektik der Bedürfnisproduktion hindurch entwickeln sollen.[5] Dies macht den bei oberflächlicher Betrachtung scheinbar »apolitischen« Charakter dieser Ansätze aus: ihr im Gegensatz zur traditionellen Linken betonter Verzicht auf globale, zentrale und abstrakte Organisationszusammenhänge und Strategien der »Systemveränderung«. Insofern geht es (zumindest in Teilen der Bewegung) nicht um »Flucht aus der Politik«, sondern eben um das Praktizieren eines neuen Inhalts von Politik, geboren aus historischen und eigenen Erfahrungen mit dem Scheitern eben dieser traditionellen Formen. Strukturell bedeutet dies zuallererst, die Bedingungen für die Entstehung, Artikulation und Realisierung veränderter, nicht durch den Mechanismus der bürgerlichen Gesellschaft deformierter Erlebnismöglichkeiten und Bedürfnisse herzustellen: durch Abkoppelung von den Zwängen der Lohnarbeit und des Markts, kollektiv-selbstverwalteter Produktion, Abbau von Hierarchie und Arbeitsteilung, Experiment mit neuen Technologien, Produktionsformen, Kommunikationsweisen, um die Realisierung nicht deformierter und zwangsweise zurechtgebogener Verkehrsformen, die Herstellung der Bedingungen für soziale Kreativität, um den Versuch, solidarisches Zusammenleben und Selbsthilfe zu praktizieren. Wenn man so will, geht es also um »alternative Ökonomie« in einem sehr umfassenden Sinne, um konkrete Veränderung der Produktions- und Reproduktionsweise der beteiligten Individuen insgesamt (auch wenn dies natürlich von den einzelnen Projekten oft nur punktuell aufgegriffen und angegangen werden kann).

Die Frage ist, ob es sich dabei um eine »Bewegung« handeln kann, die tatsächlich gesellschaftliche Strukturen zu verändern vermag, in der Lage ist, nachhaltige gesellschaftliche Wirkungen zu erzielen, mehr zu sein als nur eine Ansammlung isolierter und marginalisierter subkultureller Enklaven. Auch die Tatsache, daß sich die Alternativbewegung in den letzten Jahren – sicher auch als Folge der Arbeitslosigkeit und immer frustrierender werdenden Berufs»erwartungen« – sehr verbreitet hat, darf nicht darüber hinwegtäuschen, daß sie eben *auch* das *Produkt* der Gewalt kapitalistischer Verhältnisse ist und dieser Gewalt ausgesetzt bleibt, sich ihr nur scheinbar und auf illusionäre Weise entziehen kann.

Ganz strikt stellt sich das Problem bei der Frage nach den Bedingungen und Möglichkeiten einer »insulären« ökonomischen Transzendierung des Kapitalismus, d. h. der Schaffung »gegenökonomischer« Strukturen *innerhalb* der kapitalistischen Gesellschaft.[7] Alle diese Versuche stehen irgendwie vor der Alternative, sich entweder weitgehend aus dem bestehenden gesellschaftlichen Reproduktionszusammenhang herauszulösen und dafür die Misere einer kümmerlichen Subsistenzwirtschaft in Kauf zu nehmen oder sich den Zwängen des kapitalistischen Markts und der Konkurrenz auszusetzen und damit zu riskieren, daß die Ansätze zu einer Realisierung »befreiter« Formen von Arbeit und Produktion, der Abschaffung von Arbeitsteilung und Ausbeutung unterminiert werden.

Gegenökonomische Projekte leiden sozusagen strukturell an »Unterkapitalisierung«, was einhergeht mit Produktionsformen, die nicht dem Entwicklungsstand der kapitalistischen Produktivkräfte entsprechen. Das letztere kann sogar gewollt sein – nichtsdestotrotz resultiert daraus unter den Zwängen des Markts und der Konkurrenz tendenziell die Notwendigkeit zu Selbstausbeutung und zur Senkung des materiellen Reproduktionsniveaus unter dem gesellschaftlichen Durchschnitt. Verschärft wird dieses Dilemma durch den im Konkurrenzsystem bestandsnotwendigen Zwang zur Akkumulation, der dazu führt, daß sich die Beteiligten die mit dem »Prozeß der ursprünglichen Akkumulation« verbundenen Entbehrungen und Depravationen selber auferlegen müssen. Zwar können nicht- oder weniger entfremdete Arbeit und veränderte Lebens- und Konsumgewohnheiten ein – gemessen an herkömmlich warenförmigen Standards – geringeres materielles Reproduktionsniveau erträglich und sogar sinnvoll machen, doch bleibt das Problem im Grundsatz bestehen. Dies ist ein wesentlicher Grund dafür, daß alternative Projekte sehr leicht scheitern oder aber permanent auf Subsidien von Leuten angewiesen sind, die in »bürgerlichen« Berufen stehen (darauf, daß dies auch Vorteile haben kann, komme ich später zurück). Andererseits scheint mit der ökonomischen Stabilisierung, Vergrößerung und überregionaler Verflechtung solcher Projekte der Grad von Arbeitsteilung und Hierarchie, der Annäherung an kapitalistische Formen des Arbeitsprozesses und der sozialen Beziehungen zuzunehmen: der Preis für eine kapitalismusadäquate ökonomische »Effizienz«.[8] Schließlich besteht eine wesentliche »Systemgrenze« der alternativen Ökonomie in der weitgehenden Unmöglichkeit zur Produktion von Produktionsmitteln.[9]

Dies sind wesentliche Gründe dafür, daß die Durchsetzung gegenökonomischer Strukturen im Produktionsbereich nur beschränkt und – wie es scheint – allenfalls in Randzonen möglich ist, daß die Projekte ständig vom Scheitern bedroht sind oder sich eben an kapitalistische Strukturen anpassen. Die Folge davon ist, daß sich gegenökonomische Ansätze tendenziell in der Zirkulations- und Reproduktionssphäre, in vom Kapital aufgelassenen Regionen, unrentablen Produktionszweigen, also sozusagen in den Nischen und Hinterhöfen der kapitalistischen Gesellschaft ansiedeln, damit aber mit der kapitalistischen Ökonomie koexistieren, Lücken ausfüllen und partiell einige ihrer Defizite abdecken.[10] Nimmt man das alles zusammen, so läßt sich zunächst leicht die Unmöglichkeit belegen, »eine wirklich nichtkapitalistische Wirtschaft im Rahmen einer kapitalistischen Wirtschaft aufzubauen«.[11] Die Frage ist nur, was das politisch besagt. Auch darauf wird noch zurückzukommen sein.

Widersprüche

Die objektiven gesellschaftlichen Bedingungen, unter denen sich »alternative« Ansätze entwickelt haben und entwickeln – gesellschaftliche Marginalisierung, (erzwungener) Rückzug aus entfremdenden und repressiven Strukturen, die ökonomische Basis einer kleinen Warenproduktion und -verteilung – sind Grundlage für eine Reihe problematischer und vor allem sehr widersprüchlicher ideologischer Tendenzen. Zweifelsohne sind gerade in dieser Hinsicht die verschiedenen Projekte keinesfalls über einen Kamm zu scheren, ist pauschalisierende Kritik unangebracht.[12] Widersprüche dieser Art haben es an sich, daß sie immer auch weitertreibende Momente in sich tragen, produktiv gewendet werden können.

Sicher fördert – geht man nach der gängigen Kritik – eine ökonomisch-soziale Kleinbürgerexistenz Konkurrenzverhalten, Individualismus und Hierarchisierung, was vor allem dann fatal werden kann, wenn dies zugleich ideologisch negiert und verschleiert wird und sich deshalb umso naturwüchsiger und gewaltsamer durchsetzt.[13] Objektive Marginalität, die durch bewußte gesellschaftliche Selbstabgrenzung verstärkt wird, kann zu übermäßigem Gruppenintegrationsdruck und zur systematischen Abschottung von gesellschaftlichen Erfahrungszusammenhängen führen, mit der Folge der Durchsetzung rigider gruppeninterner Herrschaftsstrukturen, Ghettoisierung, Verlust an übergreifender Solidarität.[14] Dem entspricht die vielfach beobachtbare Neuauflage quasi lebensphilosophischer Unmittelbarkeitsideologien mit ihrem unreflektierten Rekurs auf »Natur« und »Subjektivität«, deren historische und gesellschaftliche Vermittlung ausgeblendet wird. »Natur« erscheint dann als »politische Ersatzidentität«,[15] die Rückkehr zu ihr und nicht mehr gesellschaftliche Veränderung gilt als Garant der Befreiung. Die innerpsychischen Reaktionsbildungen auf gesellschaftliche Machtstrukturen (»der Faschismus in uns«) wird leicht zum bewegenden Motiv, während der gesellschaftliche Zusammenhang der eigenen Lage negiert wird oder abstrakt bleibt (»das System«) – ebenso abstrakt wie der zur Worthülse inflationierte, jedes gesellschaftlichen Bezugs entkleidete Begriff »Identität«. »Theoriefeindlichkeit« ist nicht nur ein Angstprodukt traditioneller Intellektueller, meint auch nicht immer nur die verständliche Unlust zum Bücherlesen, sondern signalisiert eben auch das Sich-Einrichten in der bestehenden Gesellschaft.[16] Dies ist auch die Basis für die in Teilen der Ökologie- und Alternativbewegung virulenten Harmonie- und Gemeinschaftsvorstellungen, des unreflektierten Anti-Industrialismus und der Stadtfeindlichkeit – allesamt altbekannte und genuine Bestandteile konservativer Ideologie.[17]

Diese hier kurz referierte Kritik an politisch-ideologischen Tendenzen der Alternativenbewegung trifft diese sicher nur partiell. Und sie vereinseitigt auch. Der »Ausstieg« aus den bestehenden gesellschaftlichen Verhältnissen ist nicht nur Flucht, sondern auch Bedingung dafür, sich herrschenden Bewußtseinsdeformationen entziehen und sich solidarisch mit den herrschenden Strukturen auseinandersetzen zu können, nicht der Gefahr anheimzufallen, individuell verschlissen zu werden. Der »Kleinbürger-« Vorwurf verblaßt etwas, wenn man die zurechtgeschliffenen und uniformierten Leistungsfunktionäre dagegenhält, welche die fortgeschrittene kapitalistische Ökonomie und ihre Angestelltenkultur produzieren. Und auch der Bezug auf »Natur« und »Subjektivität« umfaßt durchaus Widersprüchliches: Das Thema »Ökologie«, das in weiten Teilen der Alternativbewegung bestimmend ist, enthält mehr als rückwärtsgewandt-romantische Beschwörungen von grünen Wiesen und tiefen Wäldern. In einer Gesellschaft, in der die vom Kapital durchgesetzten Umwälzungsprozesse nicht nur die physischen Lebensgrundlagen bedrohen, sondern fortwährend auch soziale Beziehungen aufgelöst und die Individuen zu atomisierten Funktionspartikeln degradiert werden, wo menschliche Beziehungen immer mehr der Warenform gehorchen, der Zirkel des Konsumerismus (immer mehr arbeiten, um immer mehr immer weniger Nützliches zu konsumieren) den Alltag bestimmt, wo die Arbeitsprozesse von Dequalifikation, Sinnentleerung und Streß gekennzeichnet sind, kurzum: die Individuen immer durchgängiger und bis in ihre kleinsten Lebensäußerungen hinein als von den herrschenden ökonomisch-gesellschaftlichen Verhältnissen modelliert und produziert erscheinen, wird »Natur« und »Ökologie« zum Symbolbegriff für sehr viel Weiterreichendes: Er meint nicht mehr nur die von Vernichtung bedrohte natürliche Lebensumwelt, sondern in viel umfassenderem Sinne das Bedürfnis nach Selbstverwirklichung und

Selbstbestimmung, das gegen die übermächtigen Zwänge einer umfassend gewordenen »Normalisierungsgesellschaft« durchgesetzt werden muß. Die gewaltsam modernisierte Gesellschaft hat traditionelle Produktionszusammenhänge und Lebensweisen mit den ihnen entsprechenden Bewußtseinsformen längst eingeebnet. Durchkapitalisierung und Durchstaatlichung produzieren indessen selbst fortwährend neue »überschießende Bedürfnisse«, die quer liegen zu den herrschenden Formen der Vergesellschaftung. Dies ist der Widerspruch, welcher der Alternativbewegung ihre fast durchgehend »ökologische« Ausrichtung gibt. Eben weil der Rückzug auf stabile Traditionen und überkommene Wertmuster so ohne weiteres gar nicht mehr möglich ist, nimmt dies manchmal eigentümliche und auch skurrile Formen an. Aber es sind die herrschenden Verhältnisse selbst, die über borniete Naturschwärmerei und unmittelbarkeitsideologische Subjektivität immer wieder hinaustreiben.

Dennoch: die Gefahr ist nicht zu verkennen, daß objektive Marginalisierung und auf unbegriffenen gesellschaftlichen Krisen- und Desintegrationserscheinungen beruhende Flucht- und Ausstiegsbewegungen ideologische Ausdrucksformen produzieren, die direkt in die Ghettoexistenz einer »unmittelbarkeitsideologischen Sekte«[18] führen: ausgegrenzt, politisch harmlos oder reaktionär funktionalisierbar, degradiert zu einer subkulturellen Folklore, die sich der kapitalistischen Bewußtseins- und Konsumindustrie als Objekt der Ausbeutung und Vermarktung anbietet.

Vor allem darf nicht verkannt werden, daß die Alternativbewegung (freilich nicht nur diese) stark der Gefahr ausgesetzt ist, vom Transformations- zum Integrations- und Stabilisierungsmoment der bestehenden Gesellschaft herabzusinken; an deren Rändern siedelnd, Fluchtpunkte bietend, »in den Löchern des Vergesellschaftungsprozesses«[19] materielle und psychische Lücken ausfüllend, politisch und ideologisch Widerstand und Protest neutralisierend – als subkulturelle Enklave zugleich Vehikel der materiellen, ideologischen und politischen Reproduktion der bestehenden Verhältnisse.[20] Die im »Modell Deutschland« sich abzeichnende Spaltung der Gesellschaft in einen korporativistisch stabilisierten »Leistungskern« und eine ausgegrenzte, marginalisierte »Peripherie« ist eine wesentliche objektive Grundlage der Entstehung und Entwicklung der Alternativbewegung. Dies bedingt auch ihre politischen und ideologischen Ambivalenzen: einerseits die Tendenz, die herrschenden Ausgrenzungs- und Marginalisierungsmechanismen gesellschaftstranszendierend aufzunehmen und politisch produktiv zu wenden, aber auch den Zug zur affirmativen Bestätigung und ideologischen Absicherung dessen, was sich aufgrund des ökonomisch-sozialen Krisenmechanismus naturwüchsig vollzieht. Objektiv und strukturanalytisch wird sich der gesellschaftlich-politische Charakter der Alternativbewegung deshalb kaum bestimmen lassen. Dazu ist sie viel zu heterogen, zu dezentral und zu vielgestaltig. Die ihr zugrundeliegenden Vorstellungen von Emanzipation sind notwendig ambivalent. Ihre Entwicklung ist nicht einfach prognostizierbar, bleibt eine Frage von Lern- und Auseinandersetzungsprozessen, der Art und Weise, wie Erfahrungen verarbeitet werden, auch ihrer Stellung zur »übrigen« Gesellschaft.

Es wäre sicher verfehlt, wenn man von der Alternativbewegung den Ansatz zu einer stabilen, selbsttragenden »Gegengesellschaft« oder »Gegenökonomie«, die Schaffung fertiger »Modelle« für eine befreite Gesellschaft erwarten würde. Schon von den ökonomischen Bedingungen her gilt, daß unter den gegebenen gesellschaftlichen Verhältnissen die Sicherung der materiellen Reproduktion und die Realisierung »alternativer« Gesellschaftsentwürfe nur beschränkt vereinbar sind.[22] Der Versuch zur Schaffung sozialistischer Inseln innerhalb der kapitalistischen Gesellschaft dürfte sich angesichts der Gewalt der bestehenden Strukturen als illusionäres Unterfangen erweisen. Historische Vorbilder, die bruchlos auf die heutigen Verhältnisse und Möglichkeiten übertragen werden könnten, gibt es nicht.

Lernprozesse

»Ich glaube, die Tatsache, daß es Leute gibt, die diesen Schritt tun, ist bedeutsam. Sie beweisen damit jenen, die in den alten Produktionsverhältnissen verharren, daß es möglich ist, etwas anderes zu tun. Wenn wir uns heute im Betrieb lustig machen, daß es irgendwo Leute gibt, die eine Landkommune aufziehen und sich da selbst ernähren – oder andere Alternativprojekte – weiß man heute noch nicht, ob das nicht Formen sind, die zwar nicht hundertprozentig nachzuvollziehen sind, aber in denen ein Kern steckt, der für uns schon seine Wichtigkeit hat. Die andere Seite ist die, daß wir uns diese Utopien im Grunde zur Zeit nicht leisten können, höchstens gedanklich, aber in der Wirklichkeit können wir sie nicht bringen. Denn wir stehen in Zwängen, die einfach vorgegeben sind.«
(Willi Hoss, Betriebsrat bei Daimler-Benz)

So oder so – das emanzipative und gesellschaftlich weitertreibende Moment der Alternativenbewegung liegt darin, daß gezeigt werden kann, daß es auch anders geht, im praktischen Experiment mit neuen Formen des Arbeitens und Zusammenlebens, in der fortwährenden Thematisierung gesellschaftlicher Probleme und Möglichkeiten, die systematisch aus dem herrschenden Bewußtsein herausgehalten werden. Der »Ausstieg« aus den vorgeschriebenen institutionellen Verhaltenskanälen und eine radikal veränderte gesellschaftliche Praxis bilden eine wesentliche Voraussetzung für eine grundsätzliche Kritik an den scheinbaren Selbstverständlichkeiten und Sachzwängen der bestehenden Gesellschaft und eine Sensibilisierung für die Formierungs- und Enteignungsprozesse, denen alle fortwährend unterliegen, für Widerstand gegen das gewaltsame Ausblenden von Bedürfnissen und Interessen. Er erst ermöglicht neue Formen sozialer und kultureller Kreativität, gewährleistet auch eine produktive Kritik an und Konfrontation mit denen, die innerhalb der etablierten Institutionen arbeiten und dabei immer in der Gefahr stehen, von deren Handlungsdefinitionen und Denkschablonen überwältigt und zurechtgestutzt zu werden. Es geht also darum, Erfahrungen zu machen, zu lernen, zu experimentieren, an vielen Stellen und vor allem bei sich selbst auszuprobieren, ob und wie man anders und besser gesellschaftlich leben und arbeiten kann,[23] konkreter zu machen, was als »Sozialismus« in der Linken bisher eher blasse Versprechung und ferne Utopie war.

Gerade das Nichtzurückgreifen auf überkommene Formen, der Verzicht auf systematische Gesellschaftsentwürfe, fertige Modelle und Weltanschauungen ist eine wesentliche Bedingung für die soziale Progressivität dieser Ansätze.[24] Und ihre ökonomische Unsicherheit ist ebenso unvermeidlich wie die Gefahr, von den herrschenden gesellschaftlichen Strukturen wieder eingeholt zu werden, gesteckte Ziele nicht zu erreichen oder halt ganz zu scheitern. Ein Widerspruch der bestehenden Gesellschaft scheint darin zu liegen, daß sie zwar durch wachsende physische und psychische Zerstörungen und die Beschleunigung destruktiver sozialer Umwälzungsprozesse gekennzeichnet ist, aber zugleich auch infolge ihrer immer spürbarer werdenden Blockierungen, der offenen Fragwürdigkeit des von ihr produzierten »Fortschritts«, ihren Zirkeln der Verschleißproduktion, der offenkundigen Fehlleitung ihrer technischen Möglichkeiten wachsende subjektive Widerstands- und Protestpotentiale hervortreibt.[25] Genau diesen Widerspruch produktiv aufzunehmen ist ein wesentliches Moment sozialrevolutionärer Politik heute.

Dies setzt ganz wesentlich voraus, daß es gelingt, soziale und ideologische Abkapselungen und Ghettoisierungen zu vermeiden. Alternative Lebensformen sind gerade soweit politisch, als sie sich nicht aus der bestehenden Gesellschaft ausklinken (und auf diese Weise deren Ausgrenzungs- und Marginalisierungsmechanismen mittragen), sondern sich mit ihr konfrontieren und in sie hineinwirken.[26] Dies sicher nicht, um abstrakt »antikapitalistisches Bewußtsein in die Massen hineinzutragen«, wie Mandel so schön formuliert,[27] sondern durch praktische Veränderung, soziale Kreativität, konkrete Auseinandersetzung mit den bestehenden gesellschaftlichen Strukturen und den sie stützenden Machtverhältnissen, durch unmittelbare Interessenwahrnehmung. Dies beinhaltet zugleich die Fähigkeit, »offen« zu bleiben für Versuche und Experimente, Bereitschaft, die eigene Existenzweise und verfestigte Vorstellungen in Frage zu stellen und zu kritisieren, Isolations- und Konkurrenzmechanismen zu überwinden. Und dies heißt immer auch: theoretische Reflexion der eigenen Praxis.

Dazu bedarf es sicherlich einiger Voraussetzungen. Einmal gibt es die schon angedeutete Ambivalenz von »Flucht« in der Weise, als das Offenhalten von Rückzugsmöglichkeiten, die Schaffung »insulärer« und in gewisser Weise vom herrschenden gesellschaftlichen Betrieb abgeschotteter sozialer Zusammenhänge auch notwendig ist, um persönliche Stabilität, Beziehungen und Kommunikationsmöglichkeiten zu erhalten, ohne die auf längere Sicht solches Leben und die damit verbundenen Auseinandersetzungen und Kämpfe kaum durchzuhalten sind.[28] Genauso gibt es eine Ambivalenz der Dezentralisierung: sie ist notwendig als Bedingung von Offenheit und Vielfältigkeit der Ansätze, zugleich ist sie auch gewaltsam produziert durch den Krisenzusammenhang der bestehenden Gesellschaft, ihre Ausgrenzungsmechanismen und Machtstrukturen. (Diese Ambivalenz nicht zu sehen, macht einen guten Teil der Naivität aus, mit der z. B. Th. Schmid Dezentralität als politische Errungenschaft feiert.[29]) Die widersprüchliche »Doppelstruktur von Partialisierung und Konkretisierung der Rebellion«[30] stellt auch das Problem, wie übergreifende Zusammenhänge herzustellen sind, ohne die langfristig eine gewisse politische und ökonomische Stabilisierung, aber auch kollektive Diskussion und Reflexion kaum gewährleistet werden können. Das ist die Frage einer »politischen Synthese der heterogenen Partikularbewegungen, ohne daß diese ihre Antriebsmomente verlieren«[31], und sie kann sicher nicht einfach beiseitegeschoben werden. Daß diese »Organisationsfrage« allerdings nicht nach herkömmlichen Mustern, also etwa durch Parteigründung oder ähnliches zu lösen ist, dürfte sich von selbst verstehen. Überhaupt wäre es fatal (und auch zum Scheitern verurteilt), wenn man versuchen wollte, der existierenden Bewegung eine einheitliche Organisationsstruktur überzustülpen.

Die Entwicklung solcher Zusammenhänge, von »kleinen Netzen«,[32] einer revolutionären »Infrastruktur«[33] muß aus der Bewegung selbst kommen. Freilich darf es dabei eben nicht nur um die selbstgenügsame Stabilisierung eines subkulturellen Milieus gehen. Was »alternativ« ist, läßt sich so genau ohnehin nicht bestimmen. Das Spektrum, das zwischen bescheidenen Wohngemeinschaftsversuchen und großangelegten Landkommunegründungen oder Produktionsgenossenschaften liegt, ist weit, und immer noch gibt es sinnvollerweise solche, die innerhalb der bestehenden gesellschaftlichen Institutionen politisch arbeiten oder sich auch »nur« in Bürgerinitiativen engagieren. Eine sozialrevolutionäre »Infrastruktur« müßte nicht zuletzt darin bestehen, stabilere Zusammenhänge zu schaffen, nicht nur zwischen den unterschiedlichen alternativen Projekten und Ansätzen, sondern auch mit den mehr oder weniger stark in den »normalen« gesellschaftlichen Reproduktionszusammenhängen stehenden Individuen und Gruppen: Zwecks Information, Anregung, wechselseitiger Unterstützung. Gerade weil es unmöglich ist, sozusagen durch die Hintertür alternativer

Projekte die kapitalistische Gesellschaft zu unterlaufen und zu beseitigen, weil die bestehende Gesellschaft die umfassendere Durchsetzung nichtkapitalistischer Strukturen mit einigem Erfolg verhindern kann, ist eine gewisse Vernetzung mit dem gesellschaftlichen Kern – auch zur Verhinderung gewaltsamer Marginalisierung und Ausgrenzung – eine grundlegende Bedingung für die politische Wirksamkeit alternativer Ansätze und Versuche. Unter diesem Gesichtspunkt könnte die Abhängigkeit »gegenökonomischer« Projekte von materieller Unterstützung von außen durchaus auch produktive Funktionen haben.

Kurzum: Wie und wohin sich die Alternativenbewegung in der BRD entwickeln wird, ob sie möglicherweise Moment eines sozialrevolutionären gesellschaftlichen Veränderungsprozesses sein kann, ist offen und objektiv nicht voraussagbar. Gewisse Chancen dazu bestehen immerhin.

Sozialismus – aber wie?

Nach diesen Überlegungen kann die Frage nach globalen gesellschaftsverändernden Strategien und umfassenden Organisationsformen einschließlich des Umgangs mit den politischen Institutionen der bürgerlichen Gesellschaft unter einem etwas veränderten Blickwinkel diskutiert werden.

Einige zentrale Vorstellungen von der Entwicklung der Ökonomie, der Klassen- und Konfliktstrukturen der kapitalistischen Gesellschaft, die von Marx skizziert und in der Theorie der Arbeiterbewegung systematisiert und kanonisiert worden sind, haben sich als eindeutig unzutreffend herausgestellt. Zwar erweist sich die kapitalistische Gesellschaft allen Hoffnungen ihrer Apologeten zum Trotz als fundamental krisenhaft, aber diese krisenhafte Entwicklungsdynamik scheint weder in einem umfassenden ökonomischen Zusammenbruch zu kulminieren, noch erzeugt sie im industriellen Proletariat den Vollstrecker revolutionärer Umwälzungen. Weit über das Maß hinaus, mit dem Marx rechnen konnte, hat sich das imperialistische Kapital als anpassungsfähig erwiesen, war es in der Lage, durch permanente Reorganisation seiner ökonomischen, technischen, politischen und sozialen Verwertungsbedingungen seinen Profit und damit seine Existenz zu sichern. Der Preis dafür sind tiefgreifende und sich beschleunigende gesellschaftliche Umwälzungen, psychische Deformierungen, Verwerfungen der Klassenstruktur, die Zerstörung der gesellschaftlichen Naturbasis. Statt einer globalen Zusammenbruchskrise produziert der entwickelte Kapitalismus die Permanenz eines ganzen Bündels von sektoralen Krisen und gesellschaftlichen Desintegrationserscheinungen, die sich aber bislang immer noch als manipulierbar und kontrollierbar erwiesen haben. Jedenfalls läßt sich konstatieren, daß gerade in den entwickeltsten kapitalistischen Zentren wesentliche soziale Bewegungen und Konflikte nicht (mehr) vom industriellen Proletariat als Klasse ausgehen, dieses eher am Rande berühren und beeinflussen.

Zwei Punkte sind in diesem Zusammenhang vor allem problematisiert worden: Die Vorstellung vom revolutionären Prozeß als Ergebnis einer »objektiven« Widerspruchsentwicklung von Produktivkräften und Produktionsverhältnissen, die zugleich das Proletariat als revolutionäres Subjekt quasi mit innerer Notwendigkeit hervorbringt, und die politischen Organisations- und Strategiekonzepte, die sich mit dieser »Revolutionsphysik« verbunden haben.

Ein grundlegender, schon bei Marx angedeuteter Fehler bei der Analyse des kapitalistischen Entwicklungsprozesses besteht in der Annahme eines im Kern gesellschaftsneutralen Charakters der Produktivkräfte, die aufgrund ihrer eigengesetzlichen Dynamik mit Notwendigkeit an die Grenzen der kapitalistischen Produktionsverhältnisse stoßen und diese »Fessel« sprengen müssen, wobei das revolutionäre Proletariat – selbst in spezifischer Weise Produkt der kapitalistischen Produktivkraftentwicklung – zum subjektiven Vollstrecker dieses geschichtlichen Objektivitätszusammenhangs wird, bereit, nach Vollzug der Revolution die »entfesselten« Produktivkräfte zur Grundlage der damit möglich gewordenen »allseitigen Entwicklung des Menschen« zu machen. Dabei wird übersehen, daß kapitalistisch bestimmte Technologieentwicklung in der Weise gesellschaftlich formbestimmt ist, daß damit ein bestimmtes (nämlich ausbeuterisches) Verhältnis von Mensch zu Mensch und zu Natur, spezifische Formen herrschaftlicher Vergesellschaftung und der gesellschaftlichen Arbeitsteilung gesetzt sind, die in ihrer Grundstruktur unvereinbar sind mit den Voraussetzungen einer Gesellschaft selbstbestimmter und sich frei entfaltender Individuen. Die kapitalistische Maschinerie ist nicht bruchlos in eine andere gesellschaftliche Form zu versetzen, sie ist selbst, bis in ihre kleinsten Funktions- und Konstruktionsprinzipien hinein geprägt von den bestehenden gesellschaftlichen Verhältnissen: Ausbeutung und Herrschaft.[34]

Ein besonderes Charakteristikum des Kapitalismus ist vor allem, daß er die nach Marx wichtigste Produktivkraft, nämlich die assoziierten Menschen selbst, nur in einer ungeheuer verzerrten und deformierten Weise entwickelt: durch systematische Unterdrückung sozialer Kreativität, von Autonomie und solidarischen Verkehrsformen, durch Unfähigkeit zu einem »ökologischen« Umgang mit der Natur, durch vielfältige Formen der Dequalifizierung und psychischen Enteignung.

In doppeltem Sinne, sowohl was die Art und Weise der Produktivkraftentwicklung als auch was die Herausbildung eines »revolutionären Subjekts« angeht, entwickelt die bürgerliche Gesellschaft gerade nicht in ihrem eigenen Schoße die sie transzendierenden Momente in gewissermaßen fertiger Form. Im Gegenteil: Faktisch produziert der kapitalistische Prozeß in wachsendem Maße physische und psychische Zerstörung und soziale Desintegration auf allen Ebenen. Der »objektive« Selbstlauf der kapitalistischen Gesellschaft scheint nach allen Erfahrungen eher die Barbarei als den Sozialismus hervorzubringen.

Dieser theoretischen »Revolutionsphysik« und den darin liegenden Ungereimtheiten hat in der Geschichte der Arbeiterbewegung eine Fixierung auf politische Organisationsformen und Strategien entsprochen, die, etwas vereinfacht ausgedrückt, auf den untauglichen Versuch einer Herbeiführung der sozialistischen Revolution mit bürgerlichen Mitteln hinausliefen. In der Tat: wenn es in einem naiven Fortschrittsglauben und einem mechanisch-objektivistischen Geschichtsverständnis nur darum zu gehen scheint, die kapitalistischen Produktivkräfte zu »entfesseln« und weiterzuentwikkeln, und wenn das existierende Proletariat aufgrund einer vorausgesetzten Geschichtsdialektik a priori zum revolutionären Subjekt definiert wird, so sind parteimäßige Organisierung, Zentralisierung, die Durchsetzung von Fabrikdisziplin und Arbeitsteilung, Bürokratisierung und Herrschaft notwendige Merkmale »revolutionärer« Politik.[35] Das Konzept der Herstellung einer neuen und befreiten Gesellschaft *nach* und mittels der Eroberung der zentralen politischen Machtpositionen beinhaltet notwendig ein Maß von Selbst- und Fremdinstrumentalisierung, das Entfremdung und Herrschaft zum Strukturprinzip eben der Organisationen werden läßt, die sie abschaffen wollen, bildet die Grundlage für entmündigende Stellvertreterpolitik, Avantgardismus, Staatszentrierung, führt zur systematischen Ausgrenzung unmittelbarer Bedürfnisse und Interessen aus dem politischen Zusammenhang und läßt damit »Sozialismus« zu einem abstrakten Zukunftsideal verkümmern, mit dem sich kaum noch ein existenzielles Interesse verbinden läßt.

Während die bürgerliche Klasse sich im Schoße der alten Feudalgesellschaft als ökonomisch, sozial und ideologisch dominierende Klasse etablieren konnte, *bevor* sie dann schließlich revolutionär die politische Macht an sich riß (von den vielfältigen »nationalen« Besonderheiten dieser Entwicklung, insbesondere was Deutschland angeht, sehe ich hier ab), so gilt das offenbar nicht in analoger Weise für das Verhältnis von bürgerlicher Gesellschaft und Sozialismus. Man muß davon ausgehen, daß Bewegungsmechanismus und Entwicklungsdynamik des Kapitalismus eine quasi naturwüchsige Herausbildung sozialistischer Formen nachdrücklich verhindern. Die bürgerliche Gesellschaft hat die Tendenz, in allen gesellschaftlichen Sphären, in den Arbeitsprozessen und Technologien, den Verkehrs-, Bewußtseins- und politischen Organisationsformen nichtbürgerliche Strukturen aufzulösen, zu zerschlagen, unmöglich zu machen.[36] Wenn das aber so ist, dann muß sich die Hoffnung auf naturwüchsige »Reifeprozesse«, Krisen, Zusammenbrüche als fatal erweisen. Strikt materialistisch gesehen: woher sollen revolutionäres Bewußtsein, revolutionäre Perspektiven und ein revolutionäres (nicht nur revoltierendes) Subjekt entstehen, wenn dem kein materielles Substrat in den gesellschaftlichen Produktions- und Verkehrsformen entspricht, wenn die herrschenden gesellschaftlichen Mechanismen die Herausbildung einer derartigen »Alternative« gerade verhindern?

Alles spricht dafür, daß eine revolutionäre Veränderung der bürgerlichen Gesellschaft weder das Produkt ihrer eigenen naturwüchsigen (Krisen-) Entwicklung noch das Ergebnis einer Politik organisierter Avantgarden sein kann und daß es jedenfalls nicht die bürgerlichen (nämlich hierarchisch-bürokratischen, arbeitsteiligen und instrumentalistischen) Formen der politischen Organisation (Partei, Bürokratie, Staat) sind, mit deren Hilfe sie voranzubringen ist. Die Frage ist vielmehr zuallererst, ob und unter welchen Bedingungen Formen der Produktion, der Vergesellschaftung und der politischen Organisierung geschaffen werden können, die Gegenstand und Grundlage von die bürgerlichen Strukturen überschreitenden Lernprozessen sind, durch welche sich ein »revolutionäres« Subjekt (wer immer das konkret sei) erst einmal herausbilden kann. Die Schaffung »sozialistischer« Vergesellschaftungs-, Produktions- und Verkehrsformen kann weder auf den Tag nach der revolutionären Eroberung der Staatsmacht und der Veränderung der Eigentumsverhältnisse verschoben werden, noch wird sie von selbst erfolgen. Vielmehr bedarf es dazu konkreter Politik, der Freisetzung praktischer Subjektivität und Kreativität, der unmittelbaren Veränderung des alltäglichen Lebens. Dabei geht es weniger um abstrakt vereinheitlichende Programmatik und Organisation, um Machtbildung im bürgerlich-politischen Sinne, sondern um Vielfältigkeit und Experiment, um die Ermöglichung von Erfahrungs- und Lernprozessen in allen Bereichen der Gesellschaft. Sicherlich erzeugt die kapitalistische Gesellschaft aufgrund ihrer Krisen und Widersprüche und die Art und Weise, mit der sie Bedürfnisse zugleich produziert, unterdrückt und kompensatorisch vereinnahmt, wesentliche subjektive Voraussetzungen dafür. Jedoch: sie schafft zunächst einmal (möglicherweise massenhaft) subjektive Potentiale, einen »Subjektivitätsüberhang« im Sinne von Utopien, Hoffnungen, Sich-nicht-mehr-anpassen-wollen, Rebellion (Marcuse), aber keine mit ihr nicht vereinbaren materiellen Strukturen. D. h. es bleibt, daß nichtbürgerliche Formen der Vergesellschaftung praktisch gegen die (stumme und manifeste) Gewalt der bestehenden ökonomischen, sozialen und politischen Strukturen durchgesetzt und erkämpft werden müssen. Wenn es eine »sozialistische« und »revolutionäre« Politik gibt, dann besteht sie zuallererst darin, d. h. unmittelbar konkret und erfahrbar zu machen, was »Sozialismus« für die gesellschaftlichen Individuen praktisch heißt und bedeuten kann, sozialistische Formen des Produzierens und Zusammenlebens praktisch zu entwickeln, auszuprobieren und zu erkämpfen.[37] In diesem Kontext bestimmt sich der politische Stellenwert, den die »Alternativbewegung« historisch hat oder haben kann.

Radikaler Reformismus

Gerade die Alternativbewegung ist (neben vielen anderen) des öfteren unter den Verdacht des »Reformismus« gestellt worden.[38] Diese Kritik bezieht sich auf ihre Dezentralität, ihren Partikularismus, ihre Arbeit in kleinen Schritten zur Revolutionierung des Alltags, die Konzentration auf die konkreten Erfahrungen und Bedürfnisse der Beteiligten und auf subjektive Emanzipation, den Verzicht auf umfassende revolutionäre Programme, Strategien und Organisationen.

Freilich ist das Verhältnis von »Reform« und »Revolution« nicht so einfach, wie es in dieser Kritik zum Teil unterstellt wird. Die historischen Erfahrungen haben gezeigt, daß sich der revolutionäre Charakter einer Bewegung nicht am Grad ihrer organisatorischen Stärke und an der Radikalität ihres Programms mißt, sondern daran, inwieweit sie in der Lage ist, die ökonomisch-sozialen Strukturen der bürgerlichen Gesellschaft konkret zu durchbrechen und dieses transzendierende Moment in sich selber, in ihren Organisation-, Lebens- und Verkehrsformen, in ihrem Umgang mit Bedürfnissen, Interessen und Erfahrungen zu realisieren. »Reformismus« oder nicht ist keine Frage abstrakter Programme und Forderungen, noch weniger der guten politischen Absichten, sondern der konkreten gesellschaftlichen Praxis: eben des Umgangs mit den bürgerlichen Formen. Die Entwicklung der bürgerlichen Gesellschaft, die Tatsache, daß sie eben keinen naturwüchsigen Mechanismus des »Übergangs zum Sozialismus« aufweist, sondern eher ihre Strukturen gewaltsam und im Weltmaßstab verallgemeinert, die Art und Weise ihrer Krisenprozesse und Klassenverschiebungen legen die Vermutung nahe, daß revolutionäre Veränderungen heute tatsächlich nur im Wege eines »radikalen Reformismus« möglich sind – radikal im doppelten Sinne: als konsequente Durchsetzung von Selbstorganisation und autonomer Interessenwahrnehmung bei der praktischen Veränderung der Arbeits- und Lebensverhältnisse, durch »dezentrale« Ausweitung der Angriffspunkte und Konflikte und konsequenten Verzicht darauf, emanzipatorische Veränderung der Gesellschaft mittels des Staates durchsetzen zu wollen.[39] Die entwickelte kapitalistische Gesellschaft mit ihrer Tendenz zur Partikularisierung und Ausgrenzung von Krisenerscheinungen, zu Naturzerstörung und sozialer Desintegration, zu Machtzentralisierung und zu immer umfassenderer repressiver Normalisierung verändert auf jeden Fall das Feld der politischen und sozialen Auseinandersetzungen: es verlagert sich auf zunächst partikulare Bereiche, verbindet sich mit »insulären« Ansätzen der praktischen Veränderung von Lebensbedingungen, wird dezentral und gewissermaßen subversiv, entfaltet sich aus den vielfältigen Ausgrenzungs-, Abspaltungs- und Enteignungsprozessen von Bedürfnissen, Interessen und Individuen heraus. Die Dezentralität und der Partikularismus einer Bewegung, ihre punktuelle Konkretheit und unmittelbare Interessenbezogenheit ist wesentliche Bedingung dafür, daß sie nicht in die Gefahr gerät, sich auf »übergeordnete« Verhandlungsprozesse einzulassen, sich auf ein vorgebliches »Gemeinwohl« zu verpflichten, d. h. mit anderen Worten: sich den Kopf der Herrschenden zu zerbrechen. Gerade sich *nicht* auf die herrschenden Strukturen und politischen Verkehrsformen und die ihnen entsprechenden Regeln und »Sachgesetzlichkeiten« einzulassen, macht ihren sprengenden Charakter aus.

Wenn Leute ihre Interessen selbst in die Hand nehmen, wenn gesellschaftliche Verhältnisse konkret und unmittelbar verändert werden und dies massenhaft geschieht, so ist dies keine Reform mehr. Ein derartiger Prozeß würde eine politische Dynamik in Gang setzen, von der die ökonomisch-sozialen Strukturen der bestehenden Gesellschaft nicht unberührt blieben. Radikaler Reformismus unterscheidet sich von institutioneller Reformpolitik eben dadurch, daß er sich nicht in die Herrschafts- und Integrationsstrukturen der bestehenden Gesellschaft einpassen läßt und diese damit befestigt und bestätigt. Er läuft nicht auf die entmündigende Stellvertreterpolitik hinaus, auf der das bürgerliche politische System von Repräsentation, Parteipolitik und Wahlarithmetik beruht. Das Fatale an einem sich in den vorfindlichen politischen Strukturen bewegenden Reformismus besteht ja gerade darin, daß er diejenigen, für die stellvertretend etwas getan wird, durch die Art und Weise der »Interessenberücksichtigung« politisch handlungsunfähig macht, Autonomie und solidarische Selbstorganisation verhindert.

Das System der bürgerlichen politischen Institutionen hat seine grundlegende Funktionslogik darin, daß es strukturell individualisiert, Interessen von den Individuen abspaltet, gegeneinander ausspielt, abstraktifiziert, bürokratische Abhängigkeit sowohl voraussetzt als auch erzeugt. Deshalb muß eine institutionelle Reformpolitik – unabhängig von den Absichten derer, die sie betreiben – die bestehenden gesellschaftlichen Strukturen immer wieder bestätigen, muß sie eine praktische Veränderung von Produktionsformen und Lebensweisen erschweren und behindern. Die Erfahrungen mit der sozialdemokratischen Reformpolitik seit dem Ende der sechziger Jahre in der BRD sind hierfür einschlägig: ihr Scheitern und die daraus folgenden politischen Demoralisierungserscheinungen waren sozusagen strukturell (und sicher unabhängig von der ökonomischen Krisenentwicklung) in sie eingebaut. Es ist eben ein Unterschied, ob sanierungsbedrohte Mieter ihre Wohnungen und Häuser besetzen oder ob der Bundestag eine kleine Korrektur des Mietrechts beschließt. Ebenso ein Unterschied ist es, ob der Bau von AKW's praktisch verhindert wird oder in Bonn »machbare« Bau- und Sicherheitsbestimmungen ausgehandelt werden – ganz abgesehen davon, daß derartige institutionelle »Reformen« ohne den dahinterstehenden Basisdruck gar nicht zustandekämen und auch schnell wieder zurückgenommen werden, wenn dieser – möglicherweise gerade als eine politische Folge institutionalisierter Reformpolitik – wieder abflaut.

Natürlich wird die Linke nicht darum herumkommen, institutionelle Politik zu machen. Man kann sich von der bestehenden Gesellschaft und ihren politischen Prozessen nicht einfach abkoppeln und so tun, als gäbe es sie nicht. Illusorisch allerdings wäre der Glaube, *mit* den bürgerlichen politischen Institutionen, mit Parteien, durch Wahlen, via Bürokratie und Staat die Gesellschaft strukturell verändern zu können. Dies kann nur eine Sache unmittelbarer gesellschaftlicher Praxis im Alltag sein, der faktischen Veränderung von Arbeits- und Lebensformen, von sozialen Zusammenhängen und Erfahrungsmöglichkeiten durch die konkreten Individuen selbst. Politik mit und in den Institutionen der bürgerlichen Gesellschaft kann immer nur den Sinn haben, dafür Bedingungen zu schaffen oder zu erhalten, materielle oder legale Spielräume zu sichern, Repression abzuwehren. Dies ist sicherlich nicht unwichtig. Von sozialrevolutionären Zielsetzungen her bedeutet das aber erst einmal nicht mehr als eine im Kern taktische und instrumentelle Angelegenheit, die Gewährleistung von Randbedingungen eben. Dies gälte auch für eine linke Partei in bürgerlicher Form (d. h. zentralisiert, vereinheitlichend, abgehoben, bürokratisch und hierarchisch).

Ein solches Verhältnis zu den bürgerlichen politischen Institutionen ist aber nur möglich, wenn es dafür eine tragfähige gesellschaftliche Basis gibt, d. h. eine Infrastruktur von veränderten Arbeits- und Lebensformen, sozialen Beziehungen und Zusammenhängen »gegengesellschaftlicher« Art. Ohne diese ist die Bedrohung durch den schlechten Zirkel von institutionellem Reformismus und gewaltsamer Repression (d. h. die Erfahrungen der letzten zehn Jahre) groß, bleibt die Gefahr eines »Marschs der Institutionen durch uns« übermächtig. Und weil die BRD-Linke in bezug auf die Herausbildung solcher gesellschaftlicher Infrastrukturen noch so schwach ist, gälte es zunächst einmal, alle Kräfte auf dieses Terrain zu konzentrieren. Erst müssen noch mehr konkrete Ansätze und praktische Vorstellungen von dem entwickelt werden, was da gegebenenfalls parlamentarisch ermöglicht oder abgesichert werden soll.

Anmerkungen

1 Vgl. die Übersicht bei Peter Brückner, *Thesen zur Diskussion der »Alternativen«*, in: W. Kraushaar (Hrsg.) Autonomie oder Getto?, Frankfurt/M. 1978, S. 68 ff. sowie AG SPAK (Hrsg.), *Materialien zur alternativen Ökonomie I–III*, Berlin, 4. Aufl. 1978. Reichhaltiges Material enthalten auch die Zeitschriften *Wir wollen's anders*, herausgegeben von der Arbeiterselbsthilfe Frankfurt/Niederursel, *basis* und *Graswurzel-Revolution*.

2 Vgl. dazu auch Paul Starr, *The Phantom Community*, in: John Case u. Rosemary Taylor, *Co-ops, Communes & Collectives*, New York 1979, S. 245 ff., der zwischen »exemplary« und »adversary« »counterinstitutions« unterscheidet.

3 Vgl. dazu Michael Vester, *Zur Geschichte der Genossenschaftsbewegung*, in: AG SPAK (Hrsg.), *Materialien zur alternativen Ökonomie I*, a.a.O.; Janos Frecot, Johann Friedrich Geist, Diethard Kerbs, *Abriß der Lebensreform*, in: W. Kraushaar (Hrsg.) *Autonomie oder Getto?*, a.a.O., S. 210 ff. Zur neueren Geschichte vgl. vor allem Walter Hollstein, *Die Gegengesellschaft*, Bonn 1979 sowie Bernd Leineweber/Karl-Ludwig Schibel, *Die Revolution ist vorbei – wir haben gesiegt*, Berlin 1975.

4 W. Kraushaar, Thesen *Zum Verhältnis von Alternativ- und Fluchtbewegung*, in Ders. (Hrsg.), Autonomie oder Getto?, a.a.O.

5 a.a.O., S. 65 ff.

6 Vgl. dazu Rolf Schwendter, *Notate zur neuesten Geschichte der alternativen Ökonomie*, in: AG SPAK, a.a.O. Dd. II, S. 235 ff.

7 Rolf Schwendter, *Notate zur Kritik der alternativen Ökonomie*, in: AG SPAK, a.a.O. Bd. 1, S. 161 ff. sowie Ders., *Zur Kritik der subkulturellen Ökonomie*, in: AG SPAK, Bd. 1, a.a.O. S. 54 ff. Vgl. dazu auch Ernest Mandel und Christian Wend, *Sozialistische Antizipation und Alternativökonomie* (Interview), in: AG SPAK, Bd. III, a.a.O. S. 60 ff.

8 Vgl. R. Schwendter, *Notate*, in: AG SPAK, Bd. II, a.a.O. S. 257 ff.

9 R. Schwendter, *Notate*, in: AG SPAK, Bd. I, a.a.O. S. 161 ff.

10 Vgl. Brückner, a.a.O. S. 83 ff.

11 Mandel, a.a.O. S. 62.

12 Ein Vorwurf, den man der Kritik von Kraushaar schon machen kann. Vgl. Kraushaar, *Thesen*, a.a.O.

13 Kraushaar, *Thesen*, a.a.O. S. 19 ff.; Schwendter, *Notate*, in: AG SPAK, Bd. I, S. 54 ff.

14 Brückner, a.a.O. S. 83 ff.; Kraushaar, *Thesen*, a.a.O. S. 26 ff.

15 Kraushaar, *Thesen*, a.a.O., S. 42 ff.

16 a.a.O., S. 26 ff.

17 Richard Stöss, *Konservative Aspekte der Ökologie – bzw. Alternativbewegung*, in: Ästhetik und Kommunikation Nr. 36/19, S. 19 ff. Ganz im Gegensatz dazu Th. Schmid, der hierin eine produktive »Ungleichzeitigkeit« sieht, vgl. Schmid, a.a.O., S. 69 ff.

18 Kraushaar, *Thesen*, a.a.O., S. 32.

19 Brückner, a.a.O., S. 63.

20 Vgl. auch die Entwicklung, welche die sehr viel breitere US-amerikanische Community-Bewegung in den letzten Jahren genommen hat. Dazu: Margit Mayer, *Alternativparadies USA?*, in: links Nr. 114/1979, S. 15 ff., Paul Starr, a.a.O. sowie auch Leineweber/Schibel, a.a.O.,

21 Vgl. Josef Esser/Wolfgang Fach, *Internationale Konkurrenz und selektiver Korporativismus*, MS., Konstanz 1979.

22 Kraushaar, *Thesen*, a.a.O., S. 16 ff.

23 Th. Schmid, *Kuh und Computer*, in: AG SPAK II, a.a.O.; Daniel Cohn-Bendit, *Eine Schwalbe macht noch keinen Sommer* (Diskussion mit W. Kraushaar), in: Kraushaar (Hrsg.), a.a.O.

24 Helmut Hartwig, *Kompost und Kritik – zur Ästhetik der Alternativscene*, in: Ästhetik und Kommunikation, Nr. 34/1978, S. 61.

25 Marcuse, a.a.O.; Kraushaar, *Thesen*, a.a.O., S. 64.

26 Cohn-Bendit, a.a.O., S. 200.

27 Mandel, a.a.O., S. 61.

28 Cohn-Bendit, a.a.O., S. 214.

29 Th. Schmid, a.a.O., S. 69 ff.

30 Kraushaar, *Thesen*, a.a.O., S. 65.

31 Kraushaar, *Thesen*, a.a.O., S. 66.

32 H. Ch. Binswanger, W. Geissberger, Th. Ginsburg, *Wege aus der Wohlstandsfalle*, Frankfurt 1979, S. 231 ff. Siehe auch R. Schwendter, *Notate*, in: AG SPAK, Bd. II, S. 249 ff.

33 Vgl. das Interview mit Theo Pinkus in *Kleiner Nachschlag zum Großen Ratschlag*, hrsg. von der AG Alter Öko im Sozialistischen Büro Hamburg, 1978, S. 13.

34 André Gorz, *Ökologie und Politik. Beiträge zur Wachstumskrise*, Reinbek 1977, S. 124.

35 Vgl. dazu die in dieser Hinsicht sicher treffende, in ihren Schlußfolgerungen allerdings hilflose Kritik von Th. Schmid, a.a.O.

36 Deshalb ist auch die Argumentation von Leineweber und Schibel schief, die recht umstandslos von einer »Analogie« zwischen bürgerlicher und sozialistischer Revolution ausgehen. Vgl. a.a.O., S. 8.

37 Leineweber/Schibel, a.a.O.

38 Vgl. z. B. Mandel, a.a.O.

39 Michel Foucault, *Von der Subversion des Wissens*, München 1974, S. 135 ff.

»Alternative Politikformen als politische Alternative?«
Ein Gespräch* mit Oskar Negt

ROTH: *Alternative Politik als politische Alternative?*
Scheint diese Ausgangsfrage nicht angesichts der bundesrepublikanischen Situation – Strauß als Kanzlerkandidat –vermessen? Die zweite Restaurationsperiode – um einen Begriff von Dir aufzunehmen – schlägt nun in den politischen Apparaten voll durch und bestätigt die Dominanz der traditionellen Politikformen – in der SPD die endgültige Bestätigung von „Vertrauensarbeit", wo früher noch an Doppelstrategie gedacht wurde. Davon zeugen auch die ersten Reaktionen von prominenten Vertretern der Linken, z. B. von Jürgen Seifert und Dir selbst, auf die Kandidatur von Strauß, die auf eine Wahl des »kleineren Übels« im parlamentarischen Spektrum hinauslaufen. Davon künden vielleicht auch die Parteigründungsabsichten der »Grünen«, die auf eine relativ breite parlamentarische Sammlung oppositioneller Strömungen hindeuten. Ist nun nach all der konstatierten »Staatsverdrossenheit« und dem »Vertrauensschwund« eine neue Blütezeit von Parteien und Parlamenten angebrochen,

NEGT: Ich habe keine Empfehlung gegeben, die SPD als das *kleinere* Übel zu wählen. Wer sich auf diese handliche Formel einläßt, ist immer im Nachteil. Sie verdeckt mehr an Problemen, als sie aufklärt. Deine Frage verstehe ich so, daß Du im Rahmen der gegebenen Machtverhältnisse und der traditionellen Formen von Politik eine Antwort haben möchtest, *welche* gesellschaftlichen Entwicklungstendenzen die Straußkandidatur widerspiegelt und welche Folgen ein möglicher Sieg von Strauß für die außerparlamentarische Linke haben könnte. Ich bestreite ganz und gar nicht, daß die SPD als eine Mittelwert-Partei des Krisenmanagements, deren organisierter Arbeiteranteil ja keineswegs besonders groß ist – wenn er bei Wahlen auch erheblich ins Gewicht fällt –, in ihrer Geschichte immer wieder auf die

---

* *Das Gespräch wurde anfang Dezember 1979 aufgezeichnet und im Februar 1980 von O. Negt für die Veröffentlichung grundlegend überarbeitet*

politische Alternativlosigkeit der radikalen Linken spekuliert hat. Das gilt insbesondere für die Nachkriegsperiode, in der alle Versuche von ausgeschlossenen SPD-Mitgliedern, des SDS-Umfeldes, der außerparlamentarischen Opposition insgesamt, eine *partei*politische Alternative mit nennenswertem Massenanhang zu bilden, gescheitert sind. Wir sind auch heute weit davon entfernt, eine durch lebendiges marxistisches Denken und entwickelte Organisationserfahrungen geprägte sozialistische Partei aus der Taufe heben zu können, welche die innerhalb der letzten 20 Jahre zerstreut und häufig genug auch gegeneinander agierenden oppositionellen Gruppen geschichtlich einbringen und organisatorisch zusammenfassen könnte. Langfristig ist ein solcher Prozeß wahrscheinlich unvermeidlich, mit Sicherheit würde eine solche Organisation aber ganz neue Strukturen haben müssen. Das ist eine langfristige Perspektive, die ich von der Entwicklung, wie sie unter unseren Augen abläuft, unmißverständlich unterscheiden möchte.

Wenn Du mir in Deiner Frage den Begriff des Übels vorsetzt, so möchte ich ihn in ganz anderer Weise verwenden. Ein Wahlsieg von Strauß ist für mich ein *großes Übel,* das das deutsche Volk, um es etwas pathetisch auszudrücken, nach dieser großen Serie von geschichtlichen Niederlagen nicht verdient hat. Nun ist es aber gerade dieses selbe Volk, von dem ich bei einem möglichen Wahlsieg von Strauß die größten Gefahren befürchte. Was den machtpolitischen Spielraum eines Kanzlers Strauß betrifft, so kann ich mich durchaus auf das Argument, Strauß und Schmidt bedeuten keine zu großen Unterschiede, einlassen. Strauß wird nicht alles rückgängig machen können, was es an Gesetzen gibt; Verschlagenheit und bloßer Wille reichen nicht aus, die Zeit zurückzudrehen. Auch er wird mit dem Parlament regieren müssen, und ich traue ihm durchaus einen gewissen Sinn für Machtverhältnisse zu. Das sage ich, obwohl ich weiß, daß nach den Erfahrungen der Spiegelaffäre, bei der er, wie nur noch wenige in Erinnerung haben, den Mut aufbrachte, das Parlament zu belügen, nach Sonthofen und der Krisenstabsdiskussion von 1977, als er Standgerichte für Terroristen in Erwägung zog, ein umfassendes Sicherheitsrisiko selbst auf dieser Ebene besteht. Die größte Gefahr eines Strauß-Sieges liegt meines Erachtens jedoch darin, daß er mit seinem Anhang, nicht zuletzt durch das in diesem Fall vervollständigte konservativ-reaktionäre Trio an der Staatsspitze, zum *Identifikationspunkt* für viele werden könnte, die sich heute noch nicht so recht aus ihren rechtsradikalen Löchern trauen oder die ihren Haß gegen die Linke auf der Straße, in den Wohnungen, im Alltagsleben insgesamt noch nicht voll und hemmungslos auszudrücken wagen. Es handelt sich hierbei um ein Verhaltens*potential*, das man selbst durch Einstellungsbefragungen nicht herausbekommt, weil es der Zensur des augenblicklichen, in der klaren Marschrichtung nicht vollständig fesgelegten gesellschaftlichen Klimas unterliegt. Wenn aber Figuren wie Strauß, mit einer Geschicklichkeit, die auch die *Kleine-Leute-Mentalität* anspricht, nicht mehr gezwungen sind, aus der Opposition heraus die Vernichtung »roter Ratten« und »Schmeißfliegen« vorzuschlagen, sondern mit dem Rückhalt von staatlichen Hoheitsbefugnissen, so halte ich es für denkbar, daß der Unterschied zwischen Schmidt und Strauß weniger an den Personen oder an der expliziten Programmatik, sondern an den verschiedenen *Reaktionsweisen* erheblicher Bevölkerungsgruppen erkennbar wird.

Der melancholische Satz des großen Historikers Jakob Burckhardt: Das einzige, was wir aus der Geschichte lernen können, ist, daß wir nichts aus ihr lernen, ist falsch. Wir müssen aus der Geschichte lernen. Göbbels, Göring, Hitler, Himmler, diese armselig gescheiterten Figuren, unterscheiden sich in der Anfangsphase des Nationalsozialismus von vielen anderen, die ihr Scheitern teilten und die sich mühsam durchs Leben schlugen, fast überhaupt nicht. Möglicherweise ist das ein Grund dafür, daß sie von der linken Intelligenz unterschätzt wurden. Erst als diese Bande den Staat eroberte, mit Hoheitszeichen herumfuhr, für ihre Sprache staatliche Medien fand, wuchsen sie über sich hinaus und nahmen Überlebensgröße an. Sie verloren ihre individuellen Defekte und wurden zu Staatspersonen, wuchsen mit dem Staat zusammen. Die Staatsbezogenheit der deutschen Bevölkerung verschuf ihnen die Möglichkeit, ihre kümmerliche Gestalt mit Realität aufzuladen. Diese Verhältnisse haben wir noch nicht, und wir werden sie hoffentlich nie bekommen. Gleichwohl ist der Mechanismus sozialpsychologischer, ja massenpsychologischer Umorientierung unter Bedingungen, daß machtbessene Politiker sich den Staat aneignen, vergleichbar. Und eines kommt hinzu: eine Kanzlerschaft Strauß würde mit großer Wahrscheinlichkeit eine extensive Ausnutzung der in der Zeit der sozialliberalen Koalition geschaffenen gesetzlichen Instrumente der Vervielfältigung und Stärkung des Sicherheitsstaates bringen. Mit anderen Worten: das heute noch diffuse autoritäre Potential, das nur ignorieren kann, wer vor der Wirklichkeit die Augen verschließt, hätte in Strauß Artikulationshilfe und eindeutige Orientierungen bekommen.

Kann die Linke von einer solchen Entwicklung profitieren? Ich muß eindeutig mit *Nein*, auf *keinen Fall*, antworten. Es wäre schief zu meinen, die sozialliberale Koalition hätte, nach dem anfänglichen Bemühen, inneren Reformen den Vorrang zu geben, zur Stabilisierung der Basisdemokratie aktiv und substantiell beigetragen. Was es davon gibt – und das ist nicht wenig – ist wesentlich im außerparlamentarischen Raum und durch die unbezahlte Mehrarbeit der Linken entstanden, die sich auf eine bloße Modernisierung der Strukturen und die flexiblere Anpassungsfähigkeit der Institutionen nicht einließen. Was an wirklichen Erfolgen zustandegekommen ist, ist eher der überschüssigen, aus kulturrevolutionären Motiven entsprungenen Energie jener zu verdanken, die eine Alternative zur kapitalistischen Zivilisation wollten, als den reformerischen Gesetzesprojekten, die ja zum Teil auch wieder auf eine ganz schmale Lockerung der Machtverhältnisse zurückgebogen wurden. Dennoch ist es nicht gleichgültig, wer bestehende Gesetze auslegt und durchsetzt mit welchen Mitteln und in welcher Weise Basispolitik bekämpft wird. Der Sicherheitsapparat ist innerhalb der letzten 10 Jahre, unter sozialliberaler Ägide, in einem Maße gesteigert worden, wie nie zuvor in der deutschen Nachkriegsgeschichte. Aber die gesellschaftlichen Rahmenbedingungen waren so, daß es keine wirkliche Vernichtungsstrategie gegenüber der außerparlamentarischen Opposition gab: Polizeieinsätze, überfallartige Razzien, dubiose Rasterfahndungen, geschürte Terrorismushysterie – das war alles an der Tagesordnung. Gleichwohl bin ich der Überzeugung, daß der Fall Mogadischu 1977 unter einer Kanzlerschaft Strauß ganz anders abgelaufen wäre. Im übrigen bin ich der Auffassung, daß wir, trotz der Einschränkung, welche die Linke seit 1968 erfahren hat, eine lineare Tendenz *nach unten*, zu weniger politischer Freiheit und gewachsener Ausbeutung auf keinen Fall annehmen können. In vieler Hinsicht war diese Zeit wesentlich liberaler und bot viel mehr politischen Bewegungsspielraum als z. B. die Adenauer-Ära. Es kann allerdings sein, daß gerade in einer solchen aufgebrochenen Situation mit sehr starken politischen Polarisierungen, was immer auch große Unsicherheit bei der Bevölkerung erzeugt, ein Wahlerfolg von Strauß die konservativ-reaktionären Ressourcen, die es zweifellos gibt, bis zur Neige ausschöpfen wird. Das wird die Linke am ersten und deutlichsten zu spüren bekommen.

Strauß nicht an die Macht kommen zu lassen, ist die herausragende politische Forderung, die wir in der gegenwärtigen Situation stellen müssen. Sich auf dem Niveau der programmatischen Forderung diesem Ziel zu verschreiben, ist freilich bei großen Teilen der Linken überhaupt kein Problem. Ich sage *große* Teile, denn es gibt auch Auffassungen, denen zufolge ein Wahlsieg Strauß' das System besser kenntlich machen könnte, um so der zerstreuten Linken und der bürgerlichen Öffentlichkeit einheitliche Kampflinien aufzuzwingen. Diese Spekulation darauf, daß, je sichtbarer die Gewalt der Gesellschaft wird, die Kräfte der Aufklärung und des Widerstandes wachsen, halte ich durch keinerlei geschichtliche Erfahrung für gerechtfertigt. Es gibt keinen Bildungswert des Elends, so wenig erhöhter Druck der politischen Institutionen die Loyalität zu ihnen bricht, weil dadurch immer auch Angst, Entmutigung und Hoffnungslosigkeit bei vielen Menschen verstärkt werden. Allenfalls kann eine Mobilisierung zur Verhinderung von Strauß Aufklärungs- und Politisierungswirkung haben. Die Wege, wie der sprunghafte Machtzuwachs des konservativ-reaktionären Lagers vermieden werden kann, sind jedoch grundverschieden. Der letzte Teil Deiner Frage, der die Stichworte Staatsverdrossenheit, Vertrauensschwund und das Umgekehrte, *R*eparlamentarisierung und *Neuauflage* von Parteigründungen enthält, zielt unmittelbar auf die Grünen, ist aber nur zu beantworten, wenn ich etwas aushole.

Wir können alle froh sein, daß sich eine Tendenz der Auflösung der Anfang der 70er Jahre entstandenen Kleinparteien abzeichnet, die alle denselben Anspruch hatten: Massenparteien des Proletariats zu werden, obwohl sie zunächst nichts weiter waren als intellektuelle Avantgarden mit dem Stempel der Selbsternennung. Die KPD ist in Auflösung begriffen, und ich muß gestehen, daß mir der politische Reflexionsprozeß, der sich seit mehreren Jahren in dieser Gruppierung vollzieht, eine gewisse Achtung abfordert. Für keine dieser Gruppierungen und für politische Organisationen überhaupt ist es ein Leichtes, die Selbstauflösung zu beschließen oder wenigstens ins Auge zu fassen, denn besonders groß sind sie nie gewesen. Was wir daraus lernen können, ist wichtiger als die Genugtuung darüber, daß meine Vorbehalte gegenüber diesen Ersatzparteien berechtigt waren. Wir können daraus nämlich lernen, daß für die radikale Linke, wie breit sie in dieser Gesellschaft auch aussehen mag, große Sprünge, die den Anschluß an historische Traditionen der Arbeiterbewegung herbeiführen sollen, ebenso ausgeschlossen sind, wie die, die sich auf die gegebene Parteienkonkurrenz einlassen. Wir werden die Ghettoisierung, aus der jeder herauswill, aus der auch die Parteigründungssekten herauswollten, nicht durch irgendwelche Gründungsakte von Vereinheitlichung überwinden können, denn in dieser Ghettosituation drücken sich ja die wirklichen Machtverhältnisse aus, nicht der Wille einzelner Gruppen, ihre Sonderängste und ihre Sonderinteressen nach Maximen des Besitzdenkens zu erhalten. Das mag in vielen Fällen auch so sein, aber es wäre doch eine Verschleierung der Situation, in der wir uns befinden, wenn wir der Auffassung wären, wir könnten nennenswerte Teile der Bevölkerung für eine radikal-demokratische Politik oder gar für eine sozialistische Zielsetzung unter gegenwärtigen Verhältnissen gewinnen. Das gilt insbesondere auch für die traditionelle Arbeiterklasse, die in den Gewerkschaften organisiert ist und deren Wahlsympathien nach wie vor übergewichtig bei der SPD liegen.

Das Problem, das die Grüne Parteigründung andeutet und das weit entfernt davon ist, gelöst zu sein, besteht darin, daß die Linke ihre Berührungsängste gegenüber den Parlamenten verlieren muß. Gegenüber den Institutionen hat sie, nachdem es lange Zeit als selbstverständlich galt, anti-institutionell zu argumentieren, diese Ängste längst verloren. Zwar hat es keinen revolutionären Marsch durch die Institutionen gegeben, aber immerhin gibt es, was auch nicht anders sein kann, sehr viele *Revolutionäre* im Beruf, jedenfalls mehr als Berufsrevolutionäre. Sie arbeiten an Ort und Stelle und haben sehr viel dazu beigetragen, daß das konservativ-reaktionäre Lager seine Ende der 60iger Jahre in Frage gestellten Positionen nicht wieder ganz stabilisieren konnte. Es ist deshalb falsch, *Parlamente* und *Institutionen* immer in einem Atemzuge zu nennen, und auch innerhalb beider muß genau differenziert werden. Ich habe keinen grundsätzlichen Einwand gegen die Beteiligung der Linken an parlamentarischer Arbeit; es ist aber genau zu kalkulieren, wo diese Arbeit mit politischen Lernprozessen für die Repräsentanten und für die von den Entscheidungen betroffenen Bevölkerungsteile verknüpft ist oder wo das nach allen Einschätzungen kaum der Fall sein wird.

Eine *Kommunalisierung* der außerparlamentarischen Opposition könnte ein erster wesentlicher Schritt der Erfahrungserweiterung der außerparlamentarischen Opposition sein, weil die Entscheidungen hier rückkoppelbar zur Bevölkerung sind. Zwar kann man nicht davon sprechen, daß die Kommunalparlamente Entscheidungsträger des Autobahnbaus, der Errichtung von Kernkraftwerken, ja vielleicht noch nicht einmal der Stadtsanierung sind. Es wird also schwer sein, solche Entscheidungen aufgrund der Parlamentsarbeit zu verhindern oder zu korrigieren. Gleichwohl ist aber der Umkreis der von diesen Projekten Betroffenen in den Städten und Gemeinden lokalisiert, so daß hier auch das eigentliche Feld der politischen Organisierung und der Stabilisierung des Widerstandes liegen müßte. Wenn ich sage, es ist der erste Schritt, so meine ich damit gleichzeitig, daß er nicht übersprungen werden darf, sondern daß er die Grundlage jeder möglichen Rückkoppelung zu den zahlreichen Basisinitiativen darstellt, die bisher selbst im lokalen Raum nicht zusammengefaßt und in eine einheitliche Stoßrichtung gebracht sind.

Ich halte es für ganz falsch, wenn jetzt bis Herbst 1980 die Frage der Wahlentscheidung so in den Vordergrund gerückt wird, daß demgegenüber alle anderen Probleme des Politikverständnisses, der strukturellen Widersprüche der linken Organisationen, der langfristigen Perspektive, der Erweiterung des linken Potentials usw. als eine Art kleinlicher Skeptizismus erscheinen. Die Wahl- und Parteifrage hat sicherlich einiges aufgebrochen, was vorher fest zu sein schien. Das gibt der Linken eine Chance, nüchtern, aber auch mit einem gewissen Mut zum Risiko und zur Selbstkritik, gemachte Erfahrungen aufzuarbeiten und Neues auszuprobieren. Ein wichtiges Kriterium für dieses Experimentalstadium besteht allerdings darin, in welcher Weise nach Maßstäben sozialistischer Politik, die vorhandene Basis erweitert und ihr gesellschaftlicher Einfluß vergrößert werden kann.

Die Politik der K-Gruppen bestand darin, Tag und Nacht in der Offensive zu sein. Das hält kein Mensch durch, zumal es keinerlei Anzeichen dafür gibt, daß die Machtverhältnisse grundlegend zugunsten der Linken sich verändern. Es geht heute mehr denn je auch darum, Verteidigungsarbeit zu leisten. Diese Verteidigungsarbeit bezieht sich auch auf die Erhaltung der

Rahmenbedingungen, die den Bewegungsspielraum der Linken definieren. Ein Wahlsieg von Strauß würde nach meiner Einschätzung diese Rahmenbedingungen stark verändern und dadurch den Operationsspielraum der außerparlamentarischen Opposition erheblich einengen.

In diesem Zusammenhang noch ein Wort über die Rückwirkungen, welche die Parlamentarisierung der außerparlamentarischen Opposition auf Bundestagsebene zur Folge hätte. Ich glaube, es ist ein Vorurteil, zu meinen, daß durch eine parlamentarische Repräsentanz auf der Abstraktionsebene des Zentralparlaments und die bloße Tatsache, daß 25 Abgeordnete im Bundestag ein permanentes Ärgernis für die etablierten Parteien darstellen, die außerparlamentarische Opposition in sich und in der Gesellschaft einen Macht- und Einflußzuwachs erfährt. Selbstverständlich ist auch die umgekehrte Auffassung, daß Selbstmarginalisierungen oder das erzwungene Herausdrängen an den Rand der Gesellschaft die oppositionellen Kräfte vergrößern, nur weil der Abstand zum System für jedermann durchsichtig ist, also Identität im Ausgeschlossensein gefunden werden kann, keineswegs plausibler. Nimmt man beide Verhaltensweisen als Prinzip, so lassen sie sich politisch nicht stichhaltig formulieren. Ob sie richtig oder falsch sind, hängt von der konkreten gesellschaftlichen Situation ab. Gegenwärtig scheint mir diese darin zu bestehen, daß der Parteigründungsakt der Grünen zwar auf starke Vereinheitlichungsbedürfnisse der Tausenden von zerstreuten Initiativen zurückgeht; daß diese Vereinheitlichung aber durch eine Partei zustandekommen soll, die sich innerhalb eines halben Jahres auf eine Wahl einstellen muß, eher einer Art *Gelegenheitsmaterialismus* zu danken ist, als einer ausgereiften politischen Notwendigkeit. Der Parteigründungsakt hat Züge eines Vabanquespiels, das mit relativ hohen Risiken verknüpft ist. Man probiert aus, ob es vielleicht doch geht. Manche sind sogar der Auffassung, daß es doch überhaupt kein Risiko enthalte, ob man nun verliert oder gewinnt. Diese Auffassung teile ich nicht. Ich halte es für potentiell gefährlicher, wenn die Grünen in den Bundestag kommen und damit wichtige Repräsentanten dieser Bewegung dem wenigstens vierjährigen Verschleiß der Parlamentsarbeit ausgesetzt sind, als wenn dieses Experiment an der Fünf-Prozent-Klausel scheitert. Denn wie soll eine solch heterogene Bewegung, der durch die Parteigründung eine einheitliche Glocke aufgesetzt ist, eine auch nur im parlamentarischen Sinne handlungsfähige Fraktion hervorbringen können. Daß die einzelnen Mitglieder dieser Fraktion sich zerstreiten, wäre nicht das erste Mal in der Geschichte des linken Radikalismus. Für fast unvermeidbar dagegen halte ich jedoch die Abtrennung einer mehr oder minder bürokratisierten und zum Parteiapparat aufgeschwemmten Parlamentsfraktion von den Basisaktivitäten, auf die sie sich allenfalls symbolisch wird rückbeziehen können. Scheitert diese Wahl, so könnte vielleicht bei vielen Initiativen, die sich wenigstens vom Wahlkampf eine Vereinheitlichung versprechen, das Gefühl auftreten, daß Vereinheitlichungen auch anderer Art nutzlos sind. Ich halte es nicht für ausgeschlossen, daß die notwendige Zusammenfassung und Vereinheitlichung der Basisbewegungen durch ein solches gescheitertes Experiment auf längere Zeit hin entweder abgelenkt oder blockiert werden. Schon heute deutet sich an, daß die Sprecher der Grünen Partei ganz wenige sind, zum Teil Profis, die aus anderen Parteien kommen und die sehr genau wissen, was sie von dieser Partei erwarten und welche Funktion diese Partei für sie hat. Die Masse derjenigen, die sich auf die Partei orientieren, hat keinerlei Parlamentserfahrung und ist im Umgang mit zentralen Organisationen ungeübt, ja lehnt sie innerlich sogar ab. Ich wüßte nicht, wie unter diesen Bedingungen die Herausbildung eines von der Basis abgetrennten Parteiapparats vermeidbar wäre.

Ich habe gesagt, mir scheint ein Sieg der Grünen potentiell gefährlicher als ein Scheitern. Das kann als Mutlosigkeit und Angst ausgelegt werden, Angst vor dem Risiko, vielleicht auch Neid gegenüber Erfolgen anderer, mit deren Auffassungen ich nicht übereinstimme. Solche Gefühle kann man vermuten, aber sie liegen mir fern. Ich stelle mir die Sache durchaus ernsthaft und konkret vor. Was könnte ein Abgeordneter der Grünen über vier Jahre im Bundestag tun? Wer von der Parlamentsarbeit gehört hat, weiß, daß man sich vier Jahre lang nicht querlegen kann, nach dem Grundsatz Fritz Teufels, die Clownerie zum Einbekennen der Hilflosigkeit einer Institution zu benutzen. Ein solcher Abgeordneter wird keine Schwierigkeiten haben, fortlaufend den Militärhaushalt abzulehnen; beim Sozialhaushalt, bei dem der Entwicklungspolitik, des Bundeskanzleramtes, bei einer Reihe von Gesetzesvorlagen wird es schon schwierig. Er wird sich in das differenzierte Spektrum der parlamentarischen Gesetzgebungszusammenhänge einarbeiten müssen, wenn er mitreden und andere für seine Alternativen, von Sachkompetenz getragenen Vorschläge gewinnen will. Nicht seine besseren Absichten werden zuschanden gehen, weil er sich anpaßt und integriert, sondern die institutionelle Logik, der er sich zwangsläufig aussetzt, wird seine Absichten umbiegen und nicht selten ins Gegenteil verkehren. Nun kann es sein, daß er die Gesetzgebungsarbeit vollständig zu ignorieren beabsichtigt und den Bundestag lediglich als Forum benutzt, um durch die Medien für die Bevölkerung zu sprechen, die ihn sonst nicht erreichen würde. Ich habe aber meine Zweifel, ob das auf die Dauer ausreicht.

HEPP: Das sind jetzt zwei verschiedene Themen: einerseits die Sache mit dem geringeren Übel, also die Alternative Strauß oder SPD und die zweite Frage, die du jetzt angeschnitten hast: was spricht für und wider die Parlamentarisierung der grünen Bewegung. Als Konsequenz aus deiner ersten Betrachtung würdest du schließen, die Grünen sollten sich nach aller Mög-

lichkeit parlamentarisch, jedenfalls bei den anstehenden Bundestagswahlen, enthalten?

NEGT: Zunächst möchte ich sehr deutlich zwischen der *Grünen Partei* und der *Ökologiebewegung* unterscheiden: Was unter Ökologiebewegung zu verstehen ist, umfaßt ein großes Spektrum von Initiativen, die um bestimmte konkrete Punkte organisiert sind, überschaubare Ziele und lokal bestimmte Organisationsformen und Bündnisse zeigen. Sie haben ein gemeinsames Motiv, nämlich die Abwehr von drohenden Enteignungen, ob diese nun durch Zerstörung ihrer Wohnumwelt, durch Errichtung von Kernkraftwerken, durch Straßenbau, durch die Bewußtseinsindustrie der Medien oder durch Umweltverschmutzung im buchstäblichen Sinne erfolgen. Die Grüne Partei repräsentiert nur einen kleinen Teil dieser Basisbewegung, an der im übrigen auch immer Personen und Gruppen beteiligt sind, die in anderen Parteien organisiert sind oder die sich ihnen zugehörig fühlen. Die Ökologiebewegung ist freilich aus sich heraus nicht auf die im engeren Sinne durch die ökologische Krise bewirkten Ängste beschränkt; vielmehr haben sich um die Ökologiebewegung Ängste ganz verschiedener Art festgesetzt, deren Prozeß der Entmischung gerade erst begonnen hat. Wer also versucht, diese ökologische Krise und die Probleme, die sie zur Zeit ausdrückt, als eine ganz neue Qualität zu begreifen, könnte einer gewaltigen Verzerrung aufsitzen. Es gibt weder eine Alternative rot/grün noch eine Kombination, sondern es ist wahrscheinlich, daß sich mit der Entmischung der zur Zeit in der Ökologiebewegung gebundenen Ängste Ökologie in diesem Sinn als bloßes *Moment,* allerdings existentielles Moment, einer viel weiterreichenden Bewegung zeigen könnte.

Gegenwärtig finden sich in dieser Ökologiebewegung wenig Arbeiter. Es ist aber abzusehen, daß die Stagnation des Wirtschaftswachstums, Rationalisierung der Arbeitsprozesse, tendenzielles Überflüssigwerden ganzer Bevölkerungsgruppen für die Produktionssektoren die traditionelle Frage des Klassenkampfes im Zentrum der kapitalistischen Produktion neu aktualisieren könnte. Das Problem alternativer Technologien, das sich heute auf marginalisierte Gruppen beschränkt, wird hier eine ganz andere Dimension annehmen. Ich sehe eine sehr wichtige Aufgabe der Sozialisten und der sozialistischen Organisationen darin, den Anstoß, den die Ökologiebewegung für die Verallgemeinerung der Probleme gibt, aufzunehmen, im Vorgriff Tendenzen zu untersuchen und praktische Lösungsstrategien ins Auge zu fassen, die auf Veränderungen im kapitalistischen Produktionsprozeß hinweisen. Aus der Brisanz der Ökologiebewegung, wie sie sich gegenwärtig zeigt, gewissermaßen aus dem aktuellen Druck heraus, die *Aufhebung des Klassenkampfes* durch die *Gattungsfrage* zu beschwören, halte ich für sehr gefährlich. Das bedeutet keine Ignorierung neu aufgetretener Probleme und deren bloße Einordnung in traditionelle Muster. Ich möchte damit nur darauf hinweisen, daß die Ökologiebewegung Symptom von Problemstellungen ist, die in ihrer Totalität, also in bezug auf die Gesamtgesellschaft, auch theoretisch noch nicht begriffen sind. Auf jeden Fall scheint mir das, was diese Bewegung ausdrückt, wichtig genug zu sein, daß sie von uns ernstgenommen wird.

Weil ich der Auffassung bin, daß in der ökologischen Krise epochale Erscheinungen sichtbar werden, kann ich es nicht begreifen, welcher Zeitdruck besteht, mit Übersprungsmanövern wie der Grünen Partei Lösungen der Vereinheitlichung herbeizuführen. Die ökologische Bewegung hat keine politischen Infrastrukturen aufgebaut, sondern sie ist im buchstäblichen Sinne eine Bewegung, die in der punktuellen Mobilisierung von Massen besteht. Sie ist in diesem Sinne ein labiles Potential, das, organisatorisch gesehen, durch ein Stadium der Unreife gekennzeichnet ist. Nun gibt es einzelne, die meinen, man könne durch Wahlkämpfe solche Infrastrukturen schaffen. Wie Wahlkämpfe in diesem Lande ablaufen, wissen wir. Sie verschlingen viel Energien und bezeichnen eher einen Austausch von Legitimationen als einen politischen Produktionsprozeß. Für die Schaffung dieser Infrastrukturen wäre jedoch ein *politischer Produktionsprozeß* erforderlich, nicht der Schlagabtausch von Ideen. Zwar ist der ideologische Kampf nicht unwichtig für die Gewinnung von Unentschlossenen, aber erfolgreich ist er nur zu führen unter Bedingungen relativ fester Basisstrukturen.

Die Grüne Partei, die – wie gesagt – überhaupt nur einen kleinen Teil dieser Basisbewegung repräsentiert, ist nach meiner Auffassung zu einem äußerst ungünstigen Zeitpunkt gegründet worden. Wenn nicht alles trügt, wird der Wahlkampf der nächsten Monate in einem Polarisierungsklima geführt, das es in der Nachkriegsgeschichte noch nicht gegeben hat (Adenauer führte noch einen vergleichsweise „normalen" Diskriminierungsfeldzug). Scharfe Polarisierungen führen aber dazu, daß Entscheidungen, die in der Mitte liegen und die unter gelockerten Bedingungen auch experimentell getroffen werden können, eher nach der einen oder nach der anderen Seite hin neigen. Das soll keine Wahlkreuzchen-Gewissenserforschung bedeuten, sondern verweist eher auf einen gesellschaftlichen Tatbestand. Ich kann mir denken, daß Leute, die vom bestehenden Parteiensystem enttäuscht sind, unter relativ liberalen, das heißt allerdings auch: folgenlosen Entscheidungsbedingungen sehr wohl dazu neigen könnten, einmal einer Partei die Stimme zu geben, die ein erklärtes Ärgernis für die Etablierten bedeutet – Ausdruck der Denk-Zettelmentalität. Sie drücken damit ihre Enttäuschung aus, aber nur, weil es auch nicht allzu große Folgen für die Veränderung der Machtverhältnisse hat. Eine scharfe Polarisierung zwischen der sozialliberalen Koalition und Strauß erzeugt dagegen Angst, seine

Stimme zu verlieren, indem man für eine Partei votiert, von der noch nicht einmal sicher ist, daß sie in den Bundestag kommt. Da ich bei den Parteigründern der Grünen keinen Zynismus unterstelle, der darin besteht, daß sie ihre Erfolglosigkeit einkalkulieren, bin ich irritiert, worin die Gründe für eine solch überraschende Parteigründung liegen können. Sehen sie darin eine letzte Chance, die nicht wiederkehrt? Geben sie einem dringenden und drängenden Bedürfnis nach, obwohl sie wissen, daß man das nicht tun dürfte? Greifen sei ein, weil es ohnehin unvermeidlich ist? Ich weiß es nicht. Die Wahlarithmetik kann sogar durchaus stimmen. Vielleicht gibt es Prognosen, die auf einen Wahlsieg hindeuten. Aber gerade in Sogsituationen täuschen sehr leicht alle Prognosen, denn die empirische Forschung zeigt, daß in ausdrücklichen Befragungen Voten abgegeben werden, die der Selbstrechtfertigung dienen, während in der Wahlkabine die latenten, zum Teil verdrängten Einstellungen das wirkliche Verhalten bestimmen. Ich will das hier nicht weiterführen, und ich will auch betonen, daß es durchaus möglich ist, das die Grünen ins Parlament kommen. Ein Erfolg wäre auch das nicht, wenn ich es am Maßstab der Notwendigkeit einer langfristigen sozialistischen Politik messe.

Ich möchte noch einmal auf die Motive und Ängste, die sich in der Ökologiebewegung zusammenfassen, zurückkommen. Ich meine nicht, daß man mit dem Begriff der *Reife* einer Bewegung sehr weit kommt. Horkheimer hat einmal gesagt, für einen, der zum Galgen geführt wird, nützt es überhaupt nichts, wenn man ihm sagt, die gesellschaftlichen Verhältnisse seien noch nicht ausgereift, um ihn davor zu bewahren. Für ihn ist der unmittelbare Eingriff, die Aktion, die letzte Möglichkeit, am Leben zu bleiben, und wenn es unter unreifen Bedingungen wäre. Das halte ich für ganz richtig. Mit der Unreife gesellschaftlicher Verhältnisse ist viel Schindluder getrieben worden. Jede Form der Infamie, des bloßen Abwartens, der Versackung im Privaten, der Taktik hinhaltender Passivität kann damit gerechtfertigt werden. Aber für Sozialisten gibt es auch eine Form der Einschätzung gesellschaftlicher Situationen, die nicht vollständig in Analyse aufgeht, aber von Analysen gesellschaftlicher Tendenzen gesättigt ist. Es ist das praktische Element von Klugheit, der Abwägung von Erfolgen und Mißerfolgen, der Bestimmung der günstigen Stunde, was keineswegs immer Mutlosigkeit und Angst bedeutet. Im Gegenteil: häufig ist der abstrakte Schritt nach vorn, der Putschismus, auch der *friedfertige Putschismus* von Parteigründungen, Zeichen für Angst, für Identitätsmangel, für eine Politik des Alles oder Nichts, wobei alles auf eine Karte gesetzt wird. Ich überziehe etwas die Probleme, die ich mit der Grünen Partei habe, um den Gesichtspunkt zu verdeutlichen, nicht um gleich Katastrophen an die Wand zu malen. Die Ökologiebewegung setzt mit Recht vieles auf das Motiv von Betroffenheit, von Lebenssinn, von Enteignung der Lebenszusammenhänge.

Zweifellos ist in der Stimmung bei vielen ein apokalyptisches Element enthalten, das des Niedergangs und des Untergangs, der Katastrophe und der Notwendigkeit, eine radikale Wende herbeizuführen. Alle Vermittlungen, die notwendig wären, um diese starken Motive in praktikable und erfahrungsbestimmte Schritte zu übersetzen, werden demgegenüber als Kleinkrämerei erachtet. Dieser moralische Protest, der sich an wirklichen gesellschaftlichen Tendenzen festmacht, ist wohl auch entscheidend für die Überzeugungskraft, die dahinter steht. Ohne diese Überzeugungskraft und die Überschußmotivation ist es schwer, Bewegungen in Gang zu bringen und zu halten. Und ich glaube auch, daß diese Motive tief in die Lebenszusammenhänge eingebunden sind und nicht bloße Modeerscheinungen darstellen. Dennoch sind sie abstrakt, isoliert, vom gesellschaftlichen Zusammenhang abgetrennt. Würde eine Vereinheitlichung dieser Motive möglich sein, so müßten sie alle für die gesellschaftliche Produktion, Reproduktion, kulturelle Selbsterhaltung wichtigen Bereiche einschließen. Die Ökologiedebatte müßte Teil der gewerkschaftlichen Kämpfe z. B. sein. Sie müßte für relevante Teile der Arbeiterklasse die gleiche *existentielle Dringlichkeit* haben wie für diejenigen, die vorwiegend in Sozialisationsbereichen tätig sind. Erst dann wäre an eine konkrete Vereinheitlichung zu denken, Parlamentarisierung wäre unter solchen Bedingungen nicht einfach die *öffentliche* Zählbarkeit der Anhänger, sondern die Vergrößerung und Erweiterung der Machtpotentiale der außerparlamentarischen Opposition. Was aber die Ökologiefrage für die Schulen, für den Sozialbereich, für die Betriebe und Verwaltungen bedeutet, liegt augenblicklich noch, wenn ich mich nicht täusche, außerhalb des *Betrachtungskreises* der gegenwärtigen Ökologiebewegung.

ROTH: Ich würde gern noch einmal auf die Straußproblematik zurückkommen, auch wenn sie nicht direkt mit der Frage verknüpft sein muß: Bewirken die Grünen, daß Strauß an die Macht kommt? Aber es ist ja so, daß eine ganze Weile die Diskussion um die Grünen so geführt wurde, daß die Frage, für wie bedrohlich hält man die Straußkandidatur und die Möglichkeit seiner Kanzlerschaft eigentlich politisch, zur entscheidenden Frage bei der Überlegung erhoben wurde, ob man parlamentarische Versuche der Grünen oder sonstiger Gruppierungen unterstützt. Ich habe dies erstes Argument so verstanden, daß alle diejenigen, die sagen, im Grunde genommen könne Strauß in vier Jahren nicht allzuviel anrichten, auf der Ebene von »großer Politik« seien die Unterschiede zwischen Strauß und Schmidt nicht so groß, an der Gefahr, die durch diese Kandidatur angezeigt ist, vorbeigehen. Bedeutsam sind vielmehr Überlegungen, die z. B. Horst-Eberhard Richter in der »Zeit« angestellt hat, wo er die Faszination von Strauß auf autoritäre Orientierungsbedürfnisse in der Bevölkerung bezieht. Faszi-

nierend an Strauß sei offensichtlich gerade das offen Nichtdemokratische, seine »Bulligkeit«, sein Durchsetzungsvermögen. Die von ihm ausgehende Bestätigung und Mobilisierung nichtdemokratischer Verhaltensweisen und Einstellungen beutet die Krisenerfahrungen und Zukunftsängste der letzten Jahre aus. Strauß als Kanzlerkandidat, seine Mehrheitsfähigkeit innerhalb der Unionsparteien, ist eigentlich nur vor dem Hintergrund der Krisenpolitik der letzten Jahre zu verstehen, die ein autoritär ausbeutbares gesellschaftliches Potential entstehen ließen, das nach Politisierung drängt, dafür zumindest zugänglich ist. Damit kündigt sich das Ende einer langen politischen »Latenzphase« an, die nur kurz von der Mobilisierungswirkung der kurzen Reformperiode unterbrochen war. Im Grunde sind es sehr ähnliche Zukunftsängste, auf die sich Strauß und die »Grünen« beziehen. Strauß verspricht dabei eine nicht an parlamentarische Spielregeln gebundene autoritäre Krisenlösung, die sich auf autoritäre Orientierungen in der Bevölkerung stützen kann. Vor diesem Hintergrund scheinen mir auch Argumente zweifelhaft, die sagen, daß Strauß zu früh antritt. Mit seiner Sonthofener Krisenherbeibeterei habe er keinen Erfolg gehabt, denn wir hätten weiterhin eine relativ stabile politische Oberflächenlandschaft, die Autoritätsbedürfnisse seien durch die Schmidt-Politik reichlich abgedeckt. Strauß habe daher gegenwärtig keine Chance. Solche Argumente übersehen, daß schon seine Kandidatur und die damit verknüpften Kräfteverschiebungen innerhalb der CDU auf die von Dir benannten Orientierungsprobleme und Mobilisierungsmöglichkeiten hindeuten, die keinesfalls unterschätzt werden dürfen.

NEGT: Ich stimme damit völlig überein, obwohl ich weit davon entfernt bin, die Figur von Strauß zu dämonisieren. Und es ist ja auch nicht Strauß allein, der diese Straußkandidatur – den ersten Skandal in diesem Zusammenhang – ermöglicht hat. Aber ich halte es für verfehlt, die sozialliberale Koalition und Strauß auf dem Niveau der Außenpolitik und der Gesetzgebungsmaschinerie aufzurechnen. Wir wissen heute mehr über die geheimen Absichten, die Strauß zum Beispiel im Herbst 1977 gehabt hat, und die es nicht unvorstellbar erscheinen lassen, daß er damals wirklich im Krisenstab Standgerichte für die Terroristen vorgeschlagen hat. Auch außenpolitische Abenteuer, vielleicht nicht besonders gravierender Art, aber doch den Kalten Krieg verschärfend, sind von Strauß zu erwarten; jedenfalls kann ich mir denken, daß er mit Hilfskontingenten für eine Interventionstruppe in Afghanistan oder mit Symbolkontingenten zur Sicherung von westlichen Lebensinteressen im Einflußbereich der Golfstaaten durchaus Sympathien bei der deutschen Bevölkerung gewinnen würde. Die Einfügung Westdeutschlands in die Nato macht diesen Bewegungsspielraum sicherlich etwas enger, aber man weiß ja nicht, wie sich die amerikanische Außenpolitik angesichts der geschürten Bedrohung, die von den ölproduzierenden Ländern ausgeht, künftig verhalten wird. Strauß wird in jedem Fall, in dem es überhaupt Alternativen zwischen Fortsetzung der Entspannungspolitik und Verschärfung der Kriegsgefahr gibt, die Strategie der Spannung verfolgen. Ich schätze diese außenpolitischen Gefahren von Strauß sehr hoch ein, aber sie sind meines Erachtens nicht entscheidend. Auch ich glaube, daß der rapide Abbau des Sozialstaates, den manche befürchten, selbst für Strauß, der einen Sinn für die Grenzen von Macht hat, auf absolute Grenzen stößt. Denn der augenblickliche Zustand der Bundesrepublik, der in seinen politischen Institutionen und ökonomischen Verhältnissen manchen Ländern als vorbildhaft erscheint, hängt nicht zuletzt davon ab, daß die Unruhepotentiale sozialstaatlich im Status quo gehalten werden können. Ein Abbau des Sozialstaates würde die politische Krise erheblich verschärfen.

Aber ich möchte noch einige andere Punkte nennen, die stärker innenpolitisch gerichtet sind. Strauß hat zweifellos die Neigung, gordische Knoten durchzuhauen, und er gibt mit dieser Methode den anti-intellektuellen Affekten, die es in der Bevölkerung gibt, zustimmungsfähige Orientierung. Ich halte es für möglich, daß diese Legitimation auch dazu hinreichen kann, das Parlament selber zu entwerten und in den Verdacht einer reinen Schwatzbude zu bringen, in der nichts Wirkliches entschieden wird. Strauß steht dafür, daß die noch bestehenden Diskussionsspielräume, im Bundestag nicht anders als in der Gesellschaft, dezisionistisch, d. h. nach Maximen rein bürokratischer oder, komplimentär dazu, charismatischer Entscheidung, beschnitten werden. Ganz ohne Zweifel hat die sozialliberale Koalition viele der Instrumente geschliffen, deren sich Strauß bei seiner Politik bedienen könnte. Mir ist es aber nicht gleichgültig, *wer* diese Instrumente benutzen darf. Es ist eigentlich nicht so sehr die *Politik* der sozialliberalen Koalition, welche konsequent auf die Beachtung der Menschen- und Bürgerrechte gerichtet ist; aber der Sicherheitsstaat *dieser* Struktur hat Räume gelassen, die es ermöglichen, daß die liberale Öffentlichkeit, unbeugsame Einzelpersonen und die Linke korrigierend auftreten können.

Ich möchte einen Charakterzug, den Strauß repräsentiert und auf den Du in Deiner Frage zu sprechen kommst, hier in seinen Folgen etwas näher beschreiben. Die sozialliberale Koalition ist in gewisser Weise, was die Charakterzüge ihrer Repräsentanten anbetrifft, durch eine technokratische Mentalität gekennzeichnet. Strauß dagegen versteht sich als charismatische Figur, wenigstens in einer Hinsicht. Sie ist nicht stromlinienförmig, hat Ekken und Kanten, ist sogar der Korruption nicht ganz abgeneigt, repräsentiert also, ohne daß man das jetzt buchstäblich nehmen müßte, eher den *Katholiken* als den *Protestanten* in der Politik. Das erweckt Sympathien, erfüllt sogar Nähebedürfnisse in der Bevölkerung, die etwa vergleichbar wären denjenigen, die der von Morphium, von Flitter und eigensüchtigem Besitzinteresse abhängige Göring erfüllte. Die moralische Integrität von Willy Brandt ist ebenso wie die technokratische Schmidts auf Distanz eingestellt, auf das permanente Erzeugen von Pflicht- und Schuldgefühlen. Ich kann mir vorstellen, daß ein Kanzler Strauß gerade in dem, was Intellektuelle als Unbeherrschtheit, Machtlüsternheit, Besitztrieb verwerfen, bei vielen im Lande als eine akzeptable Form von Menschlichkeit erscheint, die sie von ihren moralischen Ansprüchen entlastet.

ROTH: Strauß symbolisiert dabei eine Form von Gegenwehr, alltäglichem Durchsetzungsvermögen, die sich der »kleine Mann« oder Wähler selbst nicht zutraut. Strauß steht für die Möglichkeit, die Ellenbogen im Alltag kräftig zum eigenen Vorteil zu nutzen und baut dabei auf einen anti-institutionellen Affekt, den er durch seinen politischen »Stil« nutzen will.

NEGT: Ganz richtig. Hinzu kommt, daß die Zeiten technokratisch durchorganisierter Behandlung der Krisen dem Ende zugehen. Die Tatsache, daß der ja höchst belastete Strauß, dem schon so oft das Ende der Karriere prophezeit worden ist, überhaupt kandidieren kann, hat meines Erachtens auch damit etwas zu tun, daß die sozialliberale Form des technokratischen Krisenmanagements selber in eine Krise geraten ist und Leute nach oben spült, die Politik nach klaren und konventionellen Freund-Feind-Verhältnissen betreiben, die nicht der Diskussion, sondern der Durchsetzung bedürfen. Solche machtorientierten Gefühle und Empfindungen sind besonders in Krisen, wo sich die Ohnmacht vieler Menschen zeigt, sehr verbreitet. Die Okkupation des Staates durch einen Mann wie Strauß könnte, bei der vorherrschenden Staatsfixierung, der Unlust am technokratischen Management, eine staatlich sanktionierte, gewissermaßen hoheitliche Orientierung schaffen.

HEPP: Mir fällt bei deiner Einschätzung der grünen Bewegung, unabhängig davon, daß hier durch Strauß eine neue Situation entstanden ist, auf, daß deine Sicht sehr von oben oder von außen herangetragen erscheint. Die ganze Bewegung sei noch in den Anfängen und deshalb noch nicht so weit durch eine Infrastruktur stabilisiert und vereinheitlicht, um schon den Gang in eine parlamentarische Richtung riskieren zu können. Aber wenn man die Entwicklung der Bürgerinitiativen von ihrer eigenen, sehr lokalen Entstehung und Geschichte aus betrachtet, dann besteht möglicherweise gegenwärtig – sie sind ja nun schon mehrere Jahre aktiv gewesen – gar keine andere Wahl, als entweder resignativ in Untätigkeit zurückzufallen, weil sich nicht pausenlos eine ad hoc-Mobilisierung erreichen läßt, oder eine Sta-

bilisierung durch die Teilnahme am parlamentarischen System zu versuchen. Ist das vielleicht die einzige Möglichkeit, um ihre Infrastruktur weiterzuentwicklen, auch wenn man dabei auf die traditionellen Parteistrukturen zurückgreifen muß?

ROTH: Ich möchte dieses Problem noch zuspitzen. Ich habe den Eindruck, daß wir zum gegenwärtigen Zeitpunkt noch gar nicht wissen, welche Organisationsformen diesen »neuen sozialen Bewegungen« – wie sie Touraine genannt hat – angemessen sind und sie aus sich heraus hervortreiben. Da wird sehr viel experimentiert, einige Formen sind auch gefunden und haben sich bewährt. So z. B. die Kooperation der Bürgerinitiativen Umweltschutz in Form eines Bundesverbands, der auf Vorstandsebene eine spezifisch eingeschränkte, aber doch sehr wirksame Politik betreibt, die sich an der staatlichen Politik orientiert und mit Stellungnahmen und Alternativvorschlägen versucht, in den Bereich der herrschenden Institutionen von Staat, Parteien, Gewerkschaften und in die bürgerliche Öffentlichkeit hineinzuwirken. Der Bundesverband ist selbst nur ein lockeres Koordinationsgremium, das auf der Grundlage eines ökologischen Minimalkonsenses und der Unterstützung praktischer Aktionen der Bürgerinitiativen arbeitet. Gleichzeitig gibt es auf lokaler und regionaler Ebene eine Fülle von organisatorischen Strukturen, die z. T. sehr gebrechlich sind, aber auch progressive Formen angenommen haben. Ich denke z. B. an die Volkshochschule Wyhler Wald, die mit Organisation von kontinuierlichen Lernprozessen in den eigenen Reihen ein zentrales Problem der Weiterentwicklung der Ökologiebewegung praktisch aufgegriffen hat. Im Vergleich zu diesen Ansätzen erscheinen die diversen Gründungsbemühungen im Zusammenhang von Wahlen eher diesen Initiativen äußerliche Versuche mit zweifelhaften Auswirkungen. Trotzdem bestehen im Kontext der Ökologiebewegung eine Fülle verschiedener Organisationsansätze, die von einer Verallgemeinerung und stabilen und kontinuierlichen Kooperation noch weit entfernt sind. Welche Maßstäbe haben wir eigentlich, um die politische Produktivität der sehr heterogenen Bemühungen in ihren Möglichkeiten einschätzen zu können?

NEGT: Dazu ein paar Vorprobleme. Zunächst gehe ich davon aus, daß der Kampf an den Orten, wo Kernkraftwerke oder Entsorgungsfabriken entstehen sollen, in den nächsten Jahren an Brisanz verlieren wird. Lokaler Protest kann nicht immer wieder dieselbe Mobilisierung erzeugen. Das wäre das erste Mal in der Geschichte, daß sich eine Auseinandersetzung ständig auf diesem Niveau halten ließe. Man wird vielleicht ein, zwei Jahre um ein solches Kernkraftwerk einen cordon sanitaire halten oder Proteste mobilisieren können, aber im Grunde wird das Protestmotiv, durch die

Vervielfältigung weiterer Kraftwerksprojekte, nachlassen. Das birgt die Gefahr, daß eine Bewegung jetzt andere Motive anzieht und agglomeriert oder sich verschleißt. Nehmen wir einmal an, es gelingt durch eine flexible Taktik, den Bau von Kernkraftwerken um ein paar Jahre zu verschieben und in der Zwischenzeit forciert „umweltfreundlichere" Energiegewinnungs-Technologien zu entwickeln und zu kapitalisieren. Man arbeitet dabei *mit* der Zeit. Aber eine solche Bewegung hat als Bewegung keine Zeit, ihre Motive lassen sich nicht aufbewahren, ohne daß die Leute die Lust verlieren. Es ist ein Zeitpunkt vorauszusehen, wo sie sagen, schon wieder wird so ein Ding gebaut, schon wieder sollen wir dahin und schon wieder gibt es den Kampf mit der Polizei. Diese Ermüdung hat es in den letzten zehn Jahren häufig gegeben. Welche Brisanz hatte z. B. zunächst der Frankfurter Häuserkampf – die letzten besetzten Häuser wurden schließlich sang- und klanglos geräumt. Wir müssen auch bei der Ökologiebewegung von einer Minderung der Motive, soweit sie konkrete Anlässe betreffen, ausgehen. Es wäre einfach irreal, zu meinen, daß diese unmittelbar sichtbaren Motive mit ihrer hohen Spannung so bleiben. Damit stellt sich auch die kontroverse Frage nach den historischen Perspektiven der Ökologiebewegung. Bahro sagt, geschichtlich ist das, was in der Ökologiebewegung zum Ausdruck kommt, fundamental und neu. Es geht dabei um die Fragen der Zerstörung von Umwelt, von Leben, von Überleben, um Lebenssinn und einer verantwortungslosen Plünderung der Energievorräte der Erde, wie es sie, sieht man auf die Gattungsgeschichte, noch nie gegeben hat. Es ist dabei nicht so wesentlich, in welchen Formen sich das aktuell ausdrückt. Auch die Arbeiterbewegung entwickelte sich von der Maschinenstürmerei über Chartistenbewegung bis zu den disziplinierten Parteiformationen in einer langen Reihe von tastenden Versuchen, äußerst heterogenen Organisationsformen, und es bestand lange Zeit ein diffuser Formenreichtum, vom Vereinswesen, den Gilden bis zu den Genossenschaften. Wenn diese Parallele zutrifft – ich kann ihre Haltbarkeit nicht beurteilen, zumal die Ökologiebewegung von sich selbst noch kein *epochales* Bewußtsein entwickelt hat – dann bedeutet dies für die Frage der Organisationsformen, daß die größte Gefahr darin besteht, die konkrete Interessenbasis zu verlieren und das praktische Experimentalstadium von oben beenden zu wollen. Diese konkrete Interessenbasis ist am Anfang der Arbeiterbewegung nirgendwo verloren gegangen, vielmehr ist es immer um die elementaren Bedürfnisse der Arbeiter gegangen, die ihren gemeinsamen Ursprung in erfahrbarer Ausbeutung hatten. Von daher scheint mir das Wichtigste, in der Ökologiebewegung sichtbar zu machen, wo der Zusammenhang zwischen den einzelnen Interessen und der gesamtgesellschaftlichen Veränderung besteht, sowohl theoretisch wie praktisch. D. h. wenn die Ökologiebewegung Realität ausgrenzt, wenn sie Realitätsstücke rausnimmt und sagt, die

Gewerkschaften, die Arbeiterklasse, da ist sowieso nichts mehr zu machen, oder die Parteien, oder der Staat, oder das Kapital, wir beschäftigen uns mit dem Lebenssinn, mit fundamentaleren Sachen, dann würde das eine Realitätsausgrenzung von Interessen bedeuten, die mit Sicherheit diese Bewegung in traditionelle Formen von bürgerlicher Öffentlichkeit wieder eingliedern. Jede Organisationsform, die das Ökologieproblem in seiner ganzen Radikalität und Breite ernst nimmt, ist theoretisch und praktisch darauf gerichtet, die Bedingtheit der Interessen, der Lebensinteressen der Einzelnen durch die veränderte Struktur der Gesellschaft, durch die veränderte Form der Krisen sichtbar zu machen, sie hat notwendigerweise eine Tendenz auf das Ganze der Gesellschaft. Innerhalb dieser Tendenz auf das Ganze kann ich mir vorstellen, daß ein weites Spektrum von parteiähnlichen Gliederungen, Vereinen, Komitees, informellen Gruppen *nebeneinander* bestehen könnte; nur müßten sie alle eine Funktion haben: Erfahrbarkeit und Begreifen der Interessen der Beteiligten im Zusammenhang der Gesamtgesellschaft durchsichtig zu machen.

ROTH: Ich glaube auch, daß ein zentraler Hintergrund für die unterschiedlichen Einschätzungen der Perspektiven der „Grünen" ist, inwieweit man die ökologische Bewegung als epochal begreift, in dem Sinne wie es Bahro angedeutet hat.

Willi Hoss hat sogar die These formuliert, daß die Ökologiebewegung die Interessen und Motive der Arbeiterbewegung aufgreift und ihre Begrenzungen aufhebt und wir somit Zeugen des Konstitutionsprozesses einer radikalen antikapitalistischen Bewegung sind, die die kommenden Jahrzehnte dominieren wird. Ihr gegenüber verblassen die Fragestellungen, die in der Sozialdemokratie und den Gewerkschaften institutionalisiert sind. Vor diesem Hintergrund wird wiederum aus einer anderen Richtung das Argument mobilisiert, Strauß-Schmidt ist doch gar nicht die Alternative, es droht der Atomstaat bzw. Weltkatastrophe, Weltuntergang. Die Gattungsfrage stellt sich so übermächtig, daß im Grunde jeder Versuch, zu einem Konstitutionsprozeß dieser grünen Widerstandsbewegung beizutragen, legitim ist. Ich glaube, daß eine große Faszination von dieser Katastrophenstimmung, dem Titanicbewußtsein, das Enzensberger so treffend beschrieben hat, ausgeht und sich ein Großteil des ökologischen Bewußtseins davon speist. Diese Katastrophenstimmung enthält sicherlich ein Gutteil Realangst, ist aber für politische Orientierungen nicht ausreichend, eher gefährlich. Denn die Beschwörung der globalen Bedrohung verdeckt den Zwang zum alltäglichen Arrangement und läßt sie zum partikularen Motiv werden. Man lebt mit und in der Katastrophe und lebt in unseren Breiten relativ gut dabei. Die Parole „Sozialismus oder Barbarei" wurde zwar von der Ökologiebewegung um eine Variante bereichert, auf der Ebene dieser Wahrheiten wird auch sie keine politische Perspektive gewinnen können. Vor ihr blamieren sich scheinbar Formen konkreten Protests, wo für Radfahrwege demonstriert oder um das Haus gegenüber gekämpft wird, das abgerissen werden soll. Das Ausmalen von zivilisationskritischen Szenarios und die Mobilisierung von Endzeitstimmungen können vielleicht vorübergehend Verunsicherungen und Ängste anziehen, sie sind jedoch in der Gefahr, politische Vermittlungsebenen zu vernachlässigen und letztlich den Blick auf den Alltag zu verstellen, an dem doch anzusetzen ist. In diesem Zusammenhang werden Gattungsfrage und epochaler Charakter der Ökologiebewegung leicht zu Diskussionsblockaden, wo man beim Marsch auf die Institutionen von einigem kritischen Gepäck befreien möchte. Wie kann man da politisch weiterkommen?

NEGT: Die Radikalisierung der Ökologiefrage hängt in Deutschland sicherlich damit zusammen, daß hier politischer Protest außerhalb der etablierten Organisationen nur dann eine Chance hat, wenn er sich als radikaler, quasi anthropologischer Protest artikuliert. Ich erkenne in diesem Rückbeziehen auf die Katastrophe den alten, allerdings sehr verschleierten Mechanismus von Fernidentifikation wieder. Wie man sich '69 auf die positiven Entwicklungen in der Dritten Welt bezogen hat, also auf sozialrevolutionäre Befreiung, bezieht man sich jetzt auf die Negativentwicklung der Weltszenerie. Eigentlich ist es nur das Austauschen der Akzente.

Aber ich vermute, daß es vom Motiv her sehr ähnlich ist. Man spekuliert nach den Enttäuschungen mit Vietnam, Kambodscha und vorher schon Kuba und Sowjetunion, China jetzt à la Baisse und gewinnt aus der Katastrophenstimmung Energie. Während man vorher aus der positiven Bewegung, aus der Weltrevolution Energie gewonnen hat, gewinnt man jetzt aus der Weltkonterrevolution überschüssige Kraft. Ich meine das übrigens gar nicht so abwertend; keine Bewegung kommt ohne einen solchen Schuß von Fremdidentifikation aus. Sie darf aber nie Ersatz sein. Beides stimmt in dem Punkt überein, daß es immer, jedenfalls in Deutschland, die Tendenz zur Totalisierung und zum Überspringen aller Vermittlungsebenen hat. Dies wird deutlich an der Direktheit, in der eigene Interessen, eigene Lebensinteressen, persönliche Betroffenheit, verknüpft werden mit der Gattung. In Deutschland reicht es nicht aus, daß man nur seine Interessen vertritt, weil das für jeden irgendwie zu blamabel ist, es müssen Menschheitsinteressen sein.

Ich halte es für sehr bedenklich, wenn angesichts der atomaren Bedrohung so argumentiert wird, wie es jüngst Heinz Brandt getan hat. Indem die Frage von Überleben in den Mittelpunkt gerückt wird, verschwinden für ihn die Klassendifferenzierungen der Schichten. Es geht nur noch um *den* Menschen. Dies verweist sicherlich auf ein starkes Motiv auch der Blochschen Philosophie: Würde und aufrechter Gang des Menschen. Aber dieses Motiv der Menschenrechte, des Citoyen, des Ich-Ideals des Bürgers läßt sich doch nicht ohne Vermittlung in politische Konkretion umsetzen. Für mich ist die Ökologiebewegung zunächst Symptom einer gesellschaftlichen Tendenz, die in der Marxschen Theorie immer mitgedacht wurde. Wenn er, nicht nur in den Frühschriften, sondern auch im Kapital III davon spricht: keine Generation hat das Recht, die Erde ruiniert der folgenden zu überlassen, sondern jede Generation hat, wie ein fürsorglicher pater familias, der nachfolgenden Generation eine nicht zerstörte, um die Springquellen des gesellschaftlichen Reichtums pfleglich erweiterte Erde zu überlassen. Oder: der Kapitalismus hat die Tendenz, seine eigenen Grundlagen zu zerstören, den *Arbeiter* und den *Boden*. Wir sind geschichtlich wahrscheinlich an dem Punkt angelangt, wo dies durch die Produktivkräfteentwicklung erreicht ist. Aber das bedeutet doch nicht das Außerkraftsetzen der Herrschaftsmechanismen, die an dieser Produktivkraftentwicklung und den entsprechenden Produktionsverhältnissen hängen. Es ist schließlich auch das Kapital, das diesen Zustand mit bewirkt, und die am Kapital orientierte Ausbeutung der Natur und des Menschen, mit denen auch die nachgeholten, schließlich verselbständigten Industrialisierungsprozesse osteuropäischer Länder verknüpft sind. Es ist nicht irgendeine okkulte Qualität, die die industrielle Entwicklung an diesen Punkt getrieben hat, es sind konkrete Herrschaftsverhältnisse und Klassenverhältnisse, nicht nur was die Bedingungen, sondern auch was die Folgen anbetrifft. Wir müssen ernst nehmen, daß hier für viele Arbeiter es sehr wohl entscheidend ist, sich nicht nur für Menschheitsinteressen einzusetzen, wenn der Arbeitsplatz gefährdet ist, wenn sie damit durch Realitätsverlust bestraft und ruiniert werden. Wenn solche Angstmechanismen in Gang gesetzt werden, wenn es keine Kernkraftwerke gibt, dann hat dieses System keine Energiegrundlage, zielt dies doch auch auf eine reale Angst um das Leben der Leute und ist nicht weniger wichtig als die lebensbedrohenden Risiken der Kerntechnologie.

Deshalb ist das Eingehen ökologischer Motive in jene Organisationen, die Massenloyalität binden, so entscheidend. Ich denke vor allem an die Gewerkschaften als Organisationen, in denen acht Millionen Menschen durch Loyalität und Interessen gebunden sind. Es scheint mir eine Realitätsausblendung zu sein, die Ökologiebewegung könnte die Probleme, die hier noch lokalisiert und gebunden sind, einfach absorbieren und geschichtlich außer Kraft setzen. Auch der Klassenkonflikt wird nicht aufgehoben, sondern nach *einer* Seite hin radikalisiert, die auch im Ursprungsgehalt des Sozialismus immer enthalten war. Sozialismus meinte nicht nur eine Neuregelung der Wirtschaftsverhältnisse oder eine bloße Neuverteilung des Mehrprodukts. Zentrale Programmpunkte waren immer die Humanisierung der Natur und die Naturalisierung des Menschen.

Unter der Hand vollzieht sich in der Ökologiebewegung eine Reduktion der Sozialismusvorstellung auf die technokratischen Elemente, und man begibt sich, indem man gleichzeitig den Marxismus entsprechend reduziert, des analytischen Instrumentariums, die verflochtenen Verhältnisse dieser Machtrealität zu analysieren. Die Ausblendung dieser Machtrealität und ihrer Vermittlungen bedeutet immer Abstraktion. Abstraktion in der Realität geltend zu machen, bedeutet – das hat schon Hegel gesehen – Realität zerstören, d. h. Ohnmacht. In der Verkapselung, wie sie sich aktuell darstellt, scheint mir die ökologische Orientierung eine neue Wellenbewegung zu sein, der mit Sicherheit eine neue, ganz andere folgt. Ich halte es daher theoretisch wie praktisch für gefährlich, dieser Ökologiebewegung einzureden, sie wäre mehr als ein Symptom von langfristigen historischen Prozessen, in jener Reichweite, wie sie bei Rudolph Bahro mit seiner Analogie zum Untergang der Antike anklingt. Es ist zwar richtig, nach einem epochalen Verständnis zu suchen, aber es wird sich nicht an Spengler oder dem elitären Standpunkt von Jaspers in seiner »Geistigen Situation der Zeit« orientieren können, die gegen Vermassung und Technik Sturm liefen. Angemessen wird mit Sicherheit nur ein Standpunkt sein können, der durch die gesamten gesellschaftlichen Vermittlungen politisch wie theoretisch hindurchgeht. Daran führt kein Weg vorbei. Die aktuellen Hoffnungen auf populistische Bewegungen verdrängen deren historisches Schicksal. Der Poujadismus in Frankreich, der Glistrup-Effekt in Dänemark und die populistischen Bewegungen in Lateinamerika deuten darauf hin, daß sie nur in Zeiten und unter gesellschaftlichen Bedingungen wirkliche Bedeutung haben, wo das technische Organisationsgeflecht der Gesellschaft nicht so komplex ist; die Einfachheit gegen Komplexität zu setzen, bedeutet auch immer, die Ohnmacht gleich mit zu produzieren. Die Frage nach Dialektik ist der Umgang mit Komplexität und nicht mit einfach strukturierten oder dualistischen Verhältnissen, also Ökologie hier und die ganze Gesellschaft auf der anderen Seite.

Dies verweist auf das Phänomen der Überpolitisierung und Unterpolitisierung, auf das ich im Zusammenhang der westdeutschen Linken schon öfter hingewiesen habe. In der Aufbauphase nach dem Zerfall der Protestbewegung, als diverse Organisationen anfingen, die Reste zu verwalten, hatten wir es mit einer Überpolitisierung zu tun, die dann einer Phase der Unterpolitisierung wich, dokumentiert z. B. auf dem Tunix-Kongreß. Jetzt haben wir es wieder mit einer Welle der Überpolitisierung zu tun. Dabei verzerrt man die wirklichen Verhältnisse dadurch, daß man nach großen Kämpfen des Antiparlamentarismus – durchaus mit gewissen Erfolgen – den Sprung in das Europa-Parlament, in den Bundestag macht.

Die Leute wollen gar nicht richtig ins Parlament, sind eigentlich dagegen eingestellt und haben damit auch keine richtigen Identifikationen. Der Parlamentarismus ist für sie bestenfalls ein Forum. Das muß aber unter gegenwärtigen Voraussetzungen dazu führen, daß ihnen der unpolitische Charakter ihres Verhaltens dort demonstriert wird, in der Alltagsarbeit des Parlaments.

ROTH: Aber kann man so einfach von einer neuen Form der Überpolitisierung im Kontext der parlamentarischen Versuche der ,,Grünen" sprechen? Mit dem Weg in die Parlamente verbinden sich doch sehr heterogene Motive. Eine Richtung sieht in der parlamentarischen Vertretung ein weiteres Mittel der vielfältigen politischen Praxis einer Jahrhundertbewegung, das es ernsthaft zu nutzen gilt. Dafür stehen »gestandene« Parlamentarier wie Gruhl und jene Politiker, die sich nun über die »Grünen« einen Kindheitstraum zu erfüllen hoffen. Eine andere Strömung, vor allem aus den Bürgerinitiativen und der Linken, verbindet mit der Parlamentarisierung gerade antiparlamentarische Hoffnungen, nämlich daß die parlamentarische Präsenz obstruktiv genutzt werden könne. Die zeitweilige Kandidatur von Cohn-Bendit bei den hessischen Landtagswahlen mag dafür das prominenteste Beispiel sein. Diese Richtung hofft, durch das eigene basisdemokratische Politikverständnis – dem ja auch im ersten Programmentwurf der »Grünen« mit einem entsprechenden Stichwort Rechnung getragen wurde – und die Konzentration auf radikale Partialinteressen im ökologischen Bereich das Parlament als demonstratives Forum nutzen zu können. Was Du als unpolitisches Verhalten beschrieben hast, wird in diesem Zusammenhang durchaus positiv als extrem politisches Verhalten gesehen, das sich gegen die herrschenden Politikformen richtet und als permanenter Stachel im parlamentarischen Milieu wirksam wird.

Dieses merkwürdige Bündnis von »Parlamentariern« und »Anti-Parlamentariern«, das die Parlamentarisierungsversuche der letzten Jahre geprägt hat, kann wohl den Einzug in das Parlament in dieser Form nicht überleben?

NEGT: Eine folgenreiche Desavouierung des Parlaments und anderer Institutionen setzt einheitliche Vorstellungen und Konzeptionen zu den verschiedenen Problembereichen voraus. Gerade weil sich die Ökologiebewegung in ihren Vorstellungen nicht konstituiert hat, kann sie dem parlamentarischen Prozeß keinen Gegenakt entgegensetzen, der ja legitimiert sein müßte. Es können allenfalls Verhaltensakte sein. Dies hieße aber eine Rückkehr zur Provokationspraxis von Fritz Teufel und Rainer Langhans, die das Querlegen durch Verhaltensakte, durch Späße am konsequentesten praktiziert haben. Für deren Wirksamkeit fehlt allerdings heute das entsprechende gesellschaftliche Klima. Die Leute fänden das doch heute gar nicht mehr lustig, wenn da einer im Parlament rumhampelt. Das würde nicht das Parlament desavouieren, sondern die, die das betreiben. Eine Provokationspraxis könnte heute nur durch detaillierte Gegenvorschläge, d. h. durch ein Einlassen auf die Parlamentsarbeit erfolgreich sein. Diese vier Jahre einer Legislaturperiode konsequent zu betreiben, dazu fehlen der Ökologiebewegung alle Voraussetzungen. Radikalität könnte sich dann nur auf Verhaltensdissenz reduzieren.

ROTH: Solchen skeptischen Einschätzungen wird in den aktuellen Diskussionen immer wieder entgegengehalten, daß die wachsende Bereitschaft auch von prominenten Vertretern der außerparlamentarischen Linken, sich bei den ,,Grünen" zu engagieren, auf ein Scheitern von alternativen, basisorientierten Politikvorstellungen hindeutet, diese Basisarbeit zumindest der parlamentarischen Ergänzung bedarf. Mit Deinem Beitrag »Nicht nach Köpfen, sondern nach Interessen organisieren« bist Du einer der theoretischen Exponenten dieses basis- und interessenorientierten Konzepts alternativer politischer Praxis. Gibt es nicht in der Tat Anzeichen für ein Scheitern dieses Konzepts? Mit der Gründung des Sozialistischen Büros wurde schon Ende der sechziger Jahre ein organisierender Fokus für die Zusammenarbeit von politischen Aktivisten aus verschiedenen Arbeitsbereichen – vor allem der Schule, im Bereich der Sozialarbeit, auch aus der Produktion, dem Gesundheitswesen etc. – und Lebenszusammenhängen geschaffen. Das SB hat zwar eine gewisse Ausweitung und Konsolidierung seiner politischen Ansätze leisten können, aber sein Einfluß auf eine Dämpfung oder gar Verhinderung der großen Wellenbewegung von Über- und Unterpolitisierung in den letzten zehn Jahren, von denen vorhin die Rede war, blieb realtiv gering. In den letzten Jahren scheint zudem der politische Einfluß des SB zurückzugehen, seine organisatorische Entwicklung stagniert. Nun waren die basisorientierten Politikvorstellungen keineswegs auf das SB als politischen Ansatz beschränkt. Seine Entwicklung wäre kein zureichender Indikator für Erfolg und Realisierbarkeit der basisorientierten Politikvorstellung, die an Alltagsinteressen ansetzt. Die starke Mobilisierungswirkung der Ökologiebewegung und das hektische Engagement in Richtung Parlament deuten doch darauf hin, daß für die Individuen eine an Kontinuität, Langfristigkeit und mühseligen Lernprozessen orientierte Politikvorstellung schwierig, wenn nicht gar unattraktiv geworden ist. Eine Politikvorstellung für die Veteranen der Bewegung, die genügend Stabilität und langen Atem mitbringen. Gegenüber den politischen Bedürfnissen, die sich in der Alternativszene, der Ökologiebewegung und anderswo ausdrücken, erscheint diese Art des Politikmachens als kalte, langwierige, reformistische Arbeit, mit vielen Versagungen und deformierenden Auswirkungen beim Sich-Einlas-

sen auf gesellschaftliche Institutionen. Ist diese basisorientierte Politikvorstellung nach der langen ökonomischen Krise der siebziger Jahre, der damit einhergehenden zweiten politischen Restaurationsphase in der Geschichte der Bundesrepublik und angesichts der neuen sozialen Bewegungen selbst überholt und gescheitert?

NEGT: Um endgültig darüber zu entscheiden, ob eine Konzeption der Politisierung von Interessen in Bereichen der Industriebetriebe, der Schulen, der Krankenhäuser oder der Auffanginstitutionen der Sozialarbeit, ob also politische Arbeit richtig oder falsch ist, reichen fünf oder sechs Jahre nicht aus. Für die Beurteilung, ob unser Ansatz einer basisorientierten Politik, wie sie im Sozialistischen Büro praktiziert wurde, historisch überholt ist oder nicht, würde ich trotz des verengten Zeitmaßes von Aktivitäten und der Dringlichkeit von Bedürfnissen, die auf eine radikale Wende drängen, etwas größere Zeiträume für notwendig halten.

Wer von apokalyptischen Erwartungen ausgeht, steht zwangsläufig unter dem Druck, keine Zeit zu verlieren. Nur möchte ich hier an einen Satz von Kant erinnern, daß das Bedürfnis nach Gott kein Beweis seiner Existenz ist; auch die drängenden Bedürfnisse, die Ruinierung der gesellschaftlichen Umwelt durch völlig verselbständigtes, die Energiequellen der Erde unverantwortlich aufzehrendes Wirtschaftswachstum abzuwenden, können zu einer Verzerrung der Zeitperspektiven führen, die gerade das, was die Hautnähe der Probleme ausmacht und was zweifellos Lebensinteressen berührt, durch theorieloses Experimentieren verlangsamen oder am Ende sogar zerstören. Das Gefährlichste an der gegenwärtigen Entwicklung der Linken wäre, daß Organisationsformen, die sich in bestimmten Bereichen der politischen Aktivität bewährt und vor allem auch stabile Orientierungen bewirkt haben, in diesem Prozeß aufgelöst werden, ohne daß deren Vorzüge, nämlich eine gewisse Kontinuität der politischen Arbeit, in anderen Organisationsformen aufgehoben werden.

In diesem Zusammenhang möchte ich einige Bemerkungen zum gegenwärtigen Stand des Sozialistischen Büros machen. Ich bin nicht der Auffassung, daß wir Gründe haben, uns oberlehrerhaft als Bewahrer einer richtigen Konzeption zu betätigen und immer wieder darauf zu verweisen, welche Erfolge wir doch mit dieser basisorientierten Politik gehabt haben. Ich halte es für gut, daß wir von außen mit einer Bewegung konfrontiert werden, die uns die Möglichkeit gibt, radikale Selbstkritik zu üben und damit Perspektiven sichtbar zu machen, die ursprüngliche Konzeption unter veränderten gesellschaftlichen und politischen Bedingungen weiterzudenken, Probleme neu zu diskutieren und damit auch eine gewisse innere Dynamik der Organisationspraxis zu gewinnen, die uns offenbar abhanden gekommen ist.

Wenn ich den Arbeitsfeldansatz nehme, ein organisatorisches Grundprinzip des Sozialistischen Büros, so ist selbstverständlich nie damit gemeint gewesen, einer berufsständischen Verengung des Politikbegriffs das Wort zu reden. Es ging vielmehr darum, im konkreten Lebens- und Arbeitszusammenhang Politik zu verankern und die der bürgerlichen Öffentlichkeit entsprechende *Stellvertreterpolitik* zu überwinden. Ich glaube, die Arbeitsfelder haben sich, was die politische Praxis, ja sogar die spezifische Theoriebildung anbetrifft, bewährt. Der Umkreis derjenigen, die sich an den Arbeitsfeldmaterialien für ihre eigene Tätigkeit orientiert haben, ist wesentlich größer gewesen als derjenigen, die in diesen Arbeitsfeldern unmittelbar tätig waren. Auch scheint es mir kein Problem gewesen zu sein, die Arbeitsfelder überregional zusammenzufassen und damit einen Erfahrungsaustausch durch zentrale Tagungen und Publikationen zu organisieren. Die Einführung von Einzelmitgliedschaften, die ursprünglich wohl auch abgelehnt wurde, um den studentischen Überhang in der Organisationen einzudämmen, hat dazu geführt, daß sich neben den Arbeitsfeldern lokale Organisationskerne bildeten, die ihre Aufgabe, die Arbeitsfeldprobleme politisch zu generalisieren, nicht wahrnehmen konnten. Sicherlich ist das nicht an allen Orten gescheitert. Aber dieses Nebeneinander von Arbeitsfeld- und Mitgliederorganisation hat nicht bewirkt, was wir damit beabsichtigt haben: nämlich eine politische Vereinheitlichung und Verallgemeinerung der konkreten Arbeit in den Arbeitsfeldern an Ort und Stelle.

Dieser innerorganisatorische Widerspruch ist in seinen blockierenden Tendenzen kritisch nicht wirklich aufgearbeitet worden. Ganz falsch wäre es jedoch, zu meinen, die Abschaffung der Arbeitsfeldorganisation wäre der richtige Ausweg. Vielmehr glaube ich, daß der Arbeitsfeldansatz einer der wirklich produktiven Beiträge des Sozialistischen Büros zu jeder möglichen Organisationspraxis ist, die sich legitimerweise sozialistisch nennen kann. Ich kann mir denken, daß dieser Widerspruch auf eine ganz andere Weise gelöst werden könnte, und in gewissem Sinne können wir da von den Grünen etwas lernen.

Drei Aufgaben sehe ich, die eine Weiterführung der Organisationspraxis und der politischen Stoßrichtung des Sozialistischen Büros beinhalten: Ich halte es erstens für sinnvoll, eine stärkere *Kommunalisierung* der lokalen Organisationsstruktur zu betreiben, um damit die Initativen, die es an Ort und Stelle in den einzelnen Arbeitsfeldern und in den verschiedenen Bürgerinitiativen gibt, zusammenzufassen, stärker zu strukturieren und ihnen eine gewisse institutionelle Stabilität zu geben. Eine solche Kommunalisierung ist durchaus verknüpfbar mit dem Versuch, Vertreter dieser alternativen Gruppierungen in die Kommunalparlamente zu bekommen. Ich habe schon angedeutet, daß man in diese Kommunalparlamente keineswegs nur mit der Absicht gehen sollte, Entscheidungen zu verhindern oder andere

Entscheidungen zustandezubringen. Viele der Entscheidungen, welche eine Stadt oder eine Landgemeinde betreffen, werden anderswo getroffen. Wichtig ist aber doch, diese Parlamente als Formen der sichtbaren Auseinandersetzung mit Lebensinteressen zu verstehen, die die Menschen unmittelbar berühren.

Im Sinne der Verallgemeinerung und Konkretisierung sozialistischer Politik halte ich zweitens die *Verlebendigung* der Theoriebildungsprozesse und der theoretischen Auseinandersetzung für unabdingbar. Manche Publikationen des Sozialistischen Büros erwecken den Eindruck, als seien sie Resultat eines vielfachen Filters, bei dem dann nur noch ein total ausgewogener, langweiliger Extrakt herauskommt. Die theoretischen Auseinandersetzungen bedürfen aber, wenn sie lebendig sein sollen, der Ecken und Kanten: sie müssen zugespitzt sein, damit ein Klima der Auseinandersetzung stattfindet. Hier können wir von linken italienischen Zeitungen und Zeitschriften sehr viel lernen. Es ist nicht notwendig, daß immer eine ausgewogene vorherrschende Position vertreten wird. Sinnvoll ist auch, radikal abweichende Meinungen, ja Konservative und Liberale zu Wort kommen zu lassen. Wir müssen vermeiden, daß nur die angesprochen werden, die schon überzeugt sind. Ich sehe eine wichtige Aufgabe des Sozialistischen Büros, das mit Recht die sektiererische Abgrenzung verworfen hat und seinen spezifischen Arbeitsauftrag als »überfraktionelles Bewußtsein« versteht, gerade darin, den Linken in ihren kontroversen Positionen zur Sprache zu verhelfen. Das bedeutet keineswegs Positionslosigkeit, sondern ein gutes Erbstück materialistischer Dialektik, nämlich in die Stärke des Gegners einzugehen, um die eigene Position zu stabilisieren. Wenn ich mir ansehe, welches intellektuelle Potential objektiv im Sozialistischen Büro und dessen Umkreis versammelt ist, so bin ich bestürzt darüber, wie wenig sich diese Linksintellektuellen in dem behauptet haben, was sie wirklich können, nämlich Analysen und Theorie zu produzieren. Häufig leiden sie unter einem Minderwertigkeitskomplex und setzen sich, in völligem Widerspruch zu ihrer eigentlichen Qualifikation, die ja langfristig immer mehr gebraucht wird, die gestohlene Kappe des Proletariats auf, um als Intellektuelle möglichst nicht erkennbar zu sein. Vermutlich hat diese Scheinidentität an Bedeutung abgenommen, aber sie hat sich nur verschoben. Viele bekennen sich nach wie vor nicht zu dem, worin ihre eigentlichen Fähigkeiten bestehen.

Das führt mich drittens zu dem Punkt, der einen zentralen Mangel der bisherigen Arbeit des Sozialistischen Büros bezeichnet. Immer stärker tritt in den Vordergrund, daß in dem Maße, wie auch die kulturellen Krisen des Kapitalismus zunehmen, Zusammenhänge einer politischen Kultur für jeden Schritt politischer Arbeit unbedingt notwendig sind. Obwohl sich das Sozialistische Büro als Träger eines undogmatischen Marxismus betrachtet, gilt doch bisher die Kultur als Abgeleitetes, als etwas, das, am Maßstab der harten Materie von Organisation, Ökonomie, Politik gemessen, abfällt. Literarische Produktionen werden auch dort, wo sie die Zeitverhältnisse genauer erfassen als jede trockene politische oder ökonomische Analyse, ignoriert oder so behandelt, als wäre Kultur nicht so wichtig. Die Zeitschrift »links« bringt kaum kulturelle Kontroversen mit Gesprächen, polemischen Auseinandersetzungen, ironischen Spitzen. Dadurch erfolgt eine Abspaltung des Bereichs politischer Kultur von der politischen Arbeit. Der kulturelle Bereich wird gewissermaßen von linken Kulturzeitschriften verwaltet. Ihnen fehlt jedoch die organisierende Kraft der Organisation. Wie ernst dieses Problem der Abspaltung ist, wird sichtbar, wenn man bedenkt, daß gerade bürgerliche Öffentlichkeit ihre bestimmenden Mechanismen in dieser Trennung des Politischen von der Kultur als Lebenszusammenhang hat. Ein stärkeres Gewicht auf die Formen und Ausdrucksmöglichkeiten der Kultur zu legen, würde für das Sozialistische Büro keine prinzipielle Abwendung vom bisherigen Ansatz bedeuten, wohl aber dessen Fortführung und Erweiterung. Sicherlich hat diese Verknappung der Zeit, in der Dinge ausgetragen werden, etwas mit der Veränderung gesellschaftlicher Bedingungen, wahrscheinlich auch der Sozialisationsbedingungen zu tun. Der radikale Wechsel von Konzeption zu Konzeption, das schnelle Eingeständnis, etwas sei gescheitert, ist ein wesentlicher *Unbewußtseinszustand* zumindest der westdeutschen Linken, der hier besonders gefährlich ist, weil sich in diesem linken Spektrum sonst nicht allzuviel bewegt. Man nehme doch einmal die Zeitdimensionen, in denen sich die Traditionen und Organisationsformen der III. Internationale bewegt haben, wo Erfahrungen, Rückschläge und Probleme in einem Zeitraum von 30, 40 Jahren bearbeitet werden konnten, und vergleiche damit den hektischen Wechsel von Konzeptionen in der westdeutschen Linken innerhalb der letzten zehn Jahre: zunächst Protestbewegung, wenig später Randgruppenstrategie, Aufbauorganisationen, auf die sehr viele gesetzt haben, parallel dazu Aufbau des SB, fünf, sechs Jahre später »Deutscher Herbst«, Resignation, wo viele sagten, nun kann man politisch gar nichts mehr tun, heute Ökologiebewegung und parlamentarische Orientierungen. Innerhalb von zehn Jahren hat sich ein solch rascher Wechsel von politischen Konzeptionen vollzogen, daß man von einem Klima der Gründerjahre sprechen kann. Zu diesem Gründungsfieber rechnen auch die Spekulationen mit Expansionen im Medien- und Publikationssektor, wo ausgesprochen risikohaft kalkuliert wird, mit Krediten, die eigentlich den Untergang schon einplanen. Das gilt nicht nur für die beiden Tageszeitungsprojekte, fast jede Zeitschrift versucht einen Verlag zu gründen.

Angesichts dieses nervösen Gründungsfiebers mit schwindelhaften Zeitdimensionen scheint es mir heute besonders notwendig, die theoretische

Arbeit zu verstärken. Das ist keine Form von Resignation; im Gegenteil: ich kann mir linke Politik nicht ohne Theoriearbeit vorstellen. Ihr Ziel ist ein präzises Bild, ein gemeinsames Selbstverständnis und Bewußtsein dessen, was abläuft – durchaus im Marxschen Sinne, der einmal sagte, Kommunismus ist keine Projektion, keine Utopie, sondern das Begreifen dessen, was unter unseren Augen abläuft. In unserem Zusammenhang hieße das, Theorie benennt die Erfahrungsschritte, die gemacht worden sind und abgebrochen wurden, weil nur so neue Erfahrungen gemacht werden können. Sollte z. B. das SB scheitern, heißt dies keinesfalls, daß diese politische Konzeption gescheitert ist, sondern ist es vielmehr ein Abbrechen. Bei einer ausgetragenen Konzeption müßten sich Punkte angeben lassen, die aus angebbaren Gründen verändert werden können. Diese notwendige Anstrengung wird von einem Klima der gesellschaftlichen Motivationslosigkeit und einer allgemeinen Ungeduld der Veränderung überlagert. Das Gründungsfieber erfaßt natürlich auch die Subjekte, die daran beteiligt sind, d. h. es geht alles viel zu langssam, gemessen an den Bedürfnissen nach Veränderung. Radikale gesellschaftliche Veränderungen will man nicht nur zu Lebzeiten, sondern möglichst noch als Student oder mit 30 Jahren erleben. Thomas Ziehe hat auf die Möglichkeit hingewiesen, daß sich selbst bei Charakterstrukturen eine extreme Beschleunigung in der Veränderungsgeschwindigkeit ergeben haben könnte. Während sich autoritäre Charakterstrukturen in mehreren Jahrhunderten herausgebildet haben, scheinen sich die Elemente des neuen Sozialisationstyps, wie er sie im Auge hat, wesentlich rascher durchzusetzen.

Die Konzeption »Nach Interessen, nicht nach Köpfen organisieren« halte ich nach wie vor für tragfähig. Was sich demgegenüber in der Ökologiebewegung an Bedürfnissen ausdrückt, hat eine sehr viel schmalere Zeitspanne. Es sind vor allem angstbesetzte Bedürfnisse, die auf rasche Reduktion drängen. Du kannst mit einer individuell empfundenen Angst nicht Jahrzehnte leben, sie muß schnell aufgehoben werden. Das Angstelement, scheint mir, ist neu in die Bedürfnisstrukturen hineingekommen, wobei ich vermute, daß es nicht nur Ängste in Bezug auf die Umwelt sind, sondern sehr vielfältige Existenzängste. Nicht alle, die in der Ökologiebewegung mitmachen, fühlen sich von Kernkraftwerken bedroht, sondern sie zieht viele andere Ängste und Enttäuschungen an. Angst, als neues Element in der Bedürfnisdefinition, bewirkt dabei notwendig eine Verkürzung des Erwartungs- und Wertehorizonts. Dies zwingt zunächst zu einer Erweiterung und Konkretisierung von Bedürfnissen und Interessen und in gewisser Weise auch zu einer Radikalisierung. Politisch brisant wird allerdings die Frage, *wie* werden diese Ängste nun als politische Motive stabilisert. Denn daß diese Angstreduktion nicht innerhalb von zwei, drei Jahren zustande kommen kann, scheint mir offensichtlich zu sein. Auch Angstreduktion kann nur kollektiv verallgemeinernd in langfristigen Politisierungsprozessen erfolgen, weil sich anders Machtverhältnisse nicht verändern lassen. Das System stürzt nicht einfach ein und dankt zugunsten einer Bewegung ab, die es übernimmt. Damit ist das politische Problem, wo ansetzen, um eine Verallgemeinerung dieser angstbesetzten Bedürfnisse zu ermöglichen, auch dann, wenn das SB sich als Organisation auflöst, nicht gelöst oder außer Kraft gesetzt. Ich kann mir durchaus vorstellen, daß sich andere Organisationsformen entwickeln; sie werden allerdings vor ähnlichen Problemstellungen stehen, die durch einen Rückgriff auf traditionelle Muster nicht dauerhaft gelöst werden können. Gleich wie das Organisationsgeflecht aussieht, es wird sich dem Problem der Einbeziehung der Subjekte, ihrer Bedürfnisse, Interessen und Lebenszusammenhänge, stellen müssen. Die im Sozialistischen Büro ansatzweise erprobten Formen haben sich dadurch ausgezeichnet, Entlastungen nicht einfach dadurch zu schaffen wie in traditionellen Organisationen, daß die Anspruchsebene der Subjekte ausgeklammert wird. Daß dies auch nicht mehr möglich ist, liegt an der kapitalistischen Entwicklung selbst. In dem Augenblick, wo der Kapitalismus einen Reichtum produziert, der auf Aneignung durch die Individuen drängt, wo die Subjekte nicht mehr einsehen, daß sie verzichten müssen, wird die subjektive Dimension zum konstitutiven Moment von politischen Prozessen.

Diese Dimension von Realität wurde im Sozialistischen Büro nicht ausgeblendet, darum kann von einem Scheitern der Konzeption nicht gesprochen werden. Unter den beschriebenen subjektiven Voraussetzungen geht es eben vielen Leuten zu langsam, die Arbeit ist zu klein, die Blockierungen sind zu stark.

ROTH: Bei der Arbeit der Sozialistischen Büro fallen mir zwei weitere Probleme auf, die allerdings auch allgemeineren Charakter haben dürften. In welchem Verhältnis stehen eigentlich organisierte politische Ansätze wie das Sozialistische Büro zu sozialen Bewegungen, wie der Ökologiebewegung oder der Frauenbewegung. In diesen Bewegungen entfaltet sich selbst eine andere Radikalität, Bedürfnisstruktur, Zeitstruktur, die zunächst quer zu Alltagsstrukturen und darauf bezogenen politischen Ansätzen stehen. Zwar wurde auf einigen Arbeitstagungen und Kongressen ein produktiver Weg zur gemeinsamen Diskussion entwickelt, im Grunde stellt sich aber die Frage des Engagements immer noch für viele alternativ. Die Angebote etwa der Ökologiebewegung erscheinen dabei wesentlich fundamentaler, zumal auch Fragen der Lebensweise, des Lebensstils angesprochen werden. Ein zweites Problem sehe ich in der Erfahrung, daß sich unterhalb des Engagements in den beschriebenen politischen Wellen des letzten Jahrzehnts bei der Generation, die schon mehrere Phasen durchlaufen hat, eine zuneh-

mende Privatisierung feststellen läßt. Dem kommen die Strukturen der Ökologiebewegung, vor allem die daraus entstandenen parlamentarischen Versuche, sehr entgegen, indem sie – sieht man von einem kleinen Kern von Aktiven ab – nur geringe Anforderungen an das Engagement des Einzelnen stellen. Gelegentliche Großdemonstrationen, das Tragen von Symbolen und einige neue Elemente im eigenen Lebensstil genügen, um dabei zu sein. Selbst der wenig zeitaufwendige Wahlakt gelangt wieder zur Ehre, als politische Praxis anerkannt zu werden. Gemessen an den großen politischen Ansprüchen, die mit der Entwicklung der Aufbauorganisationen alltäglich für den Einzelnen verbunden waren, stellen die parlamentarischen Versuche eine politische Entlastung dar. Ich sehe bei vielen ein Sich-Einrichten in einer relativen Entpolitisierung, die mit gelegentlichen Anleihen bei den neuen sozialen Bewegungen überdeckt wird. Wieweit beide Ebenen auseinanderfallen können, mag vielleicht daran deutlich werden, daß es entgegen des politischen Katastrophenbewußtseins, der Spekulation à la Baisse, in der Linken eine breite Welle des Kinderkriegens gibt, also eine Orientierung auf neue Generationen stattfindet, die quer steht zu den Titanic-Vorstellungen auf politischer Ebene. Ist das nur eine Generationenfrage oder ein strukturelles Problem, wenn unterhalb von Großdemonstrationen und politischer Symbolik, viele Alltagsbereiche – auch die Berufstätigkeit – wieder privatisiert werden und die Individuen sich dadurch politisch stark entlasten? Verweist dies darauf, daß in den politischen Gründerjahren der jüngsten Zeit auch eine Fülle von Schwindelunternehmen und künstlichen Booms entstehen, die individuell gar nicht getragen werden?

NEGT: Du hast von Entlastung gesprochen. Was für mich bewunderungswürdig ist, ist die Art und Weise, wie traditionelle Organisationen eine Ausgewogenheit zwischen individueller Belastung und Entlastung geleistet haben. Ich kann mir auch Politisierungsprozesse nicht als Dauerbelastung vorstellen. Dies ist nur in quasi-religiösen Bewegungen möglich, die bald scheitern müssen. Wenn Du ständig, und das bedeutet das Moment der Überpolitisierung, wie im KBW, die Revolution machen mußt, also im Dauereinsatz bist, aber die Revolution nicht läuft und damit keine Entlastung durch die objektive Entwicklung erfolgt, kann daraus keine dauerhafte politische Orientierung erfolgen. In revolutionären Zeiten, wenn sich die Verhältnisse rasch ändern, ist eine starke individuelle Belastung möglich, die sogar als Entlastung, als Befreiung erfahren wird. In stagnierenden Situationen entwickelt sich etwas Drogenähnliches, Aufputschformen, die eine Erlebniswelt haben, wie die Großdemonstrationen, wo man sich ozeanisch oder symbiotisch aufgehoben fühlt und sich mit kollektiver Energie auffüllt, die bis zur nächsten Demonstration reicht. Insoweit ist diese Trennung von punktueller Einbindung in Kollektivität und fortexistierender

Privatheit eine Form, auf die sich der Erfolg der Ökologiebewegung stützt. Sie läßt die Leute in ihrem privaten Alltag unberührt. Es hält dort niemand eine Rede und klagt sie an, daß sie zu wenig machen, daß sie ihr Leben verändern und politisch werden sollen, wie das in der Protestbewegung noch der Fall war. Das war damals neu und überraschend. Wenn heute jemand ständig politische Aktivität und Veränderung fordert, würde er eine Belastung herstellen, die sicherlich eine zusätzliche Privatisierung zur Folge hätte. Für mich ist dieses Problem der Entlastung ein zentrales politisches Problem. Das Sozialistische Büro hatte das in besonderer Weise angesprochen. Auf der einen Seite war es eine Belastung, daß nur der Mitglied werden konnte, der in einem Arbeitsfeld oder Projekt aktiv mitarbeitete. Dies bedeutete andererseits eine Entlastung für viele, die sich am SB nur orientierten. Es gab eine offene Form der Orientierung, man mußte nicht unbedingt Mitglied sein, um an verschiedenen Aktivitäten teilzunehmen. Es wurde in dieser Richtung kein Druck ausgeübt. Aber wie läßt sich diese Form der Entlastung durch Orientierung organisatorisch fassen, und zwar so, daß man den Vorteil traditioneller Organisationen sichert, auch längere geschichtliche Perioden der Absicherung des Erreichten und der bloßen Verteidigung durchzustehen? Der Stalinismus war ja unter anderem deshalb so furchtbar, weil jedes Verhalten eines Mitglieds der Kommunistischen Partei ein kontrolliertes, auf die Partei bezogenes Verhalten war. Jedes Parteimitglied war potentieller Citoyen, es konnte sich nicht als Bourgeois verhalten, und das bezeichnet die terroristische Komponente in den traditionellen Organisationen. Die Sozialdemokratie hat es immer mit der Entlastung durch bloße Mitgliedschaften gehalten. Es konnte jemand Mitglied sein, der sich sein Leben lang politisch nicht betätigt hat.

Neben diesem Kategorienpaar Belastung/Entlastung sehe ich in Distanz/Nähe ein weiteres, das zentrale Probleme aktueller und künftiger politischer Organisierung benennt. Wenn in einer Organisation eine Nähe hergestellt wird, die familienähnliche Formen hat, muß sie Sektencharakter annehmen. Es wird dabei eine Nähe hergestellt, wo jede Bewegung, jeder Gedanke, jede Außenbeziehung bedrohlich wirkt. Organisationsstrukturen müssen dagegen eine Distanz zur Privatheit sichern, als Form der Entlastung. Aber diese Distanz kann unter unseren Voraussetzungen auch nicht so groß sein, daß es der Organisation völlig egal ist, was der Einzelne macht. Diese beiden Dialektiken von Distanz und Nähe, Belastung und Entlastung auszugleichen und zu stabilisieren, halte ich bei jeder Organisationsform für zentral. Wo das nicht stattfindet, sondern parallel häufig, wie bei einer aufputschenden Bewegung, die völlig von dem entlastet, was jeder alltäglich macht, oder bei alternativen Projekten, die sich völlig privatisieren, ist der Stachel des Politischen weg und zwar auf beiden Seiten. Es erfolgt eine Privatisierung solcher Bewegungen. Es sammeln sich private

Subjekte und solidarisieren sich sinnlich faßbar. Hans-Jürgen Krahl hat das einmal sehr schön ausgedrückt: es findet eine private Aneigung von Politik statt, – ohne gleichzeitige Politisierung des Privaten.

Zu Deinem ersten Problempunkt kann ich nicht sehr viel sagen. Aber Frauenbewegung und Ökologiebewegung sind ganz verschieden in den Motiven und im Zwang zur Konkretion. Die Frauenbewegung bezieht sich auf die verflochtenen Formen von Alltagsunterdrückung, der doppelten Unterdrückung von patriarchalischer Struktur und Lohnarbeitsverhältnis, und entwickelt aus diesen Motiven heraus den Zwang, auf die Komplexität von Unterdrückung einzugehen. Der Protest gegen die doppelte Ausbeutung kann, wenn er konkrete Gestalt annimmt, auf Vermittlungen gar nicht verzichten. Wir haben schon darüber gesprochen, daß dieser alltägliche Interessenzusammenhang in dieser direkten Weise bei der Ökologiebewegung nicht gegeben ist, dort eher unterschiedliche politische Motive eine bedeutende Rolle spielen.

Um auf den Ausgangspunkt zurückzukommen, ich halte es für durchaus denkbar, daß in der nächsten Zeit eine nicht zu vereinheitlichende Palette von Organisationsformen nebeneinander bestehen. Organisationsformen, die allerdings an denselben Problemen arbeiten müssen und meist durch informelle Kader – wie auch die Ökologiebewegung – stabilisiert werden. Die Palette reicht von Ein-Punkt-Bewegungen, die bei konkreten Anlässen entstehen, stabileren Organisationsgebilden wie das Sozialistische Büro, oder auch Kommunikationszusammenhänge, die diesen unmittelbar politischen Anspruch nicht haben. Nur scheint mir in dieser Vielfalt die traditionelle Organisationsform am wenigsten geeignet, genau die Probleme zu lösen, über die wir geredet haben. Ich glaube nicht, daß sich dieser Zustand heute überwinden läßt und schnelle Vereinheitlichungen möglich sind. Allerdings sollten alle Organisationsformen in ihrer Produktivität an zwei Maßstäben gemessen werden: inwieweit sie Interessen und Bedürfnisse der Individuen aufgreifen und zulassen und ob sie die Tendenz zur Verallgemeinerung dieser Interessen und Bedürfnisse in sich tragen, d. h. Machtverhältnisse wahrnehmen und gegen sie gerichtet sind.

Claus Leggewie
Die Ökologiebewegung in Frankreich – Ein Gespräch mit André Gorz und Brice Lalonde

Vorbemerkung

Das folgende Gespräch mit André Gorz und Brice Lalonde fand Ende Oktober 1979 in Paris statt. A. Gorz ist auch in der BRD seit langem als Theoretiker zunächst der Arbeiterbewegung und später der »neuen sozialen Bewegungen« bekannt geworden;[1] unter dem Namen Michel Bosquet arbeitet er vor allem für das linke Wochenmagazin *Nouvel Observateur*. Er kann als einer der »geistigen Väter« der Ökologiebewegungen gelten. B. Lalonde ist einer der wichtigsten Akteure der französischen Ökologisten, vor allem als Mitglied der Pariser Sektion der Amis de la Terre, für die er u. a. durch Wahlkandidaturen aktiv geworden ist.[2] Daneben arbeitet er als Journalist und Zeichner für den *Sauvage*, einem wichtigen und auflagenstarken Organ der écologistes.

In einem Gespräch können natürlich nur wenige Aspekte einer so heterogenen und vielschichtigen Bewegung angesprochen werden; für weitere Informationen möchte ich auf den 1978 erschienenen »Wahlfisch« hinweisen.[3] Das Gespräch dient im Rahmen dieses Bandes dazu, den Blick über die deutschen Grenzen hinaus zu öffnen und bestimmte Erfahrungen einer relativ »etablierten« Öko-Bewegung in Westeuropa für die Diskussion hierzulande fruchtbar zu machen. So interessiert vor allem, welchen Grad an institutioneller und ideologischer Autonomie diese Bewegung (als Ausdruck eines Bündels neuer »mouvements sociaux«) gegenüber der in Frankreich ja sehr starken traditionellen Linken (Sozialisten und KP) erreicht hat und wie ihr Verhältnis zu den dort dominierenden Linksgewerkschaften aussieht. Man sieht hier, daß die Linke in starken Legitimationszwang geraten ist, sofern sie ihre produktivistischen Leitkonzepte beibehält und an den Verkehrsformen durchaus bürgerlicher Politik (einschließlich ihrer Rituale) kleben bleibt; und man sieht weiterhin, daß der Graben zwischen Ökologie- und Gewerkschaftsbewegung keineswegs so unüberbrückbar ist, wie es von der BRD aus den Anschein hat. Diese Feststellungen sollen jedoch nicht zu einem »französischen Modell« fortspekuliert werden, sind sie doch einzuordnen in den besonderen Kontext des politischen Systems in Frankreich, wo die in allen hochindustrialisierten Ländern feststellbaren Phänomene (Institutionenkrise, Wertwandel usw.) eben auf ganz besondere Weise erscheinen: nämlich als Verfallsprozeß der Grundpfeiler der IV. und V. Republik, wie sie in der Nachkriegszeit entstanden sind. Die Ökologiebewegung ist insofern auch ein Produkt dieser besonderen historischen Situation in der schwierigen Erbschaft des Gaullismus.

(Das Gespräch wurde überarbeitet und mit Anmerkungen versehen.)

1. Zum »Stand« der französischen Ökologiebewegung

C. L.: Es ist falsch, von »der« Ökologiebewegung zu sprechen, wenn man sich die Vielfalt und Divergenz dieser ja sehr dezentral zusammengesetzten Bewegung anschaut. Aber ich habe insgesamt den Eindruck, daß seit ein, zwei Jahren, also nach dem »elektoralen Boom« der Kommunal- und Parlamentswahlen 1977/8, die Mobilisierungskraft der écologistes insgesamt nachgelassen hat oder vielleicht auch nur weniger spektakulär und beachtet geworden ist. Stimmt das?

B. L.: Die Ökologiebewegung erscheint in Frankreich ja in verschiedenen Formen. Für die eine Form sind Wahlen der Ausdruck von Stärke und Mobilisierung; die andere ist die Bewegung der militants,[4] die in einer Vielzahl von lokalen Assoziationen zusammengeschlossen sind, ohne jede innere Organisation, ohne Abstimmungen, getragen von Enthusiasmus und der Übereinstimmung. Die ist von 1972 bis 1977 beständig größer geworden, wobei der militante und der elektorale Aspekt eine Zeitlang deckungsgleich waren. Das ging gut zusammen, ohne große Probleme. Diese aufsteigende Bewegung ist in Malville[5] zerbrochen, weil die Ökologisten gesehen haben, daß eine Bewegung nicht ausschließlich vom Enthusiasmus, von Stellungnahmen und von der selbstverständlichen Übereinstimmung lebt. Da sah man sich mit einem starken Gegner konfrontiert, und es fand so eine Art Jericho statt. Mit den Wahlen ist es so ähnlich: es reicht hinzugehen, zu reden usw., da kam dann das zweite Jericho. Seither gibt es Anstrengungen, die militante Bewegung zu rekonstruieren, was nicht parallel läuft zum Aspekt der Wahlen. Der steht jetzt autonom da, d. h. er ist vor allem ein kulturelles Phänomen und speist sich aus der Leere, z. B. der Abwesenheit von Perspektiven rechts und links, vom Überdruß an diesen Parteien, besonders bei der Jugend, die etwas anderes will. Auf diesem Niveau schlägt sich das auch keineswegs als Rückgang nieder, sondern als langsame Zunahme von Wählerstimmen – wie zuletzt bei den Europawahlen, wo es ja trotz regionaler Aufs und Abs mehr gab als bei den Parlamentswahlen, und da hatte es mehr gegeben als bei den Kommunalwahlen. Die militante Bewegung hat sich schrittweise neu formiert, und zwar auf einer systematischeren, organisierteren und stärkeren Basis. Ja, sie ist wirklich stärker, d. h. sie sucht *ihren* Stil von Militanz, sie versucht sich selbst zu verstehen. Augenblicklich versteht sie sich noch nicht vollständig, und kein Mensch kann ihre Theorie formulieren, sagen, was sie genau repräsentiert. Man hat keine Parolen oder Bilder von sich, hinter der in der Bewegung eine Mehrheit stünde. Ich kann dir das nur als militant einer lokalen Gruppe sagen: da gibt es Leute, die kommen und einfach mitmachen, die nur noch sehr wenig mit dem zu tun haben, was man vorher kannte. Das sind Leute, die nehmen ganz direkt teil, stellen keine großen Fragen, machen ganz konkrete und praktische Dinge.

Und es gibt immer mehr eine Art Koalition mit der CFDT-Gewerkschaft, also mit der Fraktion der Arbeiterbewegung, die nicht etatistisch und produktivistisch ist, nicht nationalistisch usw. Ich will da jetzt nicht allzuviel interpretieren, auf jeden Fall steht fest, daß es Verbindungen gibt zur CFDT, auch zu Leuten von den Universitäten, aber nicht nur solchen, die sehr geschlossenen Theorien verpflichtet sind wie dem Marxismus, sondern auch zu Wissenschaftlern anderer Art, auch zu Konservativen, zu den Feministinnen. Kurz, da ist einiges in Bewegung geraten zugunsten eines breiten Bündnisses mit der Anti-Atom-Bewegung. Und es stellt sich von neuem die Frage nach unserer politischen Interventionsfähigkeit, auch nach der Intervention durch Wahlen; nachdem die militants nicht zu den Europawahlen hingegangen sind und es da eine Spaltung gab, erscheint mir jetzt eine Wiedervereinigung möglich.

A. G.: Du sagst, es gebe allem Anschein nach einen Rückschritt der Ökologiebewegung. Das ist – dem Anschein nach – sehr wohl möglich, aber was mir wichtiger erscheint ist das Voranschreiten der Sensibilisierung der gesamten Gesellschaft für ökologische Themen. Noch anläßlich der Kommunalwahlen (1977) erklärte der Sprecher der Sozialisten im Radio: die Ökologie, das ist eine vorübergehende, eine Modeerscheinung. Heute übertreffen sich die beiden Flügel dieser Partei in günstigen Bewertungen der Ökologisten. Die »Radikalen« setzen geradeheraus auf die Ökologiefragen. Alle Gruppen und Grüppchen der extremen Linken müssen sich als ökologische Kraft präsentieren – ihre einzige Chance, sich da etwas einzuverleiben. Und es gibt noch viel überraschendere Dinge, z. B. eine Erhebung der Zeitschrift *Expansion*, die von leitenden Angestellten gelesen wird, über die Vorstellungen dieser Leute von ihrem Metier. Zur Verwunderung der Redaktion und wohl auch der Leser stellte sich heraus, daß die sie am meisten beschäftigenden Themen sind: die Nutzlosigkeit ihrer Arbeit, der frustrierende und »nicht-gratifizierende« Charakter dieser Arbeit, der Vorzug, den man der »nicht-produktiven« Sphäre des Lebens, dem Haushalt und der Kultur vor der Arbeit einräumt, das Bedürfnis nach freier Zeit, der Rückzug vom Beruf und die Gleichgültigkeit ihm gegenüber – all diese Themen des militanten Ökologismus sind da vorhanden in Richtung auf ein schöneres, ein entspannteres und antiproduktivistisches Leben und ein anderes Wertsystem.

C. L.: Das mag einerseits gut sein für die Öko-Bewegung, diese allgemeine Sensibilisierung, aber es kann auf der anderen Seite ja auch eine Falle sein, wenn alle Welt »grün« denkt und spricht, ich meine also eine Bedrohung für die Identität und Besonderheit der Ökologisten.

A. G.: Das ist eine andere Sache. Man kann aber keine Bewegung haben, die etwas politisch zum Ausdruck bringt, wenn diese Sensibilität nicht wirklich weit verbreitet ist, d. h. wenn sie antizipatorisch ist, also nicht in präindustrielle Normen zurückfällt, sondern postindustrielle fordert. Beide Bedingungen sind erfüllt. Ich kann doch nun wirklich nicht bedauern, daß ein immer größerer Teil der Bevölkerung diese Themen ganz spontan angeht. Und die Ökologiebewegung ist meiner Meinung nach groß genug, um genau unterscheiden zu können, wer sich an diese Probleme aus reinem Wahlkalkül heranmacht und wer aus wirklicher Überzeugung. Ich glaube nicht, daß heute noch viele Giscard und seiner ununterbrochenen ökologischen Phrasendrescherei Glauben schenken, wo doch ganz offensichtlich ist, daß er das Gegenteil von dem tut, was er sagt, also die grüne Ideologie nur zum Alibi für das Gegenteil nimmt.

C. L.: Ein wichtiger Ausgangspunkt für die Ökologie-Bewegung waren ja die Anti-AKW-Initiativen, die lokal sehr intensiven Widerstand gegen das französische Atomprogramm geleistet haben; auf der anderen Seite ist dieses Programm das größte in Europa und die westdeutschen AKW-Bauer schauen voller Neid auf Frankreich, wo trotz lokalem Widerstand und Entsorgungsfrage (La Hague) alles viel schneller vorangeht.[6] Diese Divergenz zwischen lokalem Widerstand und rigoroser Schaffung von Fakten durch die Regierung ist doch erstaunlich und für die, die aktiven Widerstand leisten, ausgesprochen frustrierend.

A. G.: Es ist ganz genau die Stärke des Staates und der Technokratie bei uns, die die Entwicklung einer breiten Ökologiebewegung gefördert hat. Es geht aus allen Analysen von Touraine z. B. hervor, daß im Grunde diese Bewegung eine Revolte gegen den Zugriff der Technokratie auf die Gesellschaft ist und somit ein Versuch, einen Raum von Freiheit und Selbstbestimmung gegen die Technokratie, den wir »société civile« nennen, zu schaffen. Das Atomprogramm ist zweifellos frustrierend, aber es hängt ja mit einem grundsätzlichen Problem zusammen, das euch in der BRD teilweise erspart bleibt, weil es dort noch andere Energiequellen, vor allem Kohle, gibt. Alle Probleme, die sich für den in die Krise geratenen Kapitalismus und die industrielle Zivilisation überhaupt stellen, sind Langzeitprobleme, während die institutionelle Politik alles als kurz- oder mittelfristiges Problem behandelt, da sich Langzeitüberlegungen nicht auszahlen. Ich denke, daß die Ökologiebewegung in Frankreich und auch in anderen Ländern wie in den USA die einzigen sind, die überhaupt von langfristigen Problemen reden.

B. L.: Das Atomprogramm verändert die Situation: man braucht es nicht mehr zu analysieren, man kann es nicht mehr verhindern, d. h. man kämpft nicht mehr gegen diese Scheiße, sondern man kämpft, indem man damit lebt...

A. G.: z. B. mit den »fissures«![7]

B. L.: Das bedeutet, daß sich die Ökologiebewegung jetzt neue Fragen stellen muß. Es reicht nicht mehr, bloß zu sagen: es gibt da das Atomproblem, man muß jetzt sagen: es gibt Leute, die dieses Problem ganz konkret verursachen. Wir müssen also an so etwas wie die EDF[8] heran: was ist das, wie setzt sie ihr Geld ein, wie macht sie Politik, bezahlt sie Journalisten usw. Man darf nicht nur warnen: Achtung, da gibt es ein Entsorgungsproblem oder so, sondern: Achtung, da sind Leute, die Macht ausüben, warum, wie, wodurch usw. Das ist sehr kompliziert mit den Leuten von EDF, die ja ein sehr interessantes Unternehmen ist: es macht keine Profite, d. h. die dort Beschäftigten denken, gut, wenn wir keine Profite machen, dann brauchen wir kein schlechtes Gewissen zu haben. Sie sind überzeugt, das Beste für die Bevölkerung zu leisten; für sie ist es ein schreckliches Gefühl, dauernd attackiert und als Teufel an die Wand gemalt zu werden. Ihre Reaktionen sind völlig irrational, geradezu bizarr. Du brauchst dir nur ihre neueste Werbung anzusehen: einen Marathonläufer, der das Licht allen Orten bringt, die an seinem Weg liegen – das ist wirklich außerordentlich. Natürlich gibt es bei der EDF auch viele, die nur Geld machen wollen, aber es gibt eben auch diejenigen, die davon überzeugt sind, Gutes zu tun. Wir stehen also so etwas wie »Lust an der Technik« gegenüber. Man muß versuchen, die dahintersteckenden intellektuellen und sozialen Mechanismen gegen die EDF selbst zu wenden.

2. Die Grünen im politischen System Frankreichs

C. L.: *Brice hat eben von einem politisch-kulturellen Vakuum gesprochen, in das die Ökologiebewegung hineinstößt. Das existiert ja in allen hochindustrialisierten Ländern, bei uns nennt man das »Parteimüdigkeit«. In Frankreich scheint mir das politische System auf extreme Weise gegen wirkliche Partizipation ausgerichtet zu sein, weil es sehr zentralistisch ist und die Macht sich verfassungsmäßig und real sehr stark im Elysée, also in der Position des Präsidenten, konzentriert. Nicht einmal die von Giscard zugesagte rein optische »Parlamentarisierung« ist ja vollzogen worden. Obwohl man gelegentlich vom Ende der V. Republik seit seinem Machtantritt spricht,[10] sind diese immer noch gaullistisch geprägten Strukturen dafür verantwortlich, daß es seit zwanzig Jahren keinen »normalen« parlamentarischen Machtwechsel gegeben hat, obwohl die Linke zwischen 1972 und 1977/8 immer mehr Wähler auf sich gezogen hat. Eine 51%-Mehrheit ist für beide Seiten keine wirkliche Legitimationsbasis mehr, und im übrigen drückt sich diese Blockierung in der sog. »französischen Schizophrenie« aus, wonach die Mehrheit der Wähler immer wieder »links« optiert und »rechts« wählt. Das bedeutet, daß Majorité und Opposition gleichermaßen ohne Alternative zu diesem politischen System sind.*

B. L.: In meiner Interpretation gibt es dafür mehrere Gründe. Zunächst hat sich schlicht die Gesellschaft verändert, ohne unser Zutun, aufgrund ihrer eigenen Bewegung. Man kann sagen, daß die politische Situation in Frankreich im Bezug auf Ideologie, politisches Verhalten usw. bestimmt war von Akteuren, die den 2. Weltkrieg erlebt haben, und sie ist es immer noch. Das nenne ich »Gaullokommunismus«,[9] Ausdruck einer Übereinkunft z. B. darüber, daß und wie man produzieren soll, über »nationale Unabhängigkeit« usw. usf., und in der Tat ist dieser Konsens zerbrochen, seit Giscard an der Macht ist. Das schlägt sich nieder in Differenzen und Widersprüchen innerhalb von Majorité und Opposition, wo Gaullismus und Kommunismus relativ und absolut an Einfluß verlieren. Aber es gibt keine wirklich neuen Ersatzideologien, d. h. Giscard fällt in den Gaullismus zurück (auch ganz persönlich), Mitterand und die Sozialisten bleiben fasziniert vom kommunistischen Modell – es gibt eigentlich keine politischen Ausdrucksformen, die wirklich »modern« sind. Die Generation, die nach dem 2. Weltkrieg geboren wurde und sich darum nicht mehr kümmert, ist überhaupt nicht mehr politisch repräsentiert. Aber sie ist wichtig, denn seit der Nachkriegszeit hat sich ja wohl einiges getan; vor allem gab es den Mai '68. Zweitens gibt es einen neuen Konsens – oder sagen wir lieber, politische Übereinstimmung – nämlich darüber, daß man »internationalistisch« ist, also kein Nationalist mehr; man ist auch nicht mehr für Produktion und

Wachstum um jeden Preis, das ist endgültig passé, diese alten Geschichten. Und man ist nicht mehr staatsgläubig, man ist für Selbstverwaltung und Beteiligung – darüber gibt es eine Art generelle Übereinstimmung. Folglich gibt es neue politische Konflikte und Auseinandersetzungen, auch neue Machtzentren, die sich etablieren, nämlich die Technokratie nach dem Modell EDF, die sehr aufschlußreich ist für die neuen Prozesse. Und schließlich gibt es neue weltweite Probleme, in der Dritten Welt z. B., die die entscheidenden unserer Zeit sind und die eben im politischen System auch nicht Ausdruck finden. Wir denken also, daß man eine neue Opposition konstruieren muß, die an diesem zentralen Konflikt mit der Technokratie und dem EDF-Staat ansetzt – was nicht heißen soll, daß die traditionellen Konflikte nicht mehr existieren, aber sie sind nicht mehr so wichtig. Die wirklich entscheidenden Konflikte spielen sich zwischen Bevölkerung und solchen Maschinen und Organismen wie der EDF ab, die die Gesundheit und die gesamten Lebensbedingungen der Menschen manipulieren, und dagegen muß man antreten. Genau das aber tun die etablierten politischen Kräfte nicht, ob nun an der Regierung oder in der Opposition. Bei denen erscheinen und existieren die vordringlichen Aspekte einer anderen Lebensweise und die darum entstandenen Konflikte einfach nicht: Gesundheit, Ernährung, Verhältnis zur Natur – von all dem nichts.

C. L.: Selbst wenn man also Regierung und Opposition nicht über einen Kamm scheren darf, muß man davon ausgehen, daß die Linke vom Verfall der institutionellen Politik eher ebenso betroffen ist als daß sie davon entscheidend profitiert hat. Bemerkbar macht sich das z. B. an der »Krise des Militantismus«,[10] die sowohl die etablierten Linksparteien wie die außerparlamentarischen Gruppen der Mai-Periode ergriffen hat und die sich im Mitgliederschwund und im Zweifel an den alten Avantgarde- und Vertretungsansprüchen erweist.

3. Das Verhältnis von Ökologie- und Gewerkschaftsbewegung

Nun gibt es auf der anderen Seite aber auch die Annäherung zwischen Ökologie- und Arbeiterbewegung im Bezug auf die CFDT. Generell muß man in Westeuropa ja vom Nicht-Stattfinden dieser Annäherung ausgehen; bei uns z. B. ist die Mehrheit der Gewerkschaften strikt produktivistisch und damit auch für das Atomprogramm. Deswegen ist die französische Erfahrung vielleicht fundamental für die Aufweichung dieser unglückseligen Frontstellung; warum haben sich die Dinge hier anders entwickelt?

B. L.: Das weiß ich auch nicht so genau. Es hat sicher zu tun mit der spezifischen Rolle der KP, auch mit der Besonderheit der CFDT, auch wohl damit, daß ein Teil der Ökologiebewegung von sich aus immer ganz klar für ein Bündnis mit der Arbeiterbewegung war ...

A. G.: Ja wie Brice schon gesagt hat, hängt die Möglichkeit dieser Allianz mit der Geschichte und Entwicklung der CFDT zusammen und sie ist vollständig ideologisch bestimmt. Seit ihrer Erneuerung 1967 – ich sage ganz bewußt 1967 und nicht 1968 – hat die CFDT immer ganz deutlich antiproduktivistische Ideen vertreten. Es gab schon 1967 Orientierungstexte mit dem Titel: »Wachstum wozu?« Die CFDT war von ihren katholischen Ursprüngen her (die schon sehr weit zurückliegen, denn die heutige CFDT-Führung ist z. B. nicht mehr direkt von diesem Ursprung bestimmt) immer schon sehr aufmerksam für alle Fragen bezüglich der Finalität von Arbeit und der menschlichen Werte, die ein bestimmtes Konsummodell mit sich brachten. Der Begriff der Entfremdung, das, was Bahro die »kompensatorischen Bedürfnisse« nennt, was die Aktiven der CFDT den »Goldenen Käfig« genannt haben, in dem man die Leute einschließt und der eine Situation akzeptabel macht, der seinerzeit vom christlich-katholischen Standpunkt aus inakzeptabel war – all das war sehr tief verankert in der aktiven Basis der Gewerkschaft. Daher auch das Verständnis der CFDT für die Mai-Bewegung, die in der Tat erstaunlich war, und daher die ganze Entwicklung später. Also die Prioritätensetzung bei der Qualität der Arbeit anstelle des Akzents auf der Bezahlung von Arbeit, die Gewichtung von Arbeits- und Freizeit, alle Fragen bezüglich der Situation der Frau, die nicht nur mit der Gleichstellung der Frau am Arbeitsplatz zu tun hat – in all diesen Fragen war die CFDT weiter voran als alle anderen Teile der Arbeiterbewegung. So hat z. B. Jeanette Laot, die Verantwortliche im Bereich »Soziale Kämpfe« der CFDT, sehr früh die Forderung vertreten, Mann und Frau müßten sich gleichermaßen mit Hausarbeit und Kindererziehung befassen. Es gibt nun eine Konvergenz CFDT-Grüne, weil beide auf ihre Weise eine kulturelle Mutation und eine wirkliche Veränderung der Zivilisation widerspiegeln, die seit dem Zeitpunkt möglich geworden ist, seitdem die Produktion nicht mehr ausschließlich der Befriedigung von Gründbedürfnissen dient, sondern der Ausgestaltung von weitergehenden Bedürfnissen. Diejenigen, die heute im intellektuellen Sinne am kreativsten sind in der CFDT, nämlich bezüglich dieser »utopischen« Zivilisationsgestaltung, sind keine Katholiken mehr, sondern Neomarxisten. Sie sind nie im katholischen Milieu gewesen, sondern entstammen der Mai-Bewegung oder der Bauernbewegung, wie z. B. Michel Rolant,[11] der aus einer bäuerlichen Familie kommt und viele Dinge mit der gleichen Optik betrachtet wie die Frauen an der Spitze der CFDT. Der Generalsekretär der CFDT, Edmond Maire, ist sozusagen ein Musterexemplar dafür, was in Europa ein »organischer Intellektueller« sein kann: Sohn einer Familie mit bescheidenen materiellen Verhältnissen, Arbeiter in der chemischen Industrie, Abendschüler und Autodidakt als Techniker, der dann direkt, sozusagen aufgrund seines intellektuellen Mutes, an die Spitze der CFDT gekommen ist. Man muß natürlich sehen, daß die CFDT keine Massengewerkschaft ist, eher eine elitäre Gewerkschaft, die Militante in geringerer Zahl, aber von großer Qualität vereinigt, die dann einen beträchtlichen Einfluß überall dort nehmen, wo sich etwas tut.

C. L.: Heißt das aber nicht auch, das das deutsche Problem der Distanz von Ökologie- und Arbeiterbewegung sich bei der Massengewerkschaft CGT eben auch ergibt und daß sich darüberhinaus durch den Gewerkschaftspluralismus eine Konkurrenz ergeben hat, der den Produktivismus der CGT eher noch verstärkt hat?

A. G.: Aber die CGT rennt ja seit fünf Jahren der CFDT hinterher. Die Gewerkschaftsführung der CGT wird sich wohl kaum verändern, aber ihre Basis. Da gibt es sehr viele, die offen sind für die von der CFDT angesprochenen Themen. Schon 1969 gab es ja z. B. Automobilarbeiter, die – vor der Frage, was wichtiger sei: mehr zu verdienen oder weniger zu arbeiten – gesagt haben, wir wollen mehr Zeit haben, und das in einer Arbeiterklasse, die damals noch erheblich geringer entlohnt wurde als heute.

154

C. L.: Haben nicht Wirtschaftskrise und Massenarbeitslosigkeit zwangsläufig diese »qualitativen« Orientierungen wieder zurückgedrängt, etwa in dem Sinn, daß man sagt: lieber irgendeine Arbeit als gar keine? Läßt sich also ökologische Sensibilisierung voranbringen unter den Bedingungen des Endes der Prosperität?

A. G.: Das schließt sich ja nicht aus, beides ist wahr. Auf der einen Seite gibt es die Auffassung, daß man »sein« Unternehmen nicht in Schwierigkeiten bringen sollte, um Entlassungen zu verhindern, aber es gibt auch vor allem bei einer Masse von jungen Arbeitern, die oft einen sehr unsicheren Arbeitsplatz haben, das eher noch geschärfte Bewußtsein davon, daß das Grundproblem die Verteilung einer geringer werdenden Quantität von Arbeit auf eine größer werdende Anzahl von Arbeitern ist und daß es einen Widerspruch gibt zwischen kurzfristigen Rentabilitätsüberlegungen und dem grundlegenden Problem der Verteilung der gesellschaftlich notwendigen Arbeitszeit – das ist ja ein sehr fruchtbarer Widerspruch, der den Grundwiderspruch der kapitalistischen Produktionsweise offenlegt!

4. Grüne und/oder/gegen Linke?

C. L.: In der BRD gibt es Ansätze zu einer grünen Partei; auch in Frankreich wird darüber gesprochen. Die Grünen eine Partei wie die anderen – was soll man davon halten?

B. L.: Wenn das eine Partei wie die anderen ist, sage ich nein, wenn sie anders als die anderen ist, dann diskutiere ich darüber!

C. L.: Aber wo liegen denn die Unterschiede?

B. L.: Es gibt da ein funktionelles Problem. Das Problem besteht darin, daß es vielleicht, nein ohne Zweifel einer politischen Ausdrucksform für die Ökologiebewegung bedarf, d. h. man braucht ein Organ, das dem Rhythmus, der Funktionsweise der politischen Szene angepaßt ist. Ich weiß nicht, wie man die politische Szene definieren soll, aber es handelt sich um das Bild, das die Gesellschaft von der Politik hat. Das sind die Institutionen, die Volksvertreter, das was man Politiker nennt, das sind die Polemiken, die politische Zeitungen, politische Debatten und solche Sachen. Hier geht alles sehr schnell, das reagiert, man muß Stellungnahmen abgeben, dies und jenes tun, und für die Wahlen braucht man Sprecher, und für das alles benötigt man ein besonderes Organ.[12] Die entscheidende Frage betrifft das Verhältnis dieses Organs zur Ökologiebewegung, wobei sich im übrigen versteht, daß die Bewegung der Politik nicht untergeordnet werden will. Die Bewegung glaubt nämlich nicht plötzlich daran, daß es der Staat ist, der die Dinge in Bewegung setzt, aber sie weiß auch, daß das, was in der politischen Szene passiert, nicht unwichtig ist für die eigene Entwicklung. Die Bewegung muß sozusagen einen Tormann aufstellen, der von seiten der Politik Angriffe pariert, und damit der Bewegung sich zu entwickeln hilft, aber man muß sich vor einer Bewegung hüten, die alles macht, gesellschaftliche Aktion, angepaßte Technologie, institutionelle Politik. Wenn es eine Organisation für alles gibt, obwohl die einzelnen Bereiche sich unterschiedlich entwickeln, dann wird man eine klassische Partei haben, die alles erledigt und die fasziniert sein wird vom politischen Spektakel, von Wahlen usw. Unsere Schwierigkeit in Frankreich besteht darin, eine Theorie (und eine Praxis) zu entwickeln, die die Besonderheit der sozialen Orte angibt, an denen man jeweils und gleichzeitig intervenieren muß, und darüber diskutieren wir gerade.

C. L.: Also eine taktische Bezugnahme auf das bestehende politische System, um auch dort als Faktor überhaupt wahrnehmbar zu sein. Darin besteht ja genau die Schwierigkeit, daß außerhalb der sog. Alternativszene nach solchen Identifikationsmöglichkeiten gefragt wird, aber gleichzeitig eine Konkurrenz mit linken Kräften entsteht, konkret um Wählerstimmen.

Das bei uns im Blick auf die Bundestagswahlen diskutierte Problem lautet ja, ob die Grünen nicht Steigbügelhalter der CSU/CDU sein könnten, was ja eine wirkliche, aber sehr unfreiwillige Systemveränderung in die falsche Richtung bedeuten würde. Ist es nicht in Frankreich auch so, daß die Grünen bei den Parlamentswahlen 1978 einen möglichen Sieg der Linken verhindert haben?[13]

B. L.: Im Fernsehen habe ich damals gesagt: ich jage nicht im Revier von François Mitterand, ich jage in allen Revieren. Wenn ich mit den Sozialisten zufrieden wäre, dann würde ich sie ja wählen. Im übrigen hängt das ganz von der konkreten Wahl ab, die gerade stattfindet, d. h. ich bin bereit, mit jedermann zu verhandeln, vorher und offen, z. B. in dem Sinn, daß uns die Sozialisten in diesem Wahlkreis unterstützen und wir sie in jenem. Aber im großen und ganzen läuft die Diskussion immer auf alles oder nichts, also Ökologisten oder Sozialisten hinaus. Das ist ja nicht seriös mit dieser Argumentation vom »kleineren Übel«, weil es in Wirklichkeit ja immer etwas komplizierter ist. Im übrigen gibt es da ein grundsätzliches Argument: es geht nicht um ein kleineres oder größeres Übel, sondern um eine bestimmte Art, Politik zu machen. Ich weiß auch nicht genau, wie man das beschreiben soll, aber die Ökologisten in Frankreich haben wohl zu Recht den Eindruck, daß die politischen Parteien sich in ihr Gegenteil verkehrt haben. Die politischen Parteien, die zu Anfang Clubs von Parlamentariern waren, sind irrsinnige soziale Maschinerien geworden, ohne jede Demokratie. Die Kandidaten sind Parteikandidaten, nicht die der Bevölkerung. Solange die Parteien das nicht begriffen und verändert haben, sind sie beinahe schon Gegner an sich. Klar mache ich Unterschiede zwischen den einzelnen Parteien, einige sind offener als andere, aber das andere stimmt auch.

A. G.: Dem kann ich nur zustimmen. Einem Deutschen, der eine große Partei als background aktiv unterstützt, muß man wohl sagen, daß es sich hier um eine prinzipielle Frage handelt. In den uns bekannten Zweiparteiensystemen sind wir mit einem politischen Terrorismus konfrontiert, der geradewegs zur totalen Macht des Staates führt. Was auch immer im Innern der Partei geschieht, man sagt der Minorität, denen, die nicht ganz einverstanden sind: paßt auf, seid still, wir werden uns schwächen und die Wahlen verlieren. Wenn die Macht ein Selbstzweck wird, und man kuschen muß vor den Potentaten einer politischen Führung, jede Kritik und jeden Protest stornieren muß, dann sind wir bereits im totalitären Staat. Zweitens haben die Parteien kein Eigentumsrecht an ihren Wählern. Wir leben in einem System, das sich selbst als demokratisch versteht; wenn das richtig ist, dann wird das Programm und die politische Orientierung bezüglich der Gesellschaft und Regierung bestimmt durch die Befragung des Volkes. Dann müssen die Menschen auch die Chance haben, sich für Dinge auszusprechen, die nicht von einer Partei, sei es der Rechten oder der Linken, vorgelegt werden. Es gibt eine Reihe von Fragen und Optionen, die heutzutage eben nicht mehr bis zu Ende gedacht, vorgebracht und umgesetzt werden, von der deutschen oder französischen Rechten genausowenig wie von der deutschen oder französischen Linken. Unter dem prinzipiellen Gesichtspunkt des Rechtes auf Selbstbestimmung heißt das für die Parteien nichts weniger, als daß die Ökologiebewegung überflüssig werden muß. Wenn die Parteien keine Anstrengungen unternehmen, dann muß die Ökologiebewegung konsequent sein und die Erwartungen eines guten Teils der Bevölkerung durchdrücken. Für politische Taktiker gibt es da noch einen zweiten Aspekt, der sehr interessant ist. Die Existenz einer Ökologiebewegung im weitesten Sinne löst bereits politische Debatten innerhalb der Parteien aus; ich glaube, daß nie zuvor der linke Flügel der Sozialdemokratie soviel Ausdrucksmöglichkeiten und Spielraum gehabt hat, seitdem es eine Bewegung außerhalb der Partei gibt, die der innerparteilichen Opposition ermöglicht, ihren Positionen ernsthaften Nachdruck zu verleihen.

Anmerkungen

1 Vgl. seine frühen Bücher *Zur Strategie der Arbeiterbewegung im Neokapitalismus, Die Aktualität der Revolution* und *Der schwierige Sozialismus* (alle erschienen bei EVA, Ffm.) und seine Aufsatzsammlungen *Ökologie und Politik* und *Ökologie und Freiheit* (Reinbek 1977 u. 1979).

2 Die »Amis« sind die mitgliederstärkste und einflußreichste französische Ökologieassoziation mit zahlreichen lokalen Gruppen, vgl. Laurent Samuel, *Guide pratique de l'écologiste*, Paris 1978. Von Lalonde ist 1978 das Buch *Quand vous voudrez* erschienen.

3 C. Leggewie/R. de Miller, *Der Wahlfisch. Ökologie-Bewegungen in Frankreich*. Berlin 1978 (Merve); darin S. 178 ff. eine ausführliche Bibliographie. Danach erschienen u. a. D. Simonnet, *L'écologisme*. Paris 1979 und verschiedene politikwissenschaftliche Analysen, z. B. Fagnani/Nicolon, *Nucléopolis Matériaux pour l'analyse d'une société nucléaire*, Grenoble 1979 und C. Journès, *Les idées politiques du mouvement écologique*, in: Revue française de science politique, Bd. 29, H. 2 (1979), 230–54. Für die »Rahmenbedingungen« der Entwicklung der politischen und gewerkschaftlichen Linken in Frankreich möchte ich verweisen auf meine beiden Artikel *Von der Krise des Kapitals zur Krise der Partei – zur Entwicklung der KPF seit der »historischen Niederlage« vom März 1979*, in Prokla 32 (1978), 5–18 und *Leben und arbeiten in der Region – Rationalisierung, gewerkschaftlicher Massenprotest, alternative Wirtschaftspolitik und Wandel der ›industriellen Kultur‹ am Beispiel der französischen Stahlindustrie«*, in: Prokla 37 (1979).

4 Bedeutet Aktiver, nicht unbedingt Mitglied für eine Partei, Gruppe oder Gewerkschaft.

5 Vorgesehener Standort eines Reaktors vom Typ »Super-Phénix«, an dem es im Sommer 1977 zu blutigen Auseinandersetzungen zwischen Demonstranten und Polizei kam.

6 Vgl. den Bericht im *Stern* 47/1979 und SZ 29. 10. 79, wo als Kommentar der »Rheinisch-Westfälischen Elektrizitätswerke A. G.« zitiert wird: »Traumlandschaft« – es könnte sich um einen Alptraum handeln.

7 Kurz vor der Inbetriebnahme verschiedener Reaktoren wurden, vor allem auf Initiative der CFDT, Risse und ernsthafte Defekte in den Bauten festgestellt, vgl. M. Bosquet, *Le syndrome français*, in: Nouvel Observateur, Nr. 777/1979.

8 Verstaatlichter Energiekonzern, wichtigster AKW-Bauherr.

9 Gaullismus und Kommunismus als bestimmende Elemente der unmittelbaren Nachkriegszeit und der V. Repeublik, wobei trotz der schroffen Frontstellung in bestimmten Grundüberzeugungen direkte oder mittelbare Übereinstimmung besteht.

10 D. h. Infragestellung der überkommenen Formen des Engagements für linke Parteien und Gewerkschaften durch die inhaltliche Vermittlung der »neuen sozialen Bewegungen« selbst. Derzeit verlieren alle relevanten Gruppierungen (PCF, PS, CGT und CFDT) an Mitgliedern, vgl. *Nouvel Observateur* 780/1979.

11 Sekretär der Metallarbeiter-Fédération; als Zeugnis eines CFDT-militant vgl. Gauch G. Declércq, *Syndicaliste en liberté*. Paris 1974.

12 Diese Überlegung ist konstitutiv für die Zeit nach Malville, vgl. die Debatte im Herbst 1978 im *Sauvage* und in *La gueule Ouverte*, z. B. Lalondes Artikel »La tactique de l'écologiste«, Sauvage 59/1978. Die unterschiedlichen Positionen zu Wahlbeteiligung und Parteibildung werden auch bei Claude-Marie Vadrot, *L'écologie, histoire d'une subversion*, Paris 1978, diskutiert.

13 Das Wählerpotential der Ökologisten ist sehr heterogen, deckt sich aber häufig mit Teilen der PS-Wähler; eine entscheidende Rolle können die grünen Wähler spielen, wenn sie in den in Frankreich in der Mehrzahl der Fälle notwendigen Stichwahlen relativ geschlossen zu dem Kandidaten von Majorité und Opposition überschwenken. Dagegen ist in klassisch »roten« Wahlbezirken der grüne Stimmenanteil in der Regel unterdurchschnittlich.

Carlo Donolo
Die Rolle der Radikalen Partei (Partito Radicale) im politischen System Italiens

In diesem Beitrag will ich den Zusammenhang zwischen dem Problem des Wachsens der Radikalen Partei (PR) in den letzten Jahren und einigen charakteristischen Strukturen des politischen Systems Italiens behandeln. Nur wenn man diesen Zusammenhang erkannt hat, kann man die derzeitige Rolle der PR verstehen.

1. Allgemeine Merkmale des politischen Systems

In seinen Grundzügen ist das politische System Italiens dem der anderen spätkapitalistischen Länder sehr ähnlich. Es gilt jedoch, Folgendes zu beachten:

a) Während der formale Rahmen der Verfassung (und auch einige Teile der Gesetzgebung: Arbeitsrecht, Familienrecht, die Rechte der Regionalverwaltungen usw.) – dank des ständigen Drucks einer kämpferischen Arbeiterbewegung – als sehr fortschrittlich gelten kann, trifft eine solch positive Einschätzung auf die Gesamtheit des Staatsapparates keineswegs zu. Dieser ist niemals ernstlich reformiert oder rationalisiert worden. Die einzelnen Sektoren und Teile des Staates haben sich nach einer jeweils eigenen Logik entwickelt oder dadurch, daß einfach den schon bestehenden Institutionen immer neue hinzugefügt wurden (man spricht hier von ›parallelen Verwaltungen‹); so hat der Staat die Struktur eines Archipels erhalten, ohne über ein effektives Führungszentrum zu verfügen. Dies ist keineswegs ein zweitrangiger Aspekt der sog. ›Unregierbarkeit‹ Italiens. Ein großer Teil der Verwaltungen pflegte vor allem die eigenen Interessen und dann erst die Interessen des sozialen Bereichs, für den sie zuständig waren. Die Versuche hier – zumindest ansatzweise – eine Koordinierung und eine gewisse

Planung einzuführen, sind bislang gescheitert; im Gegenteil, es hat sich eine Tendenz breitgemacht, Teile der Regierungsgewalt faktisch ›außenstehenden Institutionen‹ (›corpi separati‹) zu übertragen, die dann – wie die Banca d'Italia, das Schatzministerium, das Industrieministerium usw. – eigenmächtig eine Politik verfolgen, die meist nichts mehr mit den allgemeinen Richtlinien der Regierung zu tun hat. Zergliederung des Staatsapparates und mangelnde Zweckrationalität in den Verwaltungen, das sind also die wichtigsten Merkmale des italienischen Staates. All dies führt zu deutlichen Auswirkungen auf den Prozeß der Interessenvertretung und -durchsetzung.

b) Diese Merkmale müssen jedoch ihrerseits differenziert in ihrem jeweiligen Verhältnis zu anderen Besonderheiten des politischen Systems Italiens betrachtet werden:
– Eine gemäßigte Massenpartei, die Democrazia Cristiana (DC), hält seit über 30 Jahren das Zentrum der politischen Macht besetzt; ihre Fähigkeit, die Interessen der Bourgeoisie mit denen der Mittelschichten und von Teilen der lohnabhängigen Massen zu vermitteln, hat sie als Regierungspartei praktisch unersetzbar gemacht. Den anderen Parteien blieb bislang praktisch nichts anderes übrig, als bei der Entwicklung ihrer Strategie von dieser Konstante auszugehen. Die Versuche, hier eine Alternative zu schaffen und einen Wechsel herbeizuführen, wurden auch von der Linken nur sehr halbherzig betrieben und zielten faktisch immer nur auf einen Kompromiß mit der DC.
– Aufgrund ihrer Führungsrolle und ihrer unangetasteten Stellung als Regierungspartei hat die DC immer mehr ein symbiotisches Verhältnis zu den einzelnen Teilen des Staatsapparates entwickelt (man spricht hier von ›Besetzung‹ des Staates) und sie hat den öffentlichen Bereich (den ›staatsähnlichen Bereich‹ und das System der staatlichen Beteiligungen) immer weiter ausgedehnt und ihrer direkten politischen Kontrolle unterworfen; und sie hat diese Bereiche als eine der Partei zustehende Beute betrachtet. So wurde auch die traditionelle Praxis des Klientelismus immer mehr zu einem komplexen System eines korporativen Klientelismus. Die DC hat sich dadurch von einer bloßen Regierungspartei zu einer Staatspartei entwickelt und ist jetzt in erster Linie ein System sozio-ökonomischer und nicht mehr nur politischer Macht.

In den 60er Jahren hat diese Entwicklung ihren Höhepunkt erreicht: die Komplexität, die die DC als System erreicht hatte, bewirkte eine gewisse Auflösung der DC als Partei und eine Lähmung ihrer Fähigkeit zu regieren. Diese Krise hat die soziale Bewegung zwischen 1968 und 1973 ausgenutzt und den Linksruck bei den Wahlen von 1976 hervorgerufen. Die Unfähigkeit der Linken, diesen Sieg richtig einzuschätzen, und die Krise der Mas-

senbewegung haben es jedoch der DC ermöglicht, wieder an Boden zu gewinnen. Die DC ist immer weniger nur eine Partei, sie ist vielmehr immer mehr zu einem System in klientelistischer oder korporativer Form organisierter Interessen geworden; dieses System ist dermaßen ausgedehnt, daß es sogar möglich geworden ist, auch die linken Parteien an der Aufteilung der Beute zu beteiligen (Proporz-Spoil-System).
– In Bezug auf das Parteiensystem muß noch an folgendes erinnert werden: an die anhaltende, breit gestreute Verteilung der Wählerstimmen auf die kleinen Parteien der Mitte, die es der DC ermöglicht, den jeweils für sie bequemsten Bündnispartner zu suchen; an die langanhaltende politische Ghettoisierung der Kommunistischen Partei Italiens (PCI), die sich nur sehr langsam als potentielle Regierungspartei zu profilieren beginnt; an die Korrumpierung der Sozialistischen Partei (PSI) durch ihre Beteiligung an den Mitte-Links-Regierungen und an die Stagnation ihrer Wählerstimmen, deren Ursache vor allem in der wegen andauernder interner Richtungskämpfe geringen Glaubwürdigkeit ihrer Strategie zu suchen ist.

All diese Faktoren stärken die Verhandlungsposition der DC: die Überzeugung, daß es notwendig ist, sich mit der DC zu einigen und das Bestreben, sich in irgendeiner Weise an ›ihrem‹ System der Aufteilung der Beute zu beteiligen, gewinnen innerhalb der Linken in beunruhigendem Ausmaß an Boden; zum Teil wird diese Tendenz mit strategischen Formeln großen Stils wie dem ›historischen Kompromiß‹ und der ›Politik der nationalen Einheit‹ bemäntelt.

Schließlich sei an die Methoden erinnert, mit denen sich die DC an der Macht hält: ihre Fähigkeit zu überleben, ohne zu regieren, bestimmt ganz entscheidend die parlamentarischen Aktivitäten und das Verhältnis zwischen Parlament und Regierung. Die Befriedigung ganz bestimmter, partikularistischer Interessen (Politik der Minigesetze) und das Aufschieben grundsätzlicher Entscheidungen, das sind die Hauptmerkmale der Regierung der italienischen Gesellschaft. Die Strategie der Linken zielt formal vor allem auf demokratische Programme und auf Reformen ab; faktisch aber war sie bislang nicht in der Lage, diese Linie auch in die Praxis umzusetzen, und die diskrete Faszination des Modells der DC hat einen erheblichen Einfluß auf die tägliche politische Praxis.

2. Vertretungsmodelle

Um uns jetzt dem Thema zu nähern, müssen wir – damit wir die Logik der Entwicklung der PR verstehen – die zwei dominierenden Modelle der Interessenvertretung betrachten: das eine, das zum christdemokratischen System der Machtausübung führt und jenes, das den Organisationen der Linken zu eigen ist.

a) Ursprünglich hat die DC vielfältige Interessen mit verschiedenen Mitteln repräsentiert: sie erhielt von der Bourgeoisie die politische Vertretung, um eine antikommunistische Funktion zu erfüllen, und bot dafür den Verzicht auf tiefgreifende Reformen und die Bereitschaft, die Politik auf die Erfordernisse des Marktes abzustellen; sie benutzt die Kirche und ihre Institutionen für eine subalterne Mobilisierung der Massen (insbesondere auf dem Land und in den ›weißen‹ Regionen); den Mittelschichten verspricht sie, ihren Status zu wahren und gewinnt so auf einem Terrain an Boden, das sich formal zwar demokratisch gibt, in seiner sozialen Basis aber zumindest zum Teil konservativ eingestellt und nostalgisch nach rechts ausgerichtet ist. Die DC ist also ursprünglich eine katholische Volkspartei (wegen der ideologischen Vermittlerrolle der Religion und ihrer vielfältigen und engmaschigen organisatorischen Präsenz in der katholischen Welt) und Partei der Bourgeoisie (auf der Grundlage eines Tausches: das Überlassen der politischen Macht gegen die ›Freiheit des Kapitals und für das Kapital‹ und die Verteidigung des Privateigentums).

Wie wir gesehen haben, verändert sich in den 60er Jahren mit der zunehmenden Besetzung des Staats durch die Christdemokraten dieses System der Machtausübung und der Vermittlung zwischen den Interessen dahingehend, daß die Verfügungsgewalt über den Staatshaushalt (Aufbau eines Subventions-, bzw. Sozialstaates sowohl für das Kapital als auch für die von der Entwicklung ausgeschlossenen Massen) zum entscheidenden Instrument für die politische Kontrolle des Wählerpotentials wird; zu diesem Instrument gehört weiter das Entwickeln einer gewissen institutionellen Großzügigkeit (faktische Privilegien für die Mittelschichten in Form von Toleranz gegenüber Steuerflucht und Nicht-Anwendung der Gesetze, die für mehr Zweckmäßigkeit, Rationalisierung und ähnliche Reformen sorgen sollten). Als Staatspartei wird die DC endgültig zu einer alles verschlingenden Partei: auf dem Hintergrund einer eine vage Solidarität beschwörenden und populistischen politischen Kultur, durchzogen von einem Schuß Technokratismus, noch mehr aber auf der Grundlage einer Kultur des Opportunismus (im Sinne von Luhmann) legitimiert die DC sämtliche Sonderinteressen und versucht sie zu befriedigen – sowohl durch den Erlaß von Gesetzen, die einzelnen Sektoren und Kategorien zugute kommen, als auch durch die Verhinderung einer reformistischen Politik (exemplarische Fälle sind hier das Gesundheitswesen, das Schulwesen und der Wohnungsbau). Die Interessen der einzelnen Kapitalfraktionen werden dadurch befriedigt, daß ihnen ein direkter und ›quasi privater‹ Zugriff zu den ›organisatorischen Mitteln‹ des Staates ermöglicht wird und durch eine Politik, die in bestimmten Teilbereichen im Prinzip darauf abzielt, soziale Probleme zu lösen (wie die Politik außergewöhnlicher Interventionen im Süden), in Wirklichkeit aber als Anreiz zu und Unterstützung von privaten Investitionen wirkt. Es darf nicht vergessen werden, daß es die DC selbst war, die ganze ökonomische Subsysteme aufgebaut und soziale Bereiche (staatliche Beteiligungen, staatliche Unterstützungen, Bauern) organisiert hat; die daran gebundenen Interessen sind oft als verschiedene ›Komponenten‹ innerhalb der Partei organisiert. Als Partei hat die DC sich dazu entschlossen, wenig zu regieren, die Entwicklung nicht zu steuern, sondern nur dafür zu sorgen, daß möglichst viel für die Konsolidierung des eigenen Machtgefüges herausspringt. Somit stützt sie sich auf den Partikularismus der Interessen, versucht diese nach Möglichkeit korporativ zu organisieren und ist bestrebt, die horizontalen Einheitsorganisationen der Klassen oder einzelner Kategorien aufzulösen, indem sie in einer diffusen und opportunistischen Weise (Modell der ›Gießkannenpolitik‹) und mit den Kriterien einer Vermeidungstaktik in der Gesellschaft interveniert. Periodisch wird die DC dazu getrieben, wichtige Entscheidungen zu treffen. Der Sinn dieser Entscheidungen ist es jedoch nicht, das Modell der Interessenvertretung zu verändern, sondern es zu reorganisieren und auf einer erweiterten Stufenleiter zu reproduzieren. Erst in der letzten Zeit, unter dem Druck der Linken und der sozialen und finanziellen Krise, versucht die DC eine vorsichtige Veränderung ihrer Bündnispolitik – im wesentlichen durch eine rigorosere Steuerpolitik, die zum ersten Mal auch die Mittelschichten treffen würde. Der politische Preis, den die DC für diese Operation bezahlen muß, ist nicht sehr hoch: das Schlimmste, was passieren könnte, wäre, daß ein Teil der Mittelschichten ihre Stimme den kleineren Parteien der Mitte gibt; damit aber würden lediglich die natürlichen und untergeordneten Verbündeten der DC gestärkt. Zusammengefaßt: Vermittlung zwischen den Interessen als zentrale Aufgabe des politischen Machtsystems der DC und gelegentliches Erfüllen der Ansprüche des sozialen Systems. Diese Form der christdemokratischen Politik erklärt zum großen Teil das Erscheinungsbild der italienischen Krise, ihren chronischen Charakter, aber auch ihre relative soziale Duldsamkeit.

b) Das Modell der Interessenvertretung, wie es von den Parteien der Linken (aber vor allem von der PCI) und von den Gewerkschaften vorgeschlagen und zum Teil auch praktiziert wird, beruht auf der Zusammenfassung und der Vereinheitlichung der Interessen der wichtigsten Teile der Lohnabhängigen; hinzu kommt die Möglichkeit zu Bündnissen mit den produktiven (oder neuerdings wieder produktiv gewordenen) Sektoren der Mittelschicht. Es handelt sich hier um den Versuch, tendenziell die gesamten Interessen aller Arbeitskräfte im Rahmen einer organischen Reformpolitik zu vertreten und die Massen zu vereinigen und so die von der DC geförderten Gefahren sozialer Spaltung und des Korporativismus zu überwinden. Diese Strategie hat in den letzten 10 Jahren insbesondere in der Einheit von denen, die einen Arbeitsplatz haben, und den Arbeitslosen, in der Einheit von Nord und Süd, von Arbeitern und Studenten usw. ihren Ausdruck gefunden. Der Feind dieser Strategie wurde jeweils im Kapital gesehen, in einem Machtsystem, das die Arbeitskräfte spaltet und sie dann wieder auf verschiedenen Ebenen, in Klientele und Korporationen aufgeteilt, neu organisiert. Dagegen wird eine Linie struktureller Reformen und eines demokratischen Programms gesetzt oder zumindest eines streitbaren Pluralismus, dem es gelingen soll, in der Partei oder in der Strategie der Einheitsgewerkschaften vereinheitlichende Vermittlungsmöglichkeiten zu finden. Diese Strategie hat nur zu geringen konkreten Resultaten geführt (auch wenn man die politischen Auswirkungen auf den Bewußtwerdungsprozeß der mobilisierten Massen nicht übersehen darf). Die damit verbundenen Schwierigkeiten rühren sowohl von der großen anpasserischen Fähigkeit des christdemokratischen Systems her, als auch von der Verstärkung der objektiven Tendenzen zur Spaltung und Differenzierung innerhalb der Arbeitskräfte und auch davon, daß das System der partikularistischen Interessen und der getrennten Interessenvertretung auch die Arbeiterbewegung durchdrungen hat. Hinzu kommt die Tatsache, daß diese vereinheitlichende Strategie auch unter den Bedingungen des historischen Kompromisses mit der DC und der extremen Sparpolitik (›politica di austerita‹) weiterverfolgt wurde und dadurch erheblich an Glaubwürdigkeit verloren hat. Die extreme Problematik dieses politischen Programms hat es mit sich gebracht, daß die vereinheitlichenden Forderungen auf lange Zeit hinaus geschoben wurden und daß eine Politik der Vermittlung (symbolisch auf der Ebene der nationalen politischen Kräfte) dominiert und als Deckmantel für die getrennte Interessenvertretung dient.

Die Parteien der Linken als Massenparteien, auch wenn sie noch nicht ganz zu ›catch-all-parties‹ (alles vereinnahmenden Parteien) geworden sind, haben die Tendenz zu zwei Formen von Politik: die eine wird von dem christdemokratischen System allen Partnern aufgezwungen (Symbiose von Sonderinteressen und Staat, Vermittlung und Korporativisierung) und die andere ist die Politik, die auf der Strategie der Vereinheitlichung der Arbeitskräfte beruht. Viel zu oft ist in den letzten Jahren die Kluft zwischen diesen beiden Formen der Politik der Kluft zwischen Praxis und Theorie ähnlich geworden. Zusammengefaßt läßt sich sagen, daß innerhalb des politischen Systems das Verhältnis zwischen Interessen und dem Staat folgendermaßen strukturiert ist:

1. Die stärksten Interessen, die fast immer auch als die naturwüchsigen Ansprüche des Systems erscheinen, unterhalten ein instrumentelles Verhältnis zum Staat; die politischen Kräfte erkennen sie auch als naturwüchsige Ansprüche des Systems an.
2. Die ›organisierten‹ partikularistischen Interessen haben ein Vetorecht gegenüber allen Maßnahmen, die sie bedrohen und im Übrigen setzen sie sich dafür ein, Garantien für ihren Status und ihr Einkommen zu erhalten, was ihnen auch gelingt; dadurch schränken sie die Handlungsmöglichkeiten der Parteien erheblich ein.
3. Die Interessen der sozial schwachen Schichten sind direkt in den Parteien organisiert, denen hier die Aufgabe zukommt, diese Randgruppenprobleme und die soziale Zerstreutheit dieser Gruppen unter Kontrolle zu halten; zu diesem Zweck steht ihnen ein ganzer Katalog an staatlichen Unterstützungsmaßnahmen zur Verfügung.

Der Staat ist in der Praxis: Verteiler der Geldmittel; eine Maschine, die Reformen erschwert; ein Apparat, der ›Unterstützung‹ garantiert. Die Parteien sind zutiefst mit diesen staatlichen Funktionen verknüpft. Diese Situation hat in den letzten Jahren eine starke Rückwirkung auf die Glaubwürdigkeit und die Handlungsfähigkeit der Kräfte gehabt, die aufgrund ihrer Geschichte und aufgrund ihrer Stellung im politischen System noch am ehesten vereinheitlichende und allgemeine Interessen vertreten: PCI und Gewerkschaften – und sie sind es auch, die zur Zeit die größten Schwierigkeiten haben. Auf der Grundlage des bisher Gesagten läßt sich jedoch fragen: welche Interessen und Bedürfnisse ›unterliegen‹ nicht der christdemokratischen Vermittlung und der wackligen und widersprüchlichen Koexistenz der beiden Vertretungssysteme innerhalb der Organisationen der Linken? Praktisch kommen hier nur solche Interessen und Bedürfnisse infrage, die keine organisierte soziale Basis haben, bzw. – genauer gesagt – die keine Basis haben, die entsprechend dem Modell des ›Aneinanderreihens‹ der Interessengruppen (›collateralismo‹) der Parteien zu organisieren ist. Probleme und soziale Gruppen, die auf dem politischen Markt nichts zu bieten haben, werden einfach ausgeklammert. Die o. g. Interessen und Bedürfnisse sind Ergebnisse des Scheiterns bzw. der Aufgabe der reformistischen Strategie durch die Linke oder solche, um die sich die Arbeiterbewegung bislang nicht gekümmert hat.

Hierzu gehören a) Fragen, die bestimmte rechts- und sozialstaatliche Institutionen betreffen: Verwirklichung der Verfassung, Ausdehnung der Verfassung, Ausdehnung des Bereichs der Bürgerrechte und des Katalogs der sozialen Rechte, Demokratisierung der verschiedenen Teile des Staatsapparats; wirksame Organisierung der politischen Mitbestimmung ›von unten‹.

b) Fragen, die sich aus der Art des Entwicklungsmodells ergeben: interne Dualismen und historische und aktuelle Brüche: Nord-Süd-, die sozialen Gruppen der ›garantierten‹ und der ›nicht-garantierten‹, das Problem der Jugendlichen und der Frauen; politische Vorstellungen über die Kriterien der Akkumulation und der Distribution des Gewinns, über die Bedingungen der Produktion, der Arbeit, des Konsums und der Freizeit.

Die sozialen Bewegungen des letzten Jahrzehnts in Italien können als Versuch verstanden werden, das gelähmte politische System wieder in Bewegung zu bringen, um wichtige Entscheidungen, Reformen und die Thematisierung neuer sozialer Fragen zu ermöglichen. Ein großer Teil der kleinen Parteien, die sich links von der PCI gebildet haben, hat die Funktion gehabt, eine vereinheitlichende Strategie, die oft genug versandet war, wieder zu beleben und zu radikalisieren.

Auch die PR ist auf der Woge dieser Bewegungen gewachsen, dieser Versuche, das politische System zu ›zwingen‹: ihre Funktion muß in diesem Zusammenhang gesehen werden. Es handelt sich hier immer um Versuche, solche Interessen und kollektive Identitäten im Rahmen des politischen Systems repräsentierbar zu machen, die Gefahr laufen, aus dem herrschenden System politischer Tauschgeschäfte ausgeklammert zu werden, obwohl sie alle betreffen (es handelt sich um an und für sich universalistische Interessen). In der Praxis hat sich gezeigt, daß es hierbei nicht genügte, das Kräfteverhältnis im Parlament und in der Gesellschaft zugunsten der Linken zu verändern, sondern daß es auch nötig war, viele der Spielregeln des politischen Systems zu ändern. Die italienische Krise ist chronisch geworden, seit dieser beginnende Veränderungsprozeß blockiert wurde. In dieser Situation muß die PR ihre Rolle finden.

3. Die Frage der Radikalen

Die Frage der Radikalen muß daher im Kontext eines blockierten politischen Systems gesehen werden und auf dem Hintergrund des Wachsens und der Krise der kollektiven Bewegungen im letzten Jahrzehnt. Die PR repräsentiert die Wiederbelebung und die Weiterentwicklung der Tradition eines linken Liberalismus, der auf der politischen Szene Italiens immer schon minoritär und an den Rand gedrängt (›marginal‹) war. Das Wachsen der PR speiste sich aus der Mobilisierung eines Teils der Jugendlichen, insbesondere der Jugendlichen aus der Mittelschicht und aus den intellektuellen Arbeitskräften, also aus einigen der sozialen Gruppen, die nach 1968 die Protagonisten der Radikalisierung und des Bedürfnisses nach Emanzipation und Befreiung waren. Dieses Anwachsen bringt die Frage mit sich, welche Rolle eine politische Kraft haben kann, die zwar links steht, aber nicht Teil der dominierenden Tradition der italienischen Arbeiterbewegung ist.

Die historischen Vorläufer der PR sind vor allem in dem Werk der Gruppe ›Gerechtigkeit und Freiheit‹ (›giustizia e liberta‹) während des antifaschistischen Kampfes zu suchen und in den Ideen von GOBETTI, DORSO, SALVEMINI und der Gebrüder ROSELLI, die eine Versöhnung zwischen sozialistischen Zielen und liberalen Werten anstrebten. In der darauf folgenden Zeit findet die Kultur der Radikalen – vor allem durch das Werk von ERNESTO ROSSI – ihren Ausdruck insbesondere in einer Polemik, die sich gegen die Monopole und die parasitären Gruppen in der Gesellschaft richtet. Während der ›Resistenza‹ (des antifaschistischen Widerstandes) und in der unmittelbaren Nachkriegszeit ist die Bedeutung der aktiven Mitglieder der Aktionspartei (›partito di azione‹), die diese Themen aufgreift, von großer Bedeutung. Aber der Versuch, die progressive Rolle der fortschrittlichen Teile der Bourgeoisie zu verstärken und sie mit der Entwicklung der Arbeiterbewegung zu verbinden, scheitert am Konflikt zwischen der Linken und der DC und an der Durchsetzung der christdemokratischen Herrschaft. In den 50er Jahren sind vor allem Zeitschriften wie ›Il Mondo‹, ›Il Ponte‹ und später auch ›L'Espresso‹ unter der Leitung von E. SCALFARI, einem Schüler von E. ROSSI, für die Bildung einer kritischen öffentlichen Meinung und einer modernen Kultur (ähnlich dem frühen SPIEGEL) von Bedeutung. Im wesentlichen werden Kämpfe für die Modernisierung und die Demokratisierung der Institutionen geführt, gegen den Obskurantismus der katholischen Kirche, gegen die Aufdringlichkeit und den repressiven Charakter des christdemokratischen Regimes. Die Radikalen setzen sich für den Schutz der bürgerlichen Gesellschaft vor dem Zugriff staatlicher Macht und gegen das Ausufern parasitärer Institutionen und der Bürokratie ein. Aufmerksam werden soziale Experimente wie das NEW DEAL und die Politik der nordeuropäischen Sozialdemokraten verfolgt. Es wird betont, daß die Freiheitsrechte im Mittelpunkt jeglicher Politik zu stehen haben (›Garantismo‹) und daß sie auf alle Bereiche der Gesellschaft ausgedehnt werden sollen. Es fehlt auch nicht ein gewisser Moralismus und auch nicht ein Schuß Technokratismus, aber im Allgemeinen kann man sagen, daß die Kultur der Radikalen der Jahre bis zur Mitte der 60er Jahre von einem bürgerlichen Ethos geprägt ist, das innerhalb der Bourgeoisie und in den Mittelschichten jedoch absolut minoritär ist und auch von der traditionellen Linken nicht verstanden wird. Radikal eingestellte Elemente sind in dieser ersten Phase aktive Mitglieder der liberalen Partei (PLI), der Republikanischen Partei (PRI) und später auch der sozialistischen Partei (PSI). Auch wenn der formale Gründungsakt der PR in das Jahr 1955 zurückreicht, als der linke Flügel aus der PLI austrat, so haben die Initiativen der Radikalen zur Aufklärung und Mobilisierung doch erst seit 1960 eine gewisse Bedeutung.

Schon damals wurden diese Initiativen durch Persönlichkeiten wie PANNELLA und SPADACCIA mitgetragen – Persönlichkeiten, die auch heute noch zu den Protagonisten der radikalen Szene gehören. Zu den ersten Initiativen dieser neuen Phase gehörten vor allem der Angriff auf die DC durch die Aufdeckung einiger Regierungsskandale und der 1965 begonnene Kampf für die Einführung der Ehescheidung.

Als entscheidendes Moment, das die neue Phase des Wachsens der PR einleitete, kann der III. Parteikongreß von 1967 angesehen werden; hier wurde ein neues Statut verabschiedet und die Partei wurde als offene, föderative Organisation strukturiert und sollte in einem engen Zusammenhang mit den sozialen und Bürgerrechts-Bewegungen stehen. In dieser neuen Phase nahmen die Themen, die eng mit der Wahrnehmung der bürgerlichen Rechte verbunden sind, eine zentrale Stellung ein: antimilitaristische Märsche werden organisiert und die PR trägt zusammen mit der Liga der Wehrdienstverweigerer und anderer pazifistischer Gruppen dazu bei, daß 1972 das Gesetz über die Wehrdienstverweigerung verabschiedet wird. In den heißen Jahren der Studenten- und Arbeiterbewegung zwischen 1968 und 72 nimmt die PR sicher keine führende Rolle ein, auch wenn bestimmte radikale und libertäre Thematiken – zum Teil auch durch Vermittlung auf der kulturellen Ebene, wie z. B. durch Marcuse – durchaus auf ein breites Interesse innerhalb der Jugendlichen stoßen. Die PR macht sich vor allem das Problem einer Reform des Familienrechts und der Befreiung der Frau zu eigen, zum Teil in Zusammenarbeit mit Vereinigungen wie der Bewegung zur Befreiung der Frau (›movimento di liberazione della donna‹) und der CIDA (für die Legalisierung des Schwangerschaftsabbruches); weiterhin setzt sich die PR für die Interessen und die Identitäten von benachteiligten Bevölkerungsgruppen oder sozialen Randgruppen (›emarginati‹) ein. Wir wollen hier insbesondere an die Rolle der Homosexuellenbewegung und ihrer Organisation FUORI erinnern und das Engagement im Bereich des Drogenproblems erinnern; auch das Gesetz, das unter gewissen Bedingungen den Schwangerschaftsabbruch erlaubt, ist mit ein Ergebnis der Initiativen der PR. Schon in diesen Fällen kam es zu ernsten Brüchen zwischen der PR und anderen Parteien der Linken, insbesondere aber mit der PCI, wobei die Angriffe auf die PCI von dieser sehr oft als Provokationen bezeichnet wurden.

Als Erfolge, zu denen die Kampagnen der PR beigetragen haben, lassen sich festhalten: die Herabsetzung des Wahlalters auf 18; das Scheitern der gegen das Recht auf Ehescheidung gerichteten Volksabstimmung (›Referendum‹), das – im Vergleich mit dem vorherigen – liberalere Gesetz über den Drogenkonsum und -besitz aus dem Jahre 1975.

In der zweiten Hälfte der 70er Jahre macht sich die PR alle libertären und die bürgerlichen Freiheitsrechte betreffenden Fragen zu eigen, und nach der Jugendbewegung von 1977 wird sie zu einem grundlegenden Bestandteil der politischen Kultur der Jugendlichen, natürlich nur innerhalb der älteren Schüler und der intellektuellen Schichten.

Seit ihrem Bestehen gehört es zu den Merkmalen der PR, daß sie versucht, eine unkonventionelle, mit sakrosankten Tabus brechende Politik zu betreiben, die nicht die Form wahrt, die Spielregeln mißachtet und diplomatisches Verhalten ablehnt.

Diese Art von Politik ist nicht nur Teil radikalen Gedankenguts, sondern gründet sich auch auf die Überzeugung, daß das blockierte politische System, das nach Einschätzung der Radikalen dazu neigt, unter dem Mantel des historischen Kompromisses zu einem geschlossenen ›Regime‹ zu werden, dadurch wiederbelebt werden kann, daß man die Politik vorbehaltlos als symbolische Form benutzt (EDELMAN): Techniken des Theaters, unkonventioneller Gebrauch der Massenmedien, verbale Provokationen, phantasievolle Sprache, Gewaltlosigkeit; Appelle, die sich an die unmittelbaren, latent existierenden antipolitischen Instinkte richten, die in weiten Kreisen der Bevölkerung, insbesondere unter den Jugendlichen, nach der desillusionierenden Erfahrung der kollektiven Bewegungen der vergangenen Jahre verbreitet sind; Ablehnung jeglicher Vermittlung, direkte Appelle an die höchsten bürgerlichen und religiösen Instanzen (wobei man sich auf ein allgemein anerkanntes Spektrum bürgerlicher Wertvorstellungen stützt); vollständige Anwendung der bürgerlichen Freiheitsrechte und kompromißlose Opposition gegenüber jeder Art repressiver Gesetzgebung. Diese und andere Aspekte der Politik der Radikalen haben sich durch eine bemerkenswerte Aggressivität und Effizienz ausgezeichnet, sowohl auf der Ebene der Mobilisierung als auch in Bezug auf die Fähigkeit, die politische Routine zu durchbrechen und die verbreitete Heuchelei in der Politik zu entlarven.

Zu einem zentralen Punkt der Aktionen der Radikalen ist so neben den traditionellen ›Märschen‹ der Rückgriff auf das Mittel der Volksabstimmung (›Referendum‹) geworden, mit dem das statistische Gleichgewicht innerhalb des Parlaments durcheinandergebracht werden sollte (wichtig sind hier die Referenden gegen die staatliche Parteienfinanzierung und gegen ein repressives Gesetz zur öffentlichen Sicherheit).

Dieser Rückgriff auf das Mittel des Referendums, um bestehende Gesetze abzuschaffen, ist zwar in der Verfassung verankert, wurde aber nie benutzt, bis es die Radikalen zu einer politischen Waffe machten; die diesbezügliche Politik der Radikalen kulminiert in dem 1977 erstmals gemachten – und bis heute andauernden – Versuch, die Reste des autoritären Staates abzuschaffen (insbesondere das Konkordat mit der Kirche, die noch aus der Zeit des Faschismus stammenden Gesetze und die auch in Friedenszeiten tätigen Militärgerichte und die entsprechende Militärgesetzgebung); weiter sollen mit diesen Referenden in verschiedenen Lebensbereichen die Freiheitsrechte ausgedehnt werden.

Insbesondere soll mit dieser Politik *massenhafter* Referenden die parlamentarische Starrheit überwunden und gleichzeitig die Möglichkeit geschaffen werden, daß das ›Volk‹ seine Stimme gegen die ›Parteien des Regimes‹ erheben kann; dieser Versuch wird von den Parteien – vor allem von den linken – als Provokation und antiparlamentarischer Akt gesehen. Offensichtlich finden sie keinen Gefallen an Initiativen, die sie der Möglichkeit zur Vermittlung berauben und sie zwingen, zu Themen Stellung zu nehmen, die sie lieber ›neutralisieren‹ würden.

Auf der anderen Seite erhält die PR bei den Wahlen von 1976 immerhin 1,1% der Stimmen und kommt mit 4 Abgeordneten ins Parlament. Seit diesem Zeitpunkt wird auch das Parlament direkter mit den provokatorischen Techniken der Radikalen konfrontiert, die es als Forum benutzen, um eine Öffentlichkeit für ihre Themen zu schaffen und um die Linke zu liberaleren und radikal-demokratischen Stellungnahmen bezüglich Themen wie öffentliche Sicherheit, Drogen, Familienrecht, Antimilitarismus usw. zu bewegen.

Das Anwenden der Referenden als Waffe gegen die Parteien des Regimes und phantasievolle Versuche, das Parlament als Theater zu benutzen, aber auch das Ausnutzen der parlamentarischen Regeln, um die üblichen Absprachen, Konventionen und Kompromisse zu durchkreuzen, das sind vielleicht die beiden Hauptmerkmale der Aktionen der Radikalen in den letzten Jahren.

Außerdem sei hier daran erinnert, daß die PR – seit sich ein ökologisches Bewußtsein zu verbreiten beginnt und insbesondere seit heftige Diskussionen über die Richtung der Energiepolitik in Gang gekommen sind – sich in der ersten Reihe derer befindet, die gegen Atomenergie, für die Ausnutzung alternativer Energien, eine auf geringen Energieverbrauch aufgebaute Gesellschaft und für einen verstärkten Umweltschutz kämpfen. In dieser Hinsicht und auch angesichts der Tatsache, daß die vielfältigsten ideologischen Einflüsse die ursprüngliche Ideologie bereichert haben, ist es klar, daß die PR als ›Bewegung‹ sich sehr eng an ähnliche Bewegungen und Gruppen in anderen kapitalistischen Ländern anlehnt.

1979 wurden aus den 4 Abgeordneten durch 1 260 000 Stimmen (=3,4%) 18; vielleicht ein unvorhergesehener Erfolg, jedenfalls einer, der der übrigen Linken überhaupt nicht gefiel. Die PR ist unter den nach 1968 entstandenen oder wiedererstandenen Gruppen die einzige, die einen ständigen Aufschwung genommen hat. In diesem Zusammenhang spielt das Scheitern einer politischen Übereinkunft innerhalb der linken Gruppen – insbesondere mit der PSI – aus dem Jahre 1976 eine entscheidende Rolle. Durch dieses Scheitern war die PR in gewisser Weise dazu gezwungen, allein weiterzumachen – gegen alle; aber vielleicht konnte sie gerade deshalb zu einem Bezugspunkt für verschiedene Formen sozialen und politischen Dissenses werden, der keine Basis innerhalb der Organisationen der Linken mehr fand (auch nicht der ›neuen‹ Linken, die in dieser Hinsicht sehr schnell gealtert ist). 1976 war es vielleicht noch möglich, die Radikalen in den sozialistischen Flügel zu integrieren oder ein Wahlbündnis mit der ›neuen‹ Linken einzugehen; danach aber beginnt die PR eine autonome Position innerhalb der Linken einzunehmen und erhält immer mehr Zustimmung aus sich ständig erweiternden sozialen Bereichen: dem des Dissenses, der Randgruppen und dem der nach Autonomie strebenden Kräfte, die sich gegen die staatliche Bürokratisierung und das System des Teile-und-Herrsche richten.

Dieses ständige Anwachsen jedoch bringt auch Probleme mit sich: als Partei ist die PR vor die Alternative gestellt, sich entweder in der traditionellen Art zu organisieren oder aber an einem föderativen Modell festzuhalten, in dem die Partei lediglich Resonanzboden und Instrument ist für die wirklichen politischen Akteure, d. h. für die Bewegungen und die Basisinitiativen.

Als parlamentarische Gruppe stellt sich ihr das Problem, die Einheit der Abgeordneten zu wahren, die z. T. unterschiedliche politische Vorstellungen haben und an keine Parteidisziplin gebunden sind. Wegen dieses Problems ist ihre Arbeit im Parlament vielleicht weniger aggressiv und bissig. Dennoch scheint die PR die Anwendung ihrer provokatorischen Taktiken zu verstärken, indem sie die geschriebenen und ungeschriebenen Gesetze des politischen Lebens bricht, wie z. B. die (problematische) Taktik des ›Filibusterns‹ während der Debatte über die neuen Antiterrorismusdekrete. Indem die PR weiterhin diesem Modell folgt, wird sie ein immer weniger typischer Teil der Linken, sodaß es auch immer schwieriger wird, vereinheitlichende Programmpunkte zu finden. Dies jedoch wird sich u. U. auch auf der Ebene der Wahlen auswirken.

Zusammenfassend läßt sich sagen, daß es in der gegenwärtigen politischen Situation durchaus eine soziale Basis und eine politische Rolle für die PR gibt. Sicher, diese Basis ist fluktuierend, kaum organisierbar und hängt von dem ›kritischen‹ Zusammenhang ab, in dem die PR wirken kann. Auf der anderen Seite kann es ihr gelingen, den Entpolitisierungsprozeß eines Teils der Jugendlichen, der durch die Krise des traditionellen Politikverständnisses der Linken hervorgerufen wurde, im Rahmen einer alternativen Politik aufzufangen. Das Wachsen der PR als soziale Gruppierung und als Dorn im Parteiensystem muß insgesamt als eine positive Erscheinung gewertet werden. Ihre große Chance besteht in ihrem Wachsen als Bewegung-Partei, die sich auf die Durchsetzung der bürgerlichen Freiheitsrechte und auf ökologische Themen konzentriert und somit eine Bewegung bildet, die auch im Parlament präsent ist – ein Novum in der italienischen Gesellschaft. Auf der anderen Seite besteht einer der problematischsten Aspekte darin, daß die PR – zumindest Teile von ihr – nicht frei von Ambivalenz auf der ideologischen und der praktischen Ebene ist. Es besteht hier die Gefahr, daß diese potentielle Partei der bürgerlichen Freiheiten dazu gebraucht werden könnte, an die antipolitischen Gefühle der entpolitisierten oder von der Parteipolitik enttäuschten Bürger zu appellieren oder an ein soziales Unbehagen, an politische Einstellungen, die nicht frei sind von Staatsverdrossenheit, Antikommunismus, und die sich nicht immer klar unterscheiden von anderen, traditionelleren, konservativen und privatistischen Einstellungen, die in der italienischen Mittelschicht verbreitet sind.

Der innovatorische Einfluß auf die Linke und auch die praktische Effizienz der Initiativen der Radikalen besteht jedoch in der Fähigkeit zur Verteidigung eines ›Radikalismus‹ und in einer gegen die Institutionen gerichteten libertären Einstellung, die heute mit einigen der fortgeschrittensten und kritischsten Thematiken (wie Energie, Ökologie, Lebensbedingungen, Verhältnis zwischen privater und öffentlicher Sphäre) verbunden sind. Darin könnte auch ein Berührungspunkt mit der übrigen Linken bestehen; sonst würden die Spaltung und der Bruch nur noch vertieft werden. Auf jeden Fall haben die Radikalen solange ihre Existenzberechtigung, wie die Inhalte, die z. Z. von ihnen vertreten werden, nicht durch die anderen Wege der Interessenvertretung gehen können. Und sicherlich ist es nichts Schlimmes, wenn sich endlich zumindest ein Teil der italienischen Mittelschicht in progressiver Weise äußert, auf Seiten der Linken, auch wenn dies außerhalb des Zusammenhangs der ohnehin problematischen Strategien der offiziellen Linken geschieht.

(Übersetzt aus dem Italienischen von Jürgen Humburg)

Literatur

Zum politischen System Italiens:

P. Farneti, *Il sistema politico italiano,* Il Mulino Bologna 1972
Autori diversi, *L'Italia contemporanea,* Einaudi Torino, 1975
Autori diversi, *La crisi italiana,* Einaudi Torino 1979

A. De Palma, *Sopravvivere senza governare*, Il Mulino Bologna 1978

Pasquino-Parisi, *Continuità e mutamento elettorale in Italia*, Il Mulino Bologna 1977

G. Amato, *Economia, politica e istituzioni in Italia*, Il Mulino Bologna 1978

C. Donolo, *Mutamento o transizione? Politica e società nella crisi italiana*, Il Mulino Bologna 1977

F. Cassano, *Il teorema DC*, De Donato Bari 1979

S. Cassese, *L'amministrazione pubblica in Italia*, Il Mulino Bologna 1975

Pasquino-Martinelli (Hrsg.), *La politica nell'Italia che cambia*, Feltrinelli Milano 1979

Zur Radikalen Partei:

M. Teodori, *Storia delle nuove sinistre in Europa*, Il Mulino Bologna 1976
P. Bonetti, *Il Mondo 1949–66*, Laterza Bari 1975
(a cura di P. Armani), *Ernesto Rossi un democratico ribelle*, Guanda Parma 1975
A. R. A., *Per l'alternativa*, Feltrinelli Milano 1975
G. Aghina-C. Jaccarino, *Storia del PR '55–'77*, Gammalibri Milano 1977
Autori Vari, *L'antagonista radicale*, Roma 1978
8 referendum contro il regime (a cura di M. Teodoria), Savelli Roma 1974
MLD-PR, *Contro l'aborto di classe*, Savelli Roma 1975
PR, *Contro il concordato*, 1976
Carta delle libertà, a cura del PR, 1976
Le lotte radicali attraverso i documenti congressuali e lo statuto (a cura di Bardinelli), 1976

Referendum ordine pubblico costituzione (atti convegno), Bompiani 1978

Riviste radicali: Agenzia radicale (1963–6), Notizie radicali (dal 1967), La prova radicale (1971–73), Liberazione (1973–4), Prova radicale (dal 1976), Argomenti radicali

Lutz Mez / Birger Ollrogge
Die Ökologiebewegung in Skandinavien –
Zur politischen Bedeutung und sozialen Funktion der ökologischen Bewegung in Dänemark, Norwegen und Schweden

Skandinavien liegt am Rande bzw. im toten Winkel der bundesrepublikanischen Berichterstattung. Der ehemals rege kulturelle und politische deutsch-skandinavische Zusammenhang hat nach dem 2. Weltkrieg rapide abgenommen. In der Bundesrepublik herrscht – wenn überhaupt – lediglich ein punktuelles Interesse an politischen und sozialen Ereignissen in unseren nördlichen Nachbargesellschaften. Dazu kommt, daß die Berichterstattung der Korrespondenten der Massenmedien zumeist unter jeder Kritik ist, wenn der Maßstab eines kritisch, informativen, die sozialen Verhältnisse analysierenden Reports zugrunde gelegt würde.

Zur punktuellen Betrachtungsweise zählt insbesondere das Schielen der deutschen Sozialdemokratie nach den Errungenschaften der schwedischen Wohlfahrtsgesellschaft, ohne daß Kenntnisse über die sozialen und ökonomischen Rahmenbedingungen vorlagen oder vertieft wurden. Auch die Versuche der Neuen Linken, aus den Erfahrungen der skandinavischen Genossen zu lernen, blieben vereinzelt und vermochten nicht, das enorme Informationsdefizit abzubauen. Lediglich die handvoll »Skandinavienexperten« gerieten ins Schwärmen, wenn über neue Meilensteine der skandinavischen Linksopposition, der verschiedenen Volksbewegungen gegen NATO, EG oder Krieg diskutiert wurde, ohne jedoch vermitteln zu können, warum linke Politik dort offensichtlich eine bessere soziale Resonanz erhält als in der BRD.

Was für die Arbeiterbewegung als traditioneller Fokus der Linken gilt, gilt für die skandinavische Ökologiebewegung erst recht. Sehr verkürzt wird z. B. aus der Tatsache, daß in Schweden die bäuerliche Zentrumspartei 1976 mit einem Anti-Kernkraft-Programm zur Beendigung der 44jährigen Amtsperiode der Sozialdemokraten beitrug, gefolgert, daß die schwedische Ökologiebewegung bürgerlich ist und die widersprüchliche Politik der

Fälldin-Regierung die politische Ambivalenz der Ökologiebewegung verdeutliche.

Damit eine Einschätzung der skandinavischen Ökologiebewegung, deren politische Erscheinungsform in den drei Ländern zudem höchst unterschiedlich ist, möglich wird, soll auf dem Hintergrund der soziohistorischen Besonderheiten und der politischen Kultur von Dänemark, Schweden und Norwegen die unterschiedliche Ausgangsposition der jeweiligen Bewegungen skizziert werden. Wir wollen zudem versuchen, über die Darstellung der gesellschaftlichen Rahmenbedingungen hinaus einen kursorischen Einblick in die jeweiligen Diskussionen der Links- bzw. Ökologiebewegung zu geben.

Die skandinavische Entwicklung unterscheidet sich, was die wirtschaftliche momentane Situation, die demokratischen Traditionen der Länder und die parlamentarische Vertretung der Linken betrifft, so sehr von der BRD, daß Vergleiche kaum, oder nur unter großen Vorbehalten möglich sind. Der Beitrag soll den Beispielshorizont erweitern und einige grundsätzliche Probleme hochindustrialisierter spätkapitalistischer Gesellschaften aufzeigen.

Soziohistorische Vorbemerkungen

Die skandinavische Arbeiterbewegung (d. h. die dänische, norwegische und schwedische) unterscheidet sich deutlich von der Arbeiterbewegung im übrigen Europa. Das gilt sowohl in politisch-ideologischer Hinsicht, als auch für den organisatorischen Aufbau sowie für Takt und Geschwindigkeit ihrer Entwicklung. Etwa gleichzeitig wurde sie in jedem Land ein politischer Machtfaktor, errang die politische Macht und kam in die Krise. Ursache für die gleiche Entwicklung ist einerseits die teils gemeinsame oder gleichartige wirtschaftliche, soziale und kulturelle Entwicklung.

Skandinavien lag noch im 19. Jahrhundert an der europäischen Peripherie. Die skandinavischen Staaten waren – mit Ausnahme von Dänemark – arme und unterentwickelte Agrargesellschaften. Durch die Industrialisierung wurden sie jedoch ungeheuer rasch in den kapitalistischen Weltmarkt integriert und entwickelten sich zu typischen hochentwickelten Industriegesellschaften.

Eine andere typische Gemeinsamkeit der skandinavischen Länder ist die traditionelle Vorherrschaft der Beamten – Stichwort »Beamtenstaat« –, die in diesem Jahrhundert als Herrschaft der Zentralbürokratie ihren Ausdruck fand. Andererseits sind jedoch auch bedeutungsvolle Unterschiede in den einzelnen Ländern zu verzeichnen: Die Industrialisierung ging von verschiedenen Ausgangspunkten aus. Schweden und Norwegen waren arme und unterentwickelte Agrargesellschaften, mit einem auf wenige Produkte (Eisen und Holz) begrenzten Export. Dänemark dagegen entwickelte sich früh zu einem exportorientierten Agrarland mit England als Handelspartner. Die Industrialisierung setzte in allen Ländern erst in der 2. Hälfte des 19. Jh. ein. In Norwegen und Schweden fand der industrielle Durchbruch bereits zur Jahrhundertwende statt, während die Industrie in Dänemark erst um 1960 dominierender Wirtschaftszweig wurde.

Die politische Kultur Dänemarks ist durch die Dominanz des Kleinbürgertums in Landwirtschaft, Handel und Handwerk geprägt. Die langsame Industrialisierung mit ihrer handwerklichen Betonung baute auf vorkapitalistischer Produktionsweise auf. Die gewerkschaftliche Organisation der Arbeiter nahm das Berufsverbandsprinzip zur Grundlage, das alle Phasen der Industrialisierung überlebte. In Schweden und Norwegen zerstörte die dramatische und explosive Industrialisierung die alten Berufsverbände, es entstanden Industriegewerkschaften.

Dänemarks politische und soziale Entwicklung verlief weicher und harmonischer als die norwegische und schwedische. Formaldemokratie und Parlamentarismus wurden eher und ohne ähnliche dramatische Zuspitzung wie in Norwegen oder Schweden realisiert. Die dänische Sozialdemokratie erreichte nie die Stärke, die die norwegische und schwedische kennzeichnet. Der dänische Reformismus kam früher als in den Nachbarländern durch eine Kompromißlösung mit den Liberalen bzw. Radikalliberalen zum Ausdruck.

Das unterentwickelte Schweden wurde industrialisiert durch die Nachfrage der europäischen Industriestaaten nach Eisenerz und Holz, den traditionellen Exportprodukten des Landes. Der Agrarsektor konnte diesem Sog nach Kapital und Arbeitskraft nichts entgegensetzen. Außer auf Rohstoffexport basierte die Industrialisierung auf Manufakturen mit relativ hohem Mechanisierungsgrad. Die Industrialisierung Norwegens beruhte ebenfalls auf der Entwicklung der alten Exportbranchen wie Fischfang, aber dann stärker auf Kapitalimport zum Aufbau neuer Industrien, wie Zellstoff- und elektrochemische Industrie und Schiffbau.

Die grundlegenden Voraussetzungen für sozialdemokratische Politik in Skandinavien bestanden einerseits aus dem Manövrierraum, den der expandierende Kapitalismus schuf und andererseits aus dem tradierten Rechts- und Politikverständnis der relativ kleinen Agrargesellschaften (Stichwort: Nahdemokratie). Die Krise der Sozialdemokratie wurde offensichtlich, als die Kapitalexpansion gegen Ende der 60er Jahre abnahm und in den 70er Jahren in eine weltweite Stagflationskrise überging.

Die Energiesituation der skandinavischen Länder weist erhebliche Unterschiede auf, die zugleich den Rahmen der Wirtschaftspolitik und der gesellschaftlichen Reaktion auf die Krise abstecken. In Dänemark besteht eine nahezu totale Erdölabhängigkeit: 1973 betrug der Ölanteil am Primärenergieverbrauch fast 94%, wobei der Marktanteil der sieben größten multinationalen Erdölkonzerne ca. 85% ausmachte. Das bedeutet, daß auf dem Höhepunkt der Erdölpreiskrise von 73/74 etwa 80% des dänischen Energiemarktes von den sog. »Sieben Schwestern« beherrscht wurde.

Norwegens Energieversorgung basiert seit Anfang des Jahrhunderts im wesentlichen auf der »weißen Kohle« (Wasserkraft), als der Ausbau der Kraftwerke durch ausländisches Kapital stattfand, wobei die Konzessionen von vornherein zeitlich begrenzt waren. 1974 trugen Wasserkraft und Erdwärme in Norwegen nahezu 60% zum Primärenergieverbrauch bei, das Erdöl dagegen rund 39%.

Die eigenen Öl- und Gasreserven sind beträchtlich – die bekannten Reserven werden auf 1,5 Mrd. t Rohöläquivalente geschätzt, die noch nicht entdeckten auf weitere 2 Mrd. t.

Auch Dänemark hat beachtliche Öl- und Gasressourcen entdeckt und beginnt jetzt mit dem Abbau. Schweden setzt als einziges der drei Länder Kernenergie kommerziell ein. Bei der Primärenergieversorgung dominiert das Erdöl mit rd. 60%. Der Anteil der Wasserkraft ist rückläufig, er sank von 14% (1974) auf 12,4% (1977). Der Atomstromanteil an der Energiebilanz ist erheblich: im Betriebsjahr 1977–78 wurden 25% der Elektrizität durch Atomkraftwerke erzeugt, das entspricht rd. 5% des Primärenergieeinsatzes. Zusammengefaßt sind die energiewirtschaftlichen Rahmenbedingungen für die jeweiligen Anti-AKW- bzw. Umweltschutzbewegungen in Skandinavien folgende:

Dänemark steht vor der politischen Entscheidung, durch Einsatz neuer Energieträger die einseitige Ölabhängigkeit abzubauen, wobei die Wahl zwischen Naturgas und Atomkraft besteht. In Norwegen war zunächst der Ausbau der Wasserkraft, dann der Abbau der Öl- und Gasreserven gesellschaftlich relevant, die Atomkraftentscheidung ist vertagt. Und in Schweden hat die Atomkraft sehr rasch einen beachtlichen Teil der Energieversorgung übernommen, wobei das schwedische Kapital in der Lage war, den Aufbau einer nationalen Atomindustrie durchzusetzen, die es weder in Norwegen noch in Dänemark gibt.

Die ökopolitische Bewegung in Norwegen

In Norwegen tauchten ab Mitte der 60er Jahre Begriffe wie »Populismus« und »grüner Sozialismus« in der politischen Diskussion auf, die eine kritische Alternative zu den technokratischen und zentralistischen Kräften in der norwegischen Politik signalisieren.

Populismus wurde anders als in Lateinamerika in der Tradition der russischen Narodnikis begriffen, er richtete sich gegen den Korporatismus, der nordische Industrie und Gesellschaft nach 30jähriger sozialdemokratischer Herrschaft prägt.

In den 70er Jahren griff der Populismus vor allem zwei Fragen auf:
– die wachsende Gefährdung des ökologischen Gleichgewichts und die Notwendigkeit von Umweltschutz
– den Widerstand gegen die norwegische Mitgliedschaft in der Europäischen Gemeinschaft.

Für diesen Widerstand bildete er das Sammelbecken. Mit der Volksabstimmung am 25. 9. 1972, als die Mehrheit der norwegischen Bevölkerung den EG-Beitritt ablehnte, wurde ein Höhepunkt der Bewegung erreicht. Aber dieser Sieg wurde nicht der erwartete Auftakt für eine populistische Ära in Norwegen. Die wichtigsten Ursachen dafür waren: 1) Der Widerstand gegen die EG bestand aus sehr heterogenen Kräften: Die Widersprüche zwischen reaktionären Nationalisten und revolutionären Anarchisten brachen unter »normalen« politischen Bedingungen schnell auf. 2) Der Populismus zersplitterte und verwässerte sich. Von links wurde als als »bürgerlich« kritisiert, weil immer mehr traditionelle Parteien sich das Prädikat »Populismus« anhefteten. Der populistische »Chefideologe« Hartvig Sætra verwies darauf, daß unter Populismus ein Minimalprogramm für verschiedene Gruppen von der Mitte bis Links zu verstehen sei, und keine durchdefinierte Ideologie. Dabei schlug er vor, statt Populismus den Begriff »ökopolitischer Sozialismus« zu wählen. 3) Die Populisten waren kaum organisiert, ein »Parteiaufbau« wurde ebenso abgelehnt wie der Parlamentarismus. Wegen ihrer Kritik an den traditionellen Parteistrukturen wurden die Populistischen Arbeitsgruppen (PAG) des Anarcho-Syndikalismus bezichtigt, wohl zu recht.

Der soziale Effekt des Populismus war eine starke Radikalisierung der norwegischen Gesellschaft. Nach 1972 haben vor allem drei Aktionsfelder davon profitiert:
– die Ökologiebewegung, worunter die Summe der überparteilichen Organisationen und Arbeitsgruppen im Umweltschutz zu verstehen ist;
– die »Neuer Lebensstil-Bewegung«, die sich individuell bzw. durch die Organisation »Fremdtiden i Våre Hender« (Die Zukunft in unsere Hände) und durch Schlagworte wie »Nullwachstum«, »Konsumverzicht« und »biodynamische Landwirtschaft« ausdrückt;
– die sozialistische Bewegung, in Norwegen insbesondere in der Sozialistischen Linkspartei »SV«, sowie in kleineren Organisationen. Hier landeten vor allem jene, die mit der »bürgerlichen« Ökologiebewegung Verdauungsschwierigkeiten hatten.

Die norwegische Öko-Bewegung ist ebenso heterogen wie die »alte« populistische Bewegung. Der »bürgerliche« Zug der norwegischen Öko-Bewegung wird wie folgt kritisiert: Einerseits rekrutiere er sich aus Gesellschaftsschichten, die traditionsgemäß dem Sozialismus nie nahestanden. Als Beweis wird die bahnbrechende Umweltschutzaktion von 1970 – die »Mardøla-Aktion« angeführt, wo »Oberklassealpinisten« für die Wahrung von unberührter Natur und von Freizeitmöglichkeiten gekämpft haben und ein Wasserkraftwerk an diesem Wasserfall verhinderten. Andererseits gäbe sich die Ökobewegung als wertneutral aus, obwohl die wissenschaftlichen Informationen der Ökologie in Wirklichkeit verkleidete politische Standpunkte seien. Solange diese Standpunkte nicht verdeutlicht werden, hätte die ökologische Botschaft eine stark ideologisierende Farbe. Nachdem die Sozialistische Linkspartei vor allem wegen schwerer innerer Gegensätze auseinanderbrach und bei den letzten Wahlen nicht im Entferntesten an das Ergebnis von 73 anknüpfen konnte, wo sie mit 11% der Stimmen 16 Abgeordnete stellte, hat die Bedeutung der Öko-Bewegung wieder zugenommen. Ökophilosophie und Ökopolitik haben einen stärkeren Einfluß auf die linke Alternative geltend machen können. Gleichzeitig hat sich das Spektrum der Tendenzen ausgeweitet: von klar bürgerlichen bis zu klar marxistischen.

Ökologie- bzw. Anti-AKW-Bewegung in Dänemark

Auch für Dänemark war Anfang der 70er Jahre der Beitritt zur Europäischen Gemeinschaft das bestimmende politische Thema. Die Gegner des EG-Beitritts schlossen sich im April 1972 zur »Folkebevægelsen mod EF« (Volksbewegung gegen die EG) zusammen. Die Organisation umfaßte etwa 150 lokale Initiativen und 25 Landesverbände inklusive Parteien und deren Jugendorganisationen. Aber anders als in Norwegen wurde der Beitritt dennoch beschlossen. Ursache für diesen Ausgang war letztlich die unterschiedliche Interessenlage der jeweiligen Landwirtschaft. Während die dänische für den Beitritt votierte, war die norwegische dagegen, weil sie nahezu ausschließlich für den Binnenmarkt produziert. Dazu kam die Haltung der Fischer, die in Norwegen einen wesentlich größeren Einfluß haben als in Dänemark. Sie befürchteten den Verlust ihrer Existenz durch die »Konkurrenz« mit den Großfangschiffen aus den EG-Ländern.

Im Gefolge der Jugend- und Studentenrevolte hatte es in Dänemark eine Reihe weiterer Themen gegeben, die die Tendenz der gesellschaftlichen Polarisierung widerspiegeln. Dazu zählen, um einige stichwortartig zu erwähnen:
- Christiania, eine von rd. 800 Leuten bewohnte ausgediente Kasernenanlage im Zentrum von Kopenhagen;
- Roskilde Universitetscentrum, eine »offene Universität«, bei der kon-

zeptionell das Zusammenleben von Lehrern und Studenten angestrebt wurde, Studiengänge und -abschlüsse sollten gemeinsam erarbeitet werden.
- Tvind, ein Experiment für alternative Pädagogik bei Weiterausbildung und Lehrerstudium.

Andererseits zeigt die dänische Wohlfahrtsgesellschaft auch unübersehbare »rechte« Polarisierungstendenzen, wie sie sich z. B. in der von dem Steuerrebellen Mogens Glistrup gegründeten »Fremdkridtsparti« (Fortschrittspartei) ausdrücken, deren soziale Basis im wesentlichen die sich durch die »soziale Gleichmacherei« bedroht fühlende Mittelschicht bildet.

Das bewegende Thema der zweiten Hälfte der 70er Jahre wurde jedoch die Atomkraft. Nach der Ölpreiskrise von 1973 forcierten die dänischen Energieunternehmen ihre Baupläne auf dem Gebiet der Atomkraftwerke. 1974 wurde eine Organisation zur Aufklärung über Atomkraft (OOA) gegründet, die eine Denkpause von mindestens drei Jahren forderte. Die OOA wuchs rapide an. Gab es im März 1974 insgesamt 15 Initiativgruppen, so hatten sich diese bereits bis zum Juli-August 1974 verdoppelt. Im Februar 1976 gab es schon 90 Gruppen und im Juni 1977 existierten etwa 160. Die OOA ist eine Nicht-Mitglieder-Organisation, die auf aktive Individuen und Initiativgruppen aufbaut. Organisationskeim war die 1969 gegründete Umweltschutzbewegung NOAH, die durch Mitglieder pazifistischer Gruppen ergänzt wurde. Somit stellte die OOA eine erste Zusammenarbeit zwischen der Pazifistischen und der Umweltschutzbewegung dar.

Bei der Gründung waren verschiedene Organisationsmodelle in Erwägung gezogen worden. Die extrem dezentrale NOAH-Struktur wurde als zu schwach befunden, während die Volksbewegung gegen die EG als zu eng mit politischen Parteien verbunden kritisiert wurde. Dagegen sah man ein Vorbild in der dänischen »Ban-the-Bomb Bewegung« der frühen 60er Jahre, die sich »Kampagnen mod Atomvåben« (Kampagne gegen Atomwaffen) genannt hatte.

Wesentliches Merkmal der OOA ist demzufolge, daß sie unabhängig von den politischen Parteien arbeitet. Sie hat bewußt alle Ähnlichkeiten mit Formulierungen eines Parteiprogramms vermieden und arbeitet mit Parteien nur dann zusammen, wenn das ganze politische Spektrum vertreten ist. Die OOA hat nie Kandidaten für Kommunal- oder Parlamentswahlen aufgestellt und will keinen Sitz in öffentlichen Kommissionen oder ähnlichen Gremien.

Der Name ist nicht zufällig gewählt, denn »Aufklärung« hat in Dänemark Tradition. Die Volkshochschulen der Bauern im vorigen Jahrhundert zählen ebenso dazu wie die Einrichtungen der Arbeiterbewegung. International bekannt wurde die Plakette mit der lachenden Sonne und der Aufschrift »Atomkraft? Nein Danke«. Dieses Symbol entstand bei der OOA Anfang 1975. Die Gruppe wollte eine positive, alternative Möglichkeit zeigen – die lachende Sonne. Unter dem Motto »Wir wollen noch keine Atomkraft« gelang es 1976 der OOA die Entscheidung über die Einführung der Atomkraft in Dänemark zu vertagen bzw. »auf Eis zu legen«.[1]

Inzwischen wurden mehrfach eine Reihe anderer Aktionsformen wie z. B. Großdemonstrationen, Atommärsche und Unterschriftenaktionen durchgeführt. Mit dem Erfolg, daß eine Entscheidung für Atomkraft bisher nicht zustande kam.

Die schwedische »Wohlfahrtsgesellschaft« – Beispiel für den sozialen Umbruch in Skandinavien.

Charakteristisch für die politische Kultur Schwedens ist der hohe Organisationsgrad der Bevölkerung – ca. 80% der Schweden gehören einer Organisation (Verbände, Parteien, Gewerkschaften) an. Die enge Verflechtung der Verbände und Gewerkschaften mit den politischen Parteien konnte bislang gewährleisten, daß konsensuell erarbeitete politische Zielvorstellungen relativ konfliktfrei angesteuert und realisiert wurden. Andererseits haben der außergewöhnlich hohe Organisierungsgrad mit seinen integrativen Folgewirkungen sowie die pragmatische Kompromißeinstellung der politischen Parteien zu einer Konfliktkomplexität geführt, die gegen fundamentalen Dissens äußerst anfällig ist. Diese schon an die »formierte Gesellschaft« erinnernden politischen Entscheidungsstrukturen sind auf dem Hintergrund eines zunehmenden Konzentrations- und Zentralisationsprozesses zu sehen, der die gesellschaftspolitische Entwicklung Schwedens in den letzten Jahrzehnten kennzeichnet. Wie auch in anderen hochindustrialisierten Ländern, in denen die kapitalistischen Verschwendungsformen in grenzenlosem ökonomischen Wachstum ihre eigenen Destruktionspotentiale mitproduzieren (z. B. Rüstungsindustrie, systematische Zerstörung der Umwelt durch rücksichtslose Verwertung der Naturressourcen), ist auch in Schweden der Widerstand gegen die Resultate kapitalistischer Produktionsbedingungen gewachsen. Die im Zuge der Industrialisierung sich vollziehende Veränderung wirtschaftlicher und sozialer Strukturen verursachte eine verstärkte Tendenz zur Urbanisierung und Bevölkerungsverdichtung. Die Folgeprobleme dieser sozialen Umschichtungsprozesse mit ihren tiefgreifenden Veränderungen der Lebensgewohnheiten führten zu einer teilweise rückläufigen Tendenz. Wachsende Verkehrsprobleme, Umweltbelastungen und soziale Isolierung in den Ballungszentren trieben einen Teil der städtischen Bevölkerung in die urbanen Randzonen. Diese Wanderung in die städtischen Randgebiete bewirkte bei der dort neu angesiedelten Bevölkerungsschicht eine Änderung in der Einstellung zur »Natur«, die nun zum Ausdruck der Hoffnung und Sehnsucht nach einem besseren Leben wird.

In diesem Zusammenhang ist der Frage nachzugehen, ob der Ökologiebewegung und insbesondere der Anti-Atomkraftbewegung die symbolische Funktion allgemeiner Unzufriedenheit mit dem System zugeschrieben werden kann. Gesetzt den Fall, daß sich im Atomkonflikt auch die in der gegenwärtigen Industriegesellschaft latent vorhandene allgemeine Frustration und Entfremdung ausdrückt, so müßte eine Analyse der Ökologiebewegung die Momente verdeutlichen, die die Bedingungen gesellschaftlicher Veränderung thematisieren. Dabei wäre herauszuarbeiten, an welchem Punkte Überschneidungen und Äquivokationen mit den Inhalten der etablierten politischen Parteien auftreten, wodurch oppositionelle Inhalte ins parlamentarische System eingebunden und transformiert werden können. Die Darstellung der in der schwedischen energiepolitischen Diskussion vorgetragenen Positionen (Ökologiebewegung und Zentrumspartei) soll illustrieren, wie die Forderungen einer Massenbewegung parteipolitisch absorbiert und regierungspolitisch »durchgesetzt« werden.

Die schwedische Ökologiebewegung

Das Spektrum der schwedischen Ökologiebewegung ist, wie in den anderen europäischen Ländern, weit gefächert, sodaß man von *der* Bewegung nicht sprechen kann. Historisch sind ihre Wurzeln bis zur Gründung der »Schwedischen Gesellschaft zum Schutze der Natur« (SNF 1909) zurückzuverfolgen, die sich für die Errichtung von Naturschutzgebieten und Nationalparks einsetzte. 1947 wurde die Jugendorganisation des SNF, »Fältbiologerna« (zu deutsch: Die Feldbiologen) gegründet. Ihr gehören heute 12 000 Mitglieder im Alter von 12 bis 15 Jahren an, die in 230 Gruppen organisiert sind.[2] Weitere Umweltgruppen organisierten sich Anfang der 60er Jahre. Erst Ende der 60er Jahre erfolgte ein starkes Anwachsen der Umweltbewegung, die zur Gründung größerer Umweltorganisationen führte. Zur Gründungszeit dieser Organisationen fanden Probleme wie Energieversorgung, Wachstumsentwicklung und Atomkraft kaum Beachtung. Obwohl schon Anfang der 70er Jahre kritische Stellungnahmen zur Atomenergie vorgetragen wurden, begann eine öffentliche Diskussion erst im Mai 1973, als die Reichstagsabgeordnete Birgitta Hambraeus (Zentrumspartei) einen Antrag gegen den weiteren Ausbau von AKWs stellte.

Im Gegensatz zur SNF, die befürchtete, daß durch Stop oder Einschränkung des AKW-Baus ein verstärkter Ausbau der Wasserkraftwerke erfolgen würde, und sich deshalb nicht eindeutig gegen Atomkraft aussprach, haben andere Umweltorganisationen und lokale Gruppen im Widerstand gegen AKWs eine ihrer wichtigsten Aufgaben gesehen. Diese Gruppen und Organisationen bilden den Kern des außerparlamentarischen Protests gegen AKWs. Im Frühjahr 1976 wurde der *Miljöförbundet* gegründet, dem der größte Teil der Anti-AKW-Organisationen angeschlossen ist. Björn Gillberg, ehemaliger Genetiker und bekannter Aktivist in der Ökologiebewegung, weigerte sich, den Widerstand gegen die Atomenergie zu einer fundamentalen Gesellschaftskritik auszuweiten und forderte, die Kommunisten aus der Umweltbewegung zu entfernen. Statt außerparlamentarischer Massenmobilisierung wollte Gillberg den Kampf gegen AKWs mit »Gegenexperten« und durch Gerichtsverfahren ausfechten.[3] Andererseits sollte seiner Ansicht nach das Hauptaugenmerk der Bewegung auf der Entwicklung alternativer Technologien liegen. Diese innerorganisatorischen Auseinandersetzungen führten zu einer vorübergehenden Desorientierung und verhinderten die Entwicklung einer autonomen Politik, was zur Folge hatte, daß die Ökobewegung im Wahljahr 1976 ungewollt zum Werkzeug der Zentrumspolitik wurde. Die im März 1978 gegründete »Volkskampagne gegen Atomkraft«, in der zahlreiche Umweltorganisationen und Vertreter politischer Parteien zusammenarbeiten, setzte sich zum Ziel, durch Demonstrationen und andere Aktivitäten die schwedische Bevölkerung gegen den Ausbau von AKWs zu mobilisieren.

Obwohl aufgrund bestehender Divergenzen zwischen den in der Ökologiebewegung vertretenen Positionen der verschiedenen Gruppierungen nicht von einer einheitlichen Ideologie gesprochen werden kann, besteht jedoch allgemeine Übereinstimmung bei folgenden Inhalten:

1. Gesellschaftliche Konflikte und Polarisierungen erfahren eine Reinterpretation unter dem sie totalisierenden Begriff »Natur« bzw. dem Gleich- oder Ungleichgewicht eines ökologischen Systems. »Natur« wird somit zum politischen Objekt und ermöglicht andererseits die Subsumtion divergierender Interessen und Ideologien und legitimiert den Anspruch gesamtgesellschaftlicher Interessenvertretung.
2. Die Entwicklung der Großtechnik (wissenschaftlich-technischer Fortschritt) und der »Wachstumswahnsinn« haben zu einer überdimensionalen Erweiterung der Destruktionspotentiale geführt, die die ehemalige Stabilität des »ökologischen Kreislaufs« zum Bersten bringt.
3. Der durch die Fortschrittsgigantomanie des Menschen herbeigeführte katastrophale Zustand der Lebenswelt bedroht die Überlebenschancen der Gattung Mensch auf dem Planeten Erde. Damit steht die Menschheit an einem Wendepunkt. Um des Überlebens-willen schlechthin gilt es, daß sich der Mensch seiner Funktion als bescheidenes Element eines umfassenden Ökosystems bewußt wird und der »Plünderung des Planeten« ein Ende bereitet.

4. Die durch die moderne Gesellschaft herbeigeführte Vermassung (Verstädterung) hat zur psychischen Verelendung des Menschen geführt. Entfremdung, Anonymität und individuelle Isolation als Erscheinungsformen einer »Implosion des Sozialen«, wird eine »natürliche« Lebensform gegenübergestellt. Ein der Natur gemäßes gesellschaftliches Organisationsmodell (Dezentralisation, »autogestion«, sanfte Technologie) dient hierbei als Idealvorstellung.

Im Gegensatz zur BRD wurde in Schweden die Kritik von Umweltschutzgruppen schon früh von den politischen Parteien berücksichtigt. Ebenso wurden brisante Themen wie Atombewaffnung, Vietnamkrieg und Atomenergie von den etablierten Parteien aufgenommen, so daß dem außerparlamentarischen Protest nur geringe Entfaltungsmöglichkeiten gegeben waren. Der schon als Spezifikum der politischen Kultur Schwedens angedeutete institutionalisierte Zwang zum Kompromiß und die Einstellung der Zentrumspartei als dezidierter Gegner der Atomkraft scheinen auf einen Widerspruch hinzuweisen, der die traditionellen politischen Entscheidungsstrukturen Schwedens in Frage stellt.

Exkurs: Die schwedische Zentrumspartei

Aus historischen Gründen war es der schwedischen Zentrumspartei möglich, als »natürlicher« Opponent gegen die zunehmenden Konzentrations- und Zentralisationserscheinungen in wirtschaftlichen und politischen Bereichen und gegen die aus kapitalistischen Produktionsbedingungen resultierenden Folgeerscheinungen wie Umweltzerstörung aufzutreten. Seit 1968 ist die Zentrumspartei die stärkste der drei bürgerlichen Parteien Schwedens. Als ehemalige Interessenpartei der Bauern und Landbevölkerung wechselte sie in den 50er Jahren den Kurs ihrer Politik, um auch andere Wählergruppen als die rapide abnehmende Landbevölkerung anzusprechen. Mit diesem Wandel versuchte die Partei sich der Veränderung der Sozialstruktur anzupassen, und mit der neuen Programmatik (Dezentralisation, Selbstverwaltung, Umweltschutz) speziell das Wählerpotential im Umkreis städtischer Siedlungsgebiete zu erschließen. Obwohl der Wähleranteil der Arbeiter doppelt so hoch ist wie der der Bauern, rekrutiert sich der Hauptanteil der Parteimitglieder eindeutig aus landwirtschaftlichen Produzenten. Die starke Verflechtung der Partei mit dem LRF (Bauernverband, 120 000 Mitglieder) erklärt die bemerkenswert starke Vertretung von Landwirten in den Führungsgremien des Zentrums (Mitgliederanteil der Landwirte 73%, Arbeiter 10%).[4]

Der »Zentrismus« ist mehr oder weniger als Konglomerat politischer Ideologien zu bezeichnen. Der zunehmenden Verstaatlichung der Wirtschaft wird die Forderung nach Trennung von Politik und Wirtschaft sowie die Förderung von »freier Wirtschaft« und Belebung der Konkurrenz (Unterstützung mittlerer Betriebe) gegenübergestellt. Bei ausgesprochenem Kulturkonservatismus (Betonung von Vaterland, Heim und Familie) wird die Rolle des Individuums in der Gesellschaft in den Vordergrund gestellt. Dieser ideologische Eklektizismus wird durch das Konzept der »Klassenharmonie« zusammengehalten.

Die Partei hält es für möglich, daß Technologie sowie sozial-industrielle Aktivitäten dem Bedürfnis einer humanen Umwelt untergeordnet und dem Kreislauf der Natur angepaßt werden. Dieses Ziel kann nach Meinung des Zentrums jedoch nur in einer dezentralisierten Gesellschaft verwirklicht werden. Die Propagierung lokaler Selbstverwaltung und Ausbau der Demokratie geht einher mit dem Kampf gegen Machtkonzentration, Bürokratie und Technokratie, um den Einfluß der Bürger zu verstärken.

Die Jugendorganisation der Zentrumspartei (CUF), deren Vorstellungen einer dezentralisierten »Lokal-Gesellschaft« antikapitalistische Züge tragen, ist ebenso wie die Ökologiebewegung an einer alternativen Technologie »von unten« interessiert. Ihr Hauptproblem besteht jedoch eher darin, die Mutterpartei zu beeinflussen, als an einer Vergrößerung der außerparlamentarischen Opposition mitzuarbeiten. Ihre Aktivitäten im Bereich des Umweltschutzes und der Kampagne gegen AKWs erhalten dadurch den Stellenwert funktionaler Vermittlung zwischen der Ökologiebewegung und der Zentrumspartei.

Was die Wahlerfolge des Zentrums anbetrifft, scheint sich der Kurswechsel gelohnt zu haben. Seit dem Tiefstand im Jahre 1956, als sie nur 9,4% der Stimmen erhielt, konnte sie ihren Stimmenanteil mehr als verdoppeln. Offenbar ist es ihr gelungen, jene Wählerschichten anzusprechen, die am stärksten von den sozialen Umschichtungsprozessen betroffen waren.[5]

Die Wahlerfolge führten dazu, daß das Zentrum seit 1968 zur stärksten der drei bürgerlichen Parteien avancierte und 1976 die 44-jährige Herrschaft der SAP unterbrach. Ob dies ausschließlich mit ihrer negativen Einstellung zur Atomkraft zusammenhängt, wäre zu untersuchen.[6]

Perspektiven der skandinavischen Ökologiebewegung

Obwohl das Programm der Zentrumspartei weitgehend mit den Forderungen der Ökologiebewegung übereinstimmt (Dezentralisierung, Nahdemokratie, Umweltschutz), sah die linke Anti-AKW-Bewegung im Wahlsieg Fälldins eine Fortsetzung der Politisierung der Energie- und Umweltprobleme »von oben«. Ebenso skeptisch verhielten sich die Umweltorganisationen Fältbiologerna und Miljöforbundet, da sie eine wesentliche Einschränkung der umwelt- und energiepolitischen Vorstellungen des Zentrums durch den Kompromißzwang mit den beiden anderen bürgerlichen Parteien befürchteten.[7]

Die von Teilen der Anti-AKW-Bewegung geäußerte Selbstkritik, ins parlamentarische System inkorporiert worden zu sein, mag auch damit zusammenhängen, daß die Opposition gegen Atomkraft in der schwedischen Bevölkerung erheblich zurückgegangen ist. (Während 1976 noch 57% gegen Kernkraft waren [27% dafür, 17% unentschieden], waren es zwei Jahre später nur noch 37% [37% dafür, 22% unentschieden].)

Der schon erwähnte Widerspruch zwischen traditionellen, eher basisdemokratischen Politikstrukturen einerseits und kapitalistischem Zentralisationsprozeß andrerseits manifestiert sich – im Vergleich zu Dänemark und Norwegen – in Schweden in verschärfter Form. Die kommerzielle Anwendung kapitalintensiver Kernenergie begünstigt letztendlich die Entwicklung zentralistischer Tendenzen innerhalb der schwedischen Gesellschaft. Die in diesem Zusammenhang reaktualisierten Forderungen nach einer dezentralisierten Gesellschaft deuten auf eine zunehmende Opposition gegen die auf Kapitalexpansion setzende Politik der Sozialdemokratie hin, deren Manövrierraum schon durch die weltweite Wirtschaftsrezession stark eingeengt wurde.

Die sich gleichzeitig abzeichnende Krise einer auf Zentralisierung politökonomischer Strukturen ausgerichteten Politik führte dazu, daß die Dezentralisierungskräfte die von der Sozialdemokratie vernachlässigte Tradition der Basisdemokratie wieder anknüpfen konnten.

Im Unterschied zur dänischen Umweltbewegung, die in ihren Aktivitäten ansatzweise »alternative Politik« auf lokaler und nationaler Ebene autonom praktiziert, scheinen sich die Alternativen schwedischer Ökologen in der Sphäre staatlicher Politik zu bewegen, wodurch ihnen ungewollt die Funktion einer außerparlamentarischen »pressure-group« für eine bürgerliche Partei zugefallen ist.

Wenn die Einlösung »alternativer Forderungen« wie Umweltschutz, Dezentralisierung, sanfte Technologie usw. an staatliche Institutionen adressiert und delegiert wird, verlieren sie ihre gegengesellschaftliche Kraft. Die Entwicklung alternativer Energie- une Gesellschaftspläne (z. B. MALTE) kann zu einem »Gegenexpertentum«[8] führen, das sich gegenüber den Trägern einer oppositionellen Bewegung verselbständigt. Das patriarchalische Verhältnis zur Wissenschaft wird somit selbst von einer »Gegenwissenschaft« reproduziert. Wissenschaft (Sachgutachten) wird grundsätzlich zur Legitimation politischer Beschlüsse herbeizitiert, es muß also problematisch erscheinen, oppositionelle Politik durch Gegenexperten zu legitimieren. Zwar ist damit dem herrschenden Appell an die Vernunft und Konstruktivität genüge getan, nur resultiert daraus gerade das, was von der

Ökologiebewegung kritisiert wird, das Aufbegehren arbeitet an seiner eigenen Kontrolle.

Diese Art »Willensbildung« enthält die Möglichkeit, zur Verbesserung der Input-Information politischer Entscheidungssysteme beizutragen, Partizipation bleibt den Kriterien planerischer Effizienz untergeordnet. Gegenexperten tragen in diesem Sinne dazu bei, das Prognosen- und Szenario-Spektrum eines »Krisenmanagements« zu erweitern, und bieten obendrein die Gewähr, die Träger alternativer Forderungen als Avantgarde spezifischer Konzerninteressen (Eröffnung neuer Märkte, Entwicklung neuer Bedürfnisse) motivational einzubinden.[9]

Systematische Untersuchungen über soziale Herkunft und alternative Wertvorstellungen der Protagonisten der skandinavischen Umweltbewegung gibt es nicht. Bisher werden die Mitglieder der schwedischen Ökologiebewegung in den Schichten der Mittelklasse mit höheren Bildungsabschlüssen lokalisiert. Diese sozialstrukturellen Merkmale scheinen darauf hinzuweisen, daß die Akteure der Bewegung zumindest formal den Charakteristika der Grünen/Bunten »Protestformation« in der BRD entsprechen. Dementsprechend handelt es sich zumindest teilweise um eine Schicht, welcher die Theoretiker der postindustriellen Gesellschaft eine Führungsrolle in der immer mehr von Bildung und theoretischem Wissen geprägten westlichen Gesellschaften zuschreiben. In Skandinavien werden die Träger des neuen Protests als Gegeneliten zu den bestehenden Eliten der industriellen Gesellschaft angesehen; entsprechend ihrem sozialen Status als »Magister« bezeichnet.[10] Ob das skandinavische Protestpotential nach wie vor in bürgerlicher Hand ist, bleibt zu untersuchen. Die Determinierung des »Protests« auf die soziale Herkunft seiner Träger und deren Wertvorstellungen gibt noch keinen Aufschluß über die politischen Entwicklungsmöglichkeiten einer »Protestformation« und erst recht nicht über die Lernprozesse einer Protestbewegung. Auch der studentische Protest wurde aufgrund der sozialen Herkunft seiner Akteure als »kleinbürgerlich« etikettiert.

Was die Frage der ungewollten Wahlhilfe für die bürgerliche Zentrumspartei betrifft, so deutet die Selbstkritik der schwedischen Umweltgruppen zumindest darauf hin, daß keine Interessenidentität mit der Politik einer parlamentarischen Partei vorliegt. Das gilt auch für die Kommunistische Partei. Es ist möglich, daß die aus den Konflikten mit der Repräsentativ-Demokratie gewonnenen Erfahrungen zur Wiederbelebung der schon von der Linken aufgenommenen Parlamentarismusdebatte führen werden, obwohl sich vorerst die Aktivitäten der schwedischen Umweltbewegung auf das bevorstehende Referendum zur Atomkraft (im März 1980) zu konzentrieren scheinen.

Anmerkungen

1. Vgl. Anne Lund/Finn Breinholt, *Dänemark – »Atomkraft – Nein Danke«. Wie man Atomkraft erfolgreich verhindern kann*, in Lutz Mez (Hrsg.), *Der Atomkonflikt. Atomindustrie, Atompolitik und Anti-Atom-Bewegung im internationalen Vergleich*, Berlin 1979, S. 83–100.

2. Vgl. Jungen, Britta: *Die Entstehung einer schwedischen Ökologiebewegung*, Arbeitspapier für die Fachtagung: Bürgerinitiativenbewegung und die Kernenergiefrage – ein internationaler Vergleich, Bielefeld, Nov. 1979 (Ms.).

3. Neuerdings sind Gerichtsverfahren gegen Kernkraftwerke in Schweden nicht mehr möglich. Durch eine Gesetzesänderung werden Verfahren dieser Art vom Koncessionsnämmden (ein Verwaltungsgremium für Umweltfragen) entschieden.

4. Vgl. Fenner, Christian: *Schweden*, in: Raschke, Joachim (Hg.), *Die politischen Parteien in Westeuropa*, Reinbek 1978, S. 464.

5. Vgl. *Die politischen Parteien Schwedens*, in: Schwedisches Institut (Hg.): *Tatsachen über Schweden*, April 1979, S. 2.

6. Den Wahlergebnissen ist zu entnehmen, daß die Zentrumspartei 1973 mehr Stimmen (25,1%) enthielt als bei den 76er und 79er Wahlen (24,1 bzw. 18,2%) als die Partei als Anti-Atomkraft-Partei auftrat.

7. Spott, Peter: *Möglichkeiten und Grenzen parlamentarischer Vertretung der Ökologiebewegung am Beispiel der Schwedischen Zentrumspartei*, Diplomarbeit, FU Berlin Fachbereich Politische Wissenschaft, Berlin Okt. 1979, (Ms., S. 59) (Antwort der Organisationen auf Interviewschreiben von Spott).

8. Unter Gegenexperten oder Gegenelite ist zu verstehen, daß ein bestimmter Personenkreis unter Akzeptanz der Strukturen von Staat und Gesellschaft innerhalb des vorgegebenen Rahmens eine andere, von ihr getragene Rationalität durchsetzen möchte.

9. Die Umverteilung des 366 Mill. Kronen Forschungsprogrammbudgets (1975) zugunsten regenerierbarer Energiequellen (die Mittel für Forschung und Entwicklung des Sonnenenergiesystems sind fast verdreifacht worden), die als Erfolg einer Anti-AKW-Politik gedeutet werden können, kommt letztendlich den Forschungsabteilungen der Großindustrie zugute.

10. Rönsch, Horst-Dieter: *Die Magister wandern weiter*, in: Kritik, Jg. 7, Nr. 23, 1979, S. 26.

Margit Mayer
Bürgerinitiativen und Ökologiebewegung in den USA

Dem Phänomen der »direkten Aktions«-Gruppen, wie sie seit Anfang der 70er Jahre überall in den USA zahlreich und in unterschiedlichsten Bereichen aktiv wurden, greifbare Erfolge hatten, ob in Sanierungsgebieten oder in der Umweltschutzbewegung, bei den »grauen Panthern« oder den *gay movements* (Schwulen und Lesben), stand die deutsche Bewegung immer etwas neidisch und bewundernd gegenüber: der Phantasiereichtum und die Militanz, mit der da Leute unterschiedlichster gesellschaftlicher Herkunft ihre Interessen in die Hand nahmen und organisierten, und die Klarheit, mit der sie am vorgegebenen Parteienapparat vorbei agierten, sich gar nicht »unnütz« mit den Prozeduren parlamentarischer Interessenverarbeitung aufhalten wollten, sondern statt dessen Sanierungsgebiete besetzten, Räumungsbagger blockierten, mit Ratten, Sprühdosen und Flugblättern Slumlords in ihren Villen besuchten, öffentliche Hearings stürmten oder einfach Gärten in Abfallhalden anlegten, alle nur möglichen Mittel anwandten, um Durck und Öffentlichkeit herzustellen: wo es pragmatisch sinnvoll erschien, griffen sie auch zu anderen als den Mitteln zivilen Ungehorsams, beteiligten sich an Petitionen und Anhörungsverfahren, wo sie viele Genehmigungen, sei es zur Lizenzvergabe und zur Inbetriebnahme von AKWs oder zum Bau von Autobahnen mitten durch Siedlungsgebiete, blockiert haben.

Diese Methode der *direct action*, die sowohl von Gettobewohnern, bzw. ihren Stadtteilorganisationen als auch von den diversen Mittelklassenbewegungen benutzt wurde, bewunderten wir (nicht nur deshalb), weil sie Selbstorganisation für Lebensinteressen der Betroffenen signalisierte, weil sie scheinbar am (nicht funktionierenden) parlamentarisch-repräsentativen System vorbei sich ihre eigenen Formen der Interessenartikulation und -durchsetzung schuf. Damit war flugs nicht nur die Krise des politischen Systems indiziert, sondern auch die Sprengkraft bzw. nicht vereinnahmbare Qualität der Forderungen und Bedürfnisse, die sich – gegen die Krise der Städte, gegen die Zerstörung der Natur, gegen die Bedrohung durch Atomenergie – manifestierten.

Es lohnt, die Entwicklung dieser Bewegungen in den USA, vor allem in den letzten Jahren, genauer zu betrachten, denn die (vielleicht spezifischen US-) Bedingungen haben sehr wohl Strukturen und Mechanismen hervorgebracht, mit denen entscheidende *Teile* der Basis- (in USA: grass roots-) und Alternativbewegung und vor allem der Ökologiebewegung nicht nur »verarbeitbar«, sondern auch profitabel verwertbar (sowohl im Sinn ökonomischer Verwertbarkeit als auch im Sinn politisch-sozialer Einbindung) werden. Woraus zu schließen wäre, daß es wohl nicht nur »um die radikale Vertretung bestimmter/punktueller/post-materieller Interessen« geht, sondern entscheidend um die *Formen,* in denen für sie gekämpft wird.

Diese These möchte ich an Hand der Entwicklung von zwei »außerparlamentarischen« Bewegungen begründen: dem *Neighborhood Movement,* also der Bewegung von primär stadtteilbezogenen, lokalen Gruppen, die in den letzten Jahren in den USA so ungeheure Ausdehnung erfahren hat[1], und der Anti-Atomkraft- bzw. Ökologiebewegung (in USA: Anti-Nuclear Movement). Bei aller Heterogenität innerhalb dieser Bewegungen und allen Differenzen zwischen ihnen ist beiden gemeinsam die Vorstellung oder Vision der »human-scaled society«, einer auf Menschen bezogenen Gesellschaft und entsprechend die Forderung, die existierende Gesellschaft zu vereinfachen und zu deinstitutionalisieren (»to descale and to deinstitutionalize society«; vgl. Paul Goodman, E. F. Schuhmacher, Ivan Illich). Während die amerikanische »sozialistische« Linke sich (einigermaßen folgenlos) darüber streitet, ob sie sich in diese Bewegungen hineinbegeben soll, um sie »röter« zu machen, oder ob sie am Aufbau eigener sozialistischer Bewegungen daneben festhalten soll, haben diese Bewegungen – mit und ohne die Partizipation linker Organisationen – sich massenhaft verbreitet und dabei ganz bestimmte Entwicklungsstadien und Differenzierungsprozesse durchgemacht.

1. Die Neighborhood-Bewegung

Von 1949 an unterwarf die amerikanische Bundesregierung innerstädtische Viertel, die typischen »kranken« Slums (oder auch: lebendigen Arbeiterklassen- oder Minoritäten-Subkulturen) einem Sanierungsplan, dem sog. *Urban Renewal*-Programm. Ziel von Urban Renewal war, eine bestimmte Gegend von zersetzenden Einflüssen zu säubern und diese durch »höheren und besseren Gebrauch« zu ersetzen. Die Wirkungen auf die zu Sanierungsgebieten erklärten Stadtviertel und die Vertreibungen von Tausenden armer oder rassisch minoritärer Bevölkerungsgruppen durch »urban removal«, also die Vertreibung, wie es im Volksmund bald hieß, produzierten eine massive Stadtteil-Mobilisierung, die sog. Community-Revolten der

60er Jahre. In dieser Bewegung und der der Gettoaufstände der gleichen Zeit meldeten sich viele Bürger, die sich vormals an keiner Form politischen Protests beteiligten, zu Wort: Arbeiter, alte Menschen, Hausfrauen und »mittelalterliche« Hauseigentümer entdeckten plötzlich, was ihre »neighborhood« ihnen wert ist, und daß sie es wert ist, für sie zu kämpfen. Mal in der Absicht, Leute draußen vor zu halten, die »anders« sind als man selber; aber immer häufiger gegen Planungsbehörden, Spekulanten und eine Kommunalpolitik, die die Stadtviertel zu- und wegzubetonieren drohte.

Das zunächst defensive Engagement solcher Basisbewegungen hat sich in der Praxis oft so politisiert, daß das Funktionieren bestehender Konfliktlösungsmethoden durchaus in Frage gestellt war. Denn ihre Praxis, die durchaus pragmatisch, am Erfolg und an konkreten Ergebnissen orientiert, sich deshalb aller *möglichen* Mittel bediente (legalistischer wie militanter: Einflußnahme auf Abgeordnete genauso wie direkte Aktion, Öffentlichkeitsarbeit genauso wie Petitionen, Stürmung öffentlicher Hearings wie Mietstreiks), rührte schließlich an Probleme, die nicht zufällig entstanden waren. Während das, was die unterschiedlichsten Neighborhood-Bewegungen einte, ihr Konzept von Bürgerbeteiligung war, bzw. eine nichtrassische Variante des von den Schwarzen geprägten Slogans »Power to the People«, nämlich: »*Mehr* Macht dem Volk«, Mitspracherecht bei Entscheidungen, die ihre Lebensbedingungen betreffen, blieb die Durchsetzung dieser Forderung auf rein lokale Vorgänge beschränkt, meist auf bestimmte Bodennutzungsvorschläge.

In diesen Auseinandersetzungen entstand der »Community leader« (Stadtteilsprecher) als neuer Akteur in der kommunalpolitischen Arena, die vorher ausschließlich von den politischen Parteien, den Gewerkschaften, ethnischen Solidargemeinschaften und der Geschäftswelt beherrscht wurde. In vielen Städten, in denen ›Wachstumskoalitionen‹ ungebrochen ihre Pläne durchgesetzt hatten, kam es durch das massive Auftreten von Community-Organisationen zu Destabilisierungen und Verschiebungen im politischen Gefüge. Die soziale Basis, auf die die politischen Parteien sich früher gestützt hatten, war in diesen Städten total umstrukturiert. (Sie waren jetzt Verwaltungs-/Zirkulations-/Dienstleistungszentren – und wiesen deswegen eine abnehmende Arbeiterklasse, rassische Minoritäten und neue, im tertiären Bereich arbeitende Mittelklassen auf.) Traditionelle Anhängerschaften der Demokratischen Partei, wie ethnische Neighborhoods der Innenstädte, gewerkschaftlich organisierte Arbeiter und bestimmte Minoritäten, wurden ersetzt; traditionelle republikanische Loyalitäten wurden auch unterminiert, wenn auch weniger direkt als die der Demokratischen Partei: denn die Ausdehnung der Vororte hat sich signifikant verlangsamt. In dieser Situation haben einige Bürgermeister versucht, neighborhood-orientierte politische Koalitionen herzustellen, und traten in Verhandlungen mit Gruppen, die vormals von der städtischen Politik ausgeschlossen waren.

Diese Form der Absorption von Protesten aus den Stadtteilen wurde zwar erschwert durch die Rezession und die bundesstaatliche Umorientierung der Sanierungsressourcen von Innenstädten auf Vororte. Doch die Beendigung des Urban Renewal Programms (1973) bedeutete keineswegs ein Ende der Intervention in die Politik der Städte. Im Gegenteil, die Bundesregierung entwickelte Kanäle nicht nur ins Rathaus, sondern fängt an, die Stadtviertel selbst zu durchdringen. Durch projektgebundene Subventionen wird jetzt die ›Rehabilitierung‹ bestimmter Stadtteile gesteuert, wo es vorher im Ermessen des Stadtrats stand, ganze Stadtteile wegzusanieren. Unterstützt von bundesstaatlichen Rehabilitationsdarlehen konnten sich so viele ehemals konfrontationslustige Neighborhood-Organisationen zu erfolgreichen *Dienstleistungs*organisationen *innerhalb* städtischer Politik entwickeln.

Die Führer der Stadtteilorganisationen qualifizierten sich in einem halben Dutzend »Citizen Training Centers«, wo ihnen eine sog. »Mehrheitsstrategie« beigebracht wird, mittels derer Koalitionen der Mehrheit gegen »die Zentren von Macht und Reichtum« hergestellt werden sollen. Hier ist die Propagierung lokaler Selbstverwaltung und des Ausbaus der Demokratie eng verknüpft mit dem Kampf gegen Machtkonzentration und Bürokratie. In diesen Ausbildungsstätten entsteht eine neue Generation professioneller Politiker.

Bestärkt durch gewisse Erfolge im kommunalen Bereich und inspiriert durch Naders Erfolge (der Verbraucherbewegung) gegen die Auswüchse der Macht großer Konzerne haben sich die Community-Organisationen auch übergreifenden Problemen zugewandt, sich überregional organisiert.[2] Sowohl in den lokalen als auch den regionalen Citizen Action Groups ist ein ganztags beschäftigter Mitarbeiterstab angestellt: durchwegs sehr junge Leute, die bereit sind, viele Stunden für wenig Lohn zu arbeiten.

In den letzten Jahren haben die Neighborhoods nicht nur nationale Koalitionen (wie die *National People's Action* und die *National Association of Neighborhoods*), sondern auch eine inzwischen schon national anerkannte Führungsschicht hervorgebracht (z. B. Barbara Mikulski, Baltimore; Gail Cincotta, Chicago),[3] wobei die Beziehung zwischen (lokalen/regionalen) »freiwilligen« politischen Aktionsgruppen und dem etablierten politischen System neuartige Formen angenommen hat. Signifikant in diesem Zusammenhang ist jedenfalls, daß sogar eine vom Ministerium für Wohnungswesen und Stadtentwicklung in Auftrag gegebene Studie zu der Feststellung gelangte, daß der hierdurch geförderte andersartige Repräsentationsprozeß möglicherweise die Effizienz bisheriger Strukturen verringere: daß nämlich die Entwicklung funktionaler Repräsentation durch programmspezifische Institutionen die Schwächung allgemein-repräsentativer Institutionen (z. B. Parteien und Stadtrat) zur Folge habe.

Da die traditionellen Organisationen sich bei der Vermittlung und Absorption von städtischen Revolten als unfähig erwiesen, läßt die Verwaltung nun eine Vielzahl von Ersatzorganisationen zu (Bürgerforen, Anhörungsverfahren und sog. Street-level-bureaucracies, also Institutionen und Büros, die sich möglichst nah an der Klientel niedergelassen haben) und fördert so die Integrierung vormals autonomer Gruppen ins kommunal-parlamentarische System. Auf der nationalen Ebene entwickelt die Bundesregierung Programme speziell zur Unterstützung von Stadtteilen, nahm eine neue *National Commission on Neighborhoods* ihre Arbeit auf, unter der Prämisse, daß »existierende Stadtviertel zu den nationalen Ressourcen gehören, die es zu bewahren und wiederzubeleben gelte, wo immer möglich.« Und Carters 1978 angekündigter *Urban Plan* sieht die direkte Finanzierung von lokalen »Stadtteil-Selbsthilfegruppen« und die Schaffung eines lokalen Stabs freiwilliger Fachleute vor, um durch die Unterstützung einer ansässigen Elite aus Geschäftsleuten und führenden Persönlichkeiten (»Community Leaders«) staatliche Präsenz wieder lokal zu etablieren.

Forderungen und Interessen, die vor ein paar Jahren von den ›Betroffenen‹ selbst organisiert wurden, werden – im Vorgriff auf den nationalen Carter-Plan – schon jetzt regional initiiert: In New York dient ein Projekt, innerstädtischen Einwohnern beim Anbau von Gemüsegärten auf leerstehenden Plätzen zu helfen, als Beispiel für Autonomie und Selbstversorgung angesichts staatlicher Austeritätspolitik; wo vormals leerstehende Häuser besetzt wurden, werden jetzt Stadtteilgruppen zu deren Hausverwaltern (»ghetto landlords«) erkoren, nachdem die Stadt (NY) sie übernommen hat: wo die community organization verantwortlich für die Einsammlung der Mieten und die Aufrechterhaltung der Sicherheit gemacht werden kann, ist die repressive Selbstverwaltung perfekt.

Es ist also keineswegs umstandslos gewährleistet, daß die »Dezentralität und der Partikularismus einer Bewegung, ihre punktuelle Konkretheit und unmittelbare Interessenbezogenheit« verhindert, daß sich die Betroffenen auf »übergeordnete« Verhandlungsprozesse einlassen. Sowohl die Strukturen und Formen der *Citizen Action Groups* selbst, als auch das staatliche Eindringen in die Neighborhoods zeigen auf, daß die Herrschafts- und Integrationsstrukturen der bestehenden Gesellschaft sehr wohl veränderbar sind, ohne daß sich dabei notwendig an den ökonomisch-sozialen Strukturen etwas ändert.

Wie sehr die Möglichkeiten wirklicher gesellschaftlicher Veränderungen von der Form des Kampfes, von der Praxis alternativer Arbeits- und Lebensformen und von anderen sozialen Zusammenhängen und Erfahrungen durch die Individuen selbst abhängt, läßt sich noch deutlicher an der amerikanischen Ökologiebewegung demonstrieren, die – wenngleich in den politischen Auseinandersetzungen scheinbar homogen und einheitlich – doch in zwei deutlich unterscheidbaren Formen existiert.

2. Die amerikanische Ökologiebewegung

Organisationen und Gruppen zum Schutz und zur Bewahrung der Natur hat es in den USA schon lange gegeben: die bekannteste ist der 1892 gegründete Sierra Club, der so konservativ war, daß z. B. sein Los Angeles-Zirkel bis 1959 keine schwarzen Mitglieder zuließ. In den 60er Jahren änderte sich das: da stießen plötzlich ganz neue Mitglieder in die schon bestehenden Organisationen: Leute aus der Antikriegsbewegung und der Studentenbewegung. Zum ersten Mal verbanden sich in diesen und neugegründeten Umwelt- und Ökologiegruppen studentische Aktivisten mit Mittelschichten aus den amerikanischen Vorstädten. Diese Bürgerinitiativen (»citizen pressure groups«) hatten scheinbar ihre prompte Wirkung: schon Ende 1969 verabschiedete der Kongreß ein Umweltschutzgesetz, das allen staatlichen Institutionen vorschrieb, bei Projektplanungen, die Umwelteinflüsse erwarten ließen, Untersuchungen und Berichte über diese Auswirkungen vorzulegen. 1970 setzte Nixon die *Environmental Protection Agency* ein.

Jedoch war dies schnelle Eingehen der Regierung und auch der Presse wohl eher dem Umstand zu verdanken, daß mit der Entdeckung des Umweltschutzes geschickt vom »Krieg in den Städten« und den halbherzigen oder gescheiterten Reformprogrammen abgelenkt werden konnte. Schon 1971 ließ das staatliche Interesse für die Umweltschutzbewegung wieder nach: in einer Reihe von Konfrontationen gab die Regierung den industriellen Interessen (sei's im Kohletagebau im Westen oder in der Verseuchung der Großen Seen) nach; zwischen 1965 und 1970 nahm der Anteil, den die Bundesregierung für Umweltprogramme ausgab, ständig ab (2,3 % auf 1,8 %), und seit der »Energiekrise« 1973/74 erscheint die ganze Umweltfrage, unter einem scheinbar von außen gesetzten Sachzwang, ohnehin in einem ganz anderen Licht. Die Ausgaben vor allem zur Förderung der Kerntechnologie werden erhöht und 1974 wurde ein Energieministerium geschaffen sowie ein nationaler Energieplan aufgestellt, um eine zentralisierter geplante und kontrollierte Energieversorgung zu ermöglichen.

Bis 1974 war aber auch die Anti-Nuke-Bewegung zu einer starken Bewegung angewachsen: in diesem Jahr fand das erste Treffen der »Citizens Movement to Stop Nuclear Power« statt, organisiert von der Nader-Gruppe, auf dem 165 BI-Gruppen durch 650 Teilnehmer vertreten waren. Eins der zentralen Themen war die Reaktorsicherheit.[4]

Die über lokale Grenzen hinaus durch ihre Aktivitäten besonders bekannt gewordene Bürgerinitiative gegen ein geplantes AKW ist die *Clamshell Alliance* in New Hampshire, deren erfolgreiche Besetzung des Seabrook Baugeländes am 30. April 1977 überall in den USA neue AKW-Gruppen entstehen ließ. (Etwa 2000 Leute marschierten auf das Baugelände; am 2. 5. nahm die Polizei 1414 Besetzer fest, die sich größtenteils weigerten, Kautionen zu zahlen, so daß dem Staat New Hamshire pro Tag 50 000 Dollar Kosten entstanden. Vgl. *ID* Nr. 178, 21. 5. 1977). Die präzise organisierte Durchführung der Besetzung, die Betonung der Gewaltosigkeit, die anti-hierarchische und explizit demokratische Organisationsform (Prinzip der Affinitätsgruppe, die aus den Erfahrungen der Anarchisten im spanischen Bürgerkrieg übernommen wurde) und die sorgfältige Öffentlichkeitsarbeit in den Medien machten Seabrook zu einem Anti-AKW-Ereignis. Die Seabrook-Besetzung war richtungsweisend für den Sprung, den die amerikanische Anti-AKW-Bewegung seit der zweiten Hälfte des Jahres 1977 getan hat: aus einem Konglomerat relativ isolierter Initiativen regional ansässiger Organisationen und solcher von *Lobbyisten* in Washington (*Union of Concerned Scientists*, Ralph Nader's *Congress Watch*) entstand allmählich eine nationale Massenbewegung, die durch die Ereignisse von Harrisburg in noch breiteren Schichten Zustimmung und Engagement findet – und zweifellos Wirkungen im politischen Apparat erzielte:

(1) 1977 und 1978 hat die staatliche Genehmigungsbehörde *(Nuclear Regulatory* Commission [NRC]) keine einzige Genehmigung zur Inbetriebnahme eines AKWs erteilt. Nicht nur blockieren die ständigen Interventionen von Bürgerinitiativen in den Anhörungen zur Lizenzvergabe solche Genehmigungen, der politische Druck wurde so stark, daß nun – nach dem Bericht der von Carter eingesetzten Kommission, die das Unglück von Harrisburg untersuchte – die NRC ein Moratorium verfügt hat.

(2) Aber auch in den Parteiapparaten hat die Bürgerinitiativenbewegung durch ihre Aktivitäten wesentlich dazu beigetragen, daß Carter sich der politischen Basis für seine Energiepolitik nicht mehr sicher sein konnte. Während sich in der Republikanischen Partei auch nach Harrisburg nichts änderte (für die republikanischen Präsidentschaftskandidaten Crane, Conally, Reagan, Baker und Bush symbolisierte die radioaktive Wolke von Three Mile Island die »unvermeidlichen und unangenehmen Realitäten, die das Leben lebenswert machen«, kam es in der Demokratischen Partei doch zu Verschiebungen der Positionen innerhalb ihres liberalen Flügels: die einen forcierten Gesetzesinitiativen, die die Genehmigungshürde für neue AKWs noch höher und langwieriger machen (normalerweise 8–12 Jahre) (Kennedy, Hart), die anderen verlangten ein Moratorium für jede weitere nukleare Entwicklung (McGovern).

Nun ist das Moratorium von der NRC beschlossen, wenn auch primär aus dem Grund, die Glaubwürdigkeit der Regierung wiederherzustellen. In ihrer zentralen – für bundesrepublikanische Verhältnisse radikalen – Forderung nach Stop des Kernenergieausbaus ist die »Fundamentalopposition« also gar nicht unbedingt unvereinbar mit der Logik des politischen Systems; ja noch nicht einmal mit den Profitinteressen des im Energiesektor angelegten Kapitals. Schon seit den Anfängen der neuen Ökologiebewegung hat nicht nur der Staat, sondern auch die Industrie es verstanden, bestimmte Forderungen der Bewegung aufzugreifen und aus den neuen Inhalten Profit zu schlagen. Zum einen diente die »neue Welle« ja dazu, von sozialer Ungleichheit und gescheiterten Reformen abzulenken, zum andern machten sich bestimmte Konzerne die Alternativbewegung zur Eröffnung neuer Märkte und zur Entwicklung neuer Bedürfnisse zunutze. Sie begannen mit der Massenproduktion von »Naturprodukten«, und die neuen Supermärkte für Alternativenergie, in denen man von Windmühlen bis zu sonnengeheizten Heißwassersystemen für 4000 $ alles kaufen kann, sind bestimmt noch nicht das Ende.[5] Der industrielle Komplex, der sich zur Herstellung und Einrichtung von Umweltschutzkontrollsystemen herausgebildet hat, besteht im wesentlichen aus den Konzernen, die den größten Teil der Verseuchung selbst verursachen,[6] und die stromerzeugenden Sonnenenergiesatelliten, derer sich seit 1976 nicht nur die NASA und die Raumfahrtindustrie annehmen, sind wohl auch nicht der letzte Schritt, der dem Kapital neue staatlich subventionierte Anlagesphären eröffnet. Daß mit dem SPS-System (Solarenergie per Satellit) Vorstellungen von ›angepaßter Technologie‹, Dezentralität und ungefährlicher Energiegewinnung wohl kaum entsprochen wird, dürfte klar sein.[7]

Gerade wenn Kernenergieanlagen sich infolge von Bürgerprotesten politisch aufgezwungenen Sicherheitsvorkehrungen und ökonomisch inakzeptablen Kosten zum finanziellen Risiko entwickeln, wird schon allein aus Profitabilitätsgründen eine der zentralen Forderungen der No-Nuke-Bewegung potentiell ›erfüllbar‹. Die öffentliche Mobilisierung, der Druck und die Interventionen der verschiedenen antinuklearen Gruppen haben also noch weite Entfaltungsmöglichkeiten und Durchsetzungschancen – besonders jetzt, wo über dem weiteren Ausbau der Atomenergieproduktion vorläufig das Moratorium hängt.[8] Es geht jedoch um mehr als das – mit welchen Methoden immer – »Unrentabel-Machen« von AKWs.

Was die Ökologiebewegung zu einer neuartigen ›Bedrohung‹ für die Stabilität der Gesellschaft werden ließ, war nicht nur, daß sie an bestimmte Verwertungsinteressen des Kapitals rührte (oder zu rühren schien) und quer und ›uneinnehmbar‹ zum parlamentarischen und Parteiensystem stand (oder zu stehen schien), sondern lag darin, daß sich hier unterschiedlichste Strömungen und gesellschaftliche Bedürfnisse vereinten, die vormals partikulare waren und z. T. natürlich nach wie vor widersprüchlich sind. Aber in ihrer gemeinsamen Praxis steckt ein Potential, das zu entschärfen ist. Und die ›Entschärfung‹ läuft, ähnlich wie bei der Neighborhood-Bewegung, über die Einbindung und Belohnung derjenigen Elemente der Bewegung, die in ihren Aktions- und Organisationsformen mit staatlichen Verkehrsformen besser vereinbar sind als andere; und über die Absorption und regierungspolitische Durchsetzung partieller Forderungen der Öko-Bewegung, selbst solcher nach Dezentralisierung, Lebensqualität und Grassroots-Demokratie, von denen sich zeigte, daß sie nur bedingt quer stehen zur Struktur des politischen Herrschaftssystems und zu profitablen ›Lösungen‹ von Umweltproblemen.

In der amerikanischen Ökologiebewegung verbinden sich im wesentlichen drei Strömungen: die ›älteste‹ hat an dem für die USA klassischen Modell lokaler Partizipation angeknüpft, es ausgeweitet und erneuert; die ›jüngere‹ wuchs aus der jugendlichen Gegenkultur der 60er Jahre, die sich durch Ablehnung kapitalistischer Wachstums- und Konsumideologie auszeichnete und von der Sehnsucht nach einem verlorenen früheren Zustand, der durch Subordination unter technologische Imperative zerstört wurde, getragen wird. Mit diesem eher metaphysischen Naturbegriff hat die dritte Strömung, die zuallererst ein Protest aus den erstickenden und Lebensqualität negierenden Großstädten war, wenig zu tun.

Die gesellschaftlichen Unterschiede und Konflikte zwischen diesen Gruppen sind aber aufgehoben, verschwinden in dem scheinbar alle einenden Gegensatz von Natur und Technologie. Der ›Umweltkreuzzug‹ bietet sich als eine Art »Super-Community« an, in der die ganze Nation das gemeinsame Thema mit unterschiedlichen Interpretationen, höflich und familiär (primär mit Hilfe von Lobby-Institutionen) verarbeiten kann. Diese wohlwollend geduldete Seite der Bewegung manifestierte sich am 17. Oktober (»Big Oil Day«) in 103 Städten der USA, wo eine erste nationale »Kampagne für niedrigere Ölpreise« demonstrierte. Die Koalition aus Gewerkschaften, Bürgerinitiativen, Senior Citizen Organisationen, Verbraucher-, Umweltschutz-, religiösen und minoritären Organisationen forderte die Wiedereinführung von Preiskontrollen auf Öl und Gas. Die Kampagne war aus zwei älteren Koalitionen entstanden, der *Progreseve Alliance* (in der die UAW führend ist) und der *Citizen/Labor Energy Coalition*.[9] Inhaltlich beschränkten die Redner auf den Kundgebungen[10] sich bewußt auf die Themen Ölpreise und Profite und vermieden die Atomkraft, um die potentielle gewerkschaftliche Unterstützung nicht zu verlieren.[11]

Mit dieser Strategie des Druck-Ausübens auf die politischen Repräsentanten, ohne sich dabei selbst durch Beteiligung an Wahlen unter Erfolgszwang zu stellen, geht eine Reduzierung von inhaltlichen Forderungen einher, genauso wie ein Zuschnitt der Aktionsformen, bis beide systemgerecht sind. Selbst wo der Kampf gegen AKWs nicht ausgespart bleibt, aber Formen des Lobbying, des Gegenexpertentums, der Gerichtsverfahren, begleitet von etwas Massenmobilisierung, stattfinden, sind alle Möglichkeiten der Vereinbarkeit mit den herrschenden Macht- und Öffentlichkeitsstrukturen offen, bzw. werden solche Organisationen selber Teil davon, was dann auch gruppeninterne Säuberungsprozesse (z. B. von Linken) mit sich bringen kann.

Während von dieser Koalition in der Umweltbewegung eine Welt anvisiert wird, in der auch mittels Großtechnologie ermöglichte Energieeinsparung die Kernenergie überflüssig macht, geht es der anderen Tendenz der Ökologiebewegung um mehr. Ihr Ziel ist keineswegs erreicht, wenn alle Energie aus sauberen und sich erneuernden Energiequellen gewonnen wird, das Leben sich aber nicht verändert hat: wenn Sonnenkollektoren am Fließband produziert werden, und man nach einer 40-Stunden-Woche das Wochenende vor dem solarbetriebenen Fernseher verbringt. Diese Seite der Öko-Bewegung manifestierte sich einerseits wieder in Seabrook, auch im Oktober 1979, bei der diesmal gewaltsamen und erfolglosen Besetzung des Baugeländes, nachdem der zeitweilige Baustop wieder aufgehoben wurde, andererseits in New York's Wall Street, am 29. Oktober 79 (Jahrestag des Schwarzen Freitag): anders als in der BRD, wo die AKW-Gegner nach den Erfahrungen der Grenzen lokaler Auseinandersetzungen nach Bonn, zum Ort, an dem politische Entscheidungen gefällt werden, zogen, blockierten die Demonstranten in New York den Ort, an dem die Machtverknüpfungen und die entscheidenden Interessen von AKW-Herstellern, -Betreibern und Politikern zusammenfließen, um »gegen die Milliarden, die von hier aus in die Kernenergie gepumpt werden«, zu protestieren.

Wie in dieser Aktion Lern- und Politisierungsprozesse zum Ausdruck kamen, die sowohl gegen lokalistische Bornierungen als auch gegen die Öko-Mystifikation vom alles beherrschenden Widerspruch zwischen Natur und Technologie stehen, so eröffnete die lange und gründlich geplante Aktion der *Clamshell Alliance* nicht minder wichtige Lernprozesse bei der desillusionierenden Erfahrung mit dem staatlichen Machtapparat. Nur mit diesen konkreten Erfahrungen kollektiver Selbstaktivität, antihierarchischer und »direkt-demokratischer« Formen, die mit »consensus-decision-making« das Austragen von Interessengegensätzen innerhalb der dezentralen und heterogenen Bewegung zulassen, – und in der Konfrontation mit den realen gesellschaftlichen Machtstrukturen, die dieser Selbstorganisierung entgegenstehen –, werden die ideologischen Mystifikationen der Ökologiebewegung durchbrochen, und wird die Gefahr der Anbindung ans System verringert.

Anmerkungen

1 Schätzungen (Herbst 1979) bewegen sich um die 6 Millionen solcher »voluntary associations«, oder 37 Millionen Personen, das wären ½ aller Amerikaner über 13, die hier involviert sind. Siehe »A New Politics via the Neighborhood«, Editorial, Special Issue on Organizing Neighborhoods, *Social Policy*, 1002, Sept./Oct. 1979, S. 3.

2 Vgl. z. B. Michael Barr, »Organizing for Economic and Social Change: Massachusetts Fair Share«, *Alternatives* 3, (Winter 1976/77).

3 Diese ›Politiker‹ kommunizieren über Kanäle wie die *National Conference on Alternative State and Local Public Policies*, die *Community Development Society of America*, auch die *US Conference of Mayors*.

4 Vgl. Michael Lucas, »USA – Die friedliche Bedrohung«, in: Lutz Mez (Hg.), *Der Atomkonflikt* (Berlin 1979), S. 322.

5 Vgl. *Die Zeit* Nr. 44, 26. 10. 1979: »Geschäft mit der Alternativenergie blüht«.

6 Vgl. M. Gellen, *The Making of a Pollution-Industrial Complex*, in: Ramparts, Mai 1970 und Martin Jänicke, *Wie das Industriesystem von seinen Mißständen profitiert: Kosten und Nutzen technokratischer Symptombekämpfung* (Opladen 1979).

7 »Im Unterschied zu einem irdischen Kollektor käme ein solcher Satellit ohne Speicher aus und empfinge – im 24-Stunden-Betrieb und 365 Tagen im Jahr bei einer um 20% höheren Einstrahlung – etwa die 15-fache Energiemenge. Diese soll in 7 Milliarden Watt (= 7 Gigawatt) Mikrowellenleistung umgewandelt und über eine riesige Antenne zur Erde gesendet werden ... Davon (könnten) mit einer 100 Quadratkilometer großen Empfangsantenne 5 Gigawatt elektrischer Leistung eingefangen und ans Stromnetz abgegeben werden.« (*Die Zeit* v. 23. 11. 79, S. 80).

8 Was natürlich auch heißt, daß die Politiker vorerst zu diesem heißen Eisen keine unangenehmen Stellungnahmen abzugeben brauchen.

9 Deren nationaler Ausschuß sich zu je ein Drittel aus Gewerkschaften, v. a. der Maschinisten, ein Drittel ›Mass-membership‹-Bürgerorganisationen und ein Drittel nationale, nicht-gewerkschaftliche Organisationen (wie Kirchen, Lobby- und public interest-Organisationen) zusammensetzt. In ihrem »Exekutivausschuß« sitzen die führenden Personen jeder dieser Gruppierungen.

10 Z. B. in Chicago: Die Kundgebung begann damit, daß die Mendel High School Band das »Star Spangled Banner« spielte. Dann trugen die Redner Tom Hayden, Jane Fonda, Jim Wright (von der UAW) und die C/LEC-Vorsitzende Heather Booth ihre Forderungen vor.

11 Sie erhielten sogar vom Dachverband der Gewerkschaften unterstützende Statements.